KB206981

호랑이는
어디로
갔을까

호랑이는 어디로 갔을까

유성운 지음

드륵

일러두기

1. 책은 겹낫표(『 』), 논문 · 잡지 · 정기간행물은 홑낫표(「 」), 영화 · 드라마 · 연극 등은 작은따옴표(' ')로 표기했습니다.
2. 인명, 지명 등 고유명사는 국립국어원 외래어 표기법에 따라 표기했으나 일부 관용적으로 사용되는 경우는 예외로 두었습니다.

|프|롤|로|그|

왜 매력적인 도시가 그토록 잔인한 범죄의 무대가 됐을까.

여러 해 전, 공연 담당 기자를 할 때 '지킬 앤 하이드', '스위니 토드', '잭 더 리퍼' 같은 유명 뮤지컬 작품을 보면서 들었던 궁금증이었습니다.

연쇄 살인마의 엽기 행각을 다룬 이 작품들은 모두 19세기 런던을 배경으로 하고 있습니다. 런던이라면 타워 브릿지, 버킹엄 궁, 피카딜리 서커스, 소호 거리. 프리미어리그 축구 등 멋진 건물들과 세련된 문화만 연상되기 마련입니다. 그래서 이런 잔혹한 범죄가 집중적으로 문화 코드로 다뤄진 것이 선뜻 이해가 되지 않았습니다.

그러다가 당시 자료를 찾아보고서야 납득이 됐습니다. 이 작품들의 시간적 배경은 모두 19세기입니다. 그 시기 런던은 제국의 수도이자 산업화에 성공한 국제 무역의 중심지였습니다. 겉으로는 화려한 시기를 보냈지만 안으로는 골병이 들고 있었습니다.

산업화에 따라 농촌에서 경제적 빈곤에 내몰린 사람들은 도시로 향했고, 1801년 110만 명이던 런던 인구는 1850년대엔 250만 명, 1900년 초엔 600만 명까지 증가했습니다. 이들 대부분 저임금 노동자였거나 온갖 허드렛일을 맡으며 도시의 저소득층으로 편입됐습니다. 사회 인프라가 충분히 마련되지 못했기 때문에 치안, 위생, 교육 환경은 엉망이었고, 전염병과 범죄가 기승을 부렸습니다. 하룻밤 잠자리를 구할 수 없는 사람들이 허다했습니다. 마르크스와 엥겔스가 런던에서 『자본론』을 다듬으며 공산주의 사회를 꿈꾼 것은 당연했을지도 모릅니다. '지킬 앤 하이드', '스위니 토드' '잭 더 리퍼'는 런던의 서민들을 등쳐 먹는 성직자와 판사 등 상류 계급의 위선을 날카롭게 고발하고 있습니다.

이런 배경 속에서 민심은 폭발 직전이었고, 위기를 느낀 정치인들은 노동자 다수에게 선거권을 준 선거법을 비롯해 공중보건법, 굴뚝 소년법, 공장법 등 각종 사회 개혁 법안들을 내놓았습니다. 당시 자본가의 반대에도 이를 관철한 것은 보수당입니다. 사회적 약자에 대한 배려와 공동체의 보호를 중시하며 혁신에 적극적인 영국의 보수주의는 이렇게 출발한 것이죠.

이처럼 영화나 연극, 소설 등에는 당대의 상황이 반영되어 있습니다. 교과서에서는 제대로 배우기 어려운 역사의 또 다른 모습을 보여주는 것이죠.

우리에게 익숙한 고려가요 '쌍화점'이 대표적인 사례입니다.

> 쌍화점에 쌍화 사러 갔더니만
> 회회(回回)아비 내 손목을 쥐더이다
> 이 소문이 이 가게 밖에 나고 들면
> 다로러거디러 조그마한 새끼 광대 네 말이라 하리라

쌍화는 만두라고 합니다. 당시 고려 개성 거리에서는 '회회족'이라고 표기했던 이슬람 상인들이 점포를 내고 고객들을 가게를 차렸다는 것을 알 수 있는 대목이죠. 그랬다면 이들은 고려에서 어떻게 살았을까요. 또 완전히 정착했다면 그 후손들은 누구일까요. 아쉽게도 많은 기록이 남아 있지 않아 이런저런 퍼즐 조각들을 이어 붙여 추론할 수밖에 없습니다. 그렇더라도 이런 호기심을 이어갈 수 있는 것은 지금까지 살아남은 '쌍화점' 같은 문학 작품들 덕분입니다.

이 책에 나오는 33개의 이야기도 비슷합니다. 영화나 드라마, 소설 등을 보다가 문득 머리를 스치고 지나간 호기심을 매개로 당대의 사회적 모습을 한 발짝 더 들어가 보자는 생각에서 쓰게 됐습니다.

궁녀(성덕임)와 국왕(정조)은 정말 로맨스가 가능했을까.

부여가 수도였는데 백제왕은 왜 호남 사투리를 쓸까.

똑같이 조카를 죽였는데, 왜 리처드 3세와 수양대군은 다르게 평가될까.

16세기 프랑스와 조선에서는 무슨 이유로 '가짜 남편'을 내세우는 여성들이 나타났을까.

일부는 「중앙일보」에 '역발상'이라는 칼럼을 통해 소개한 내용이기도 합니다. 아마도 한 번 쯤 봤을 법한 작품들이 등장할 텐데, 글을 읽어가면서 '아, 이런 부분도 있었겠구나.'라고 공감해주신다면 더할 나위 없이 보람을 느낄 것 같습니다.

2025년 봄

유성운

| 목 | 차 |

프롤로그 5

1 호랑이는 다 어디로 갔을까 11

2 안시성주는 누구일까 26

3 발해는 화산 때문에 멸망했을까 40

4 세종은 명나라와 다투는 군주였을까 52

5 조선 시대 인구 40%가 노비였다는 말 67

6 궁녀 성덕임은 왜 정조를 두 번이나 찼을까 79

7 경종은 영조가 준 게장을 먹고 죽었을까 90

8 정조의 마지막 10일은 어땠을까 103

9 흥부는 어떻게 9명의 자식을 먹여 살렸을까 117

10 의자왕은 정말 호남 사투리를 썼을까 130

11 모피를 둘러싼 여진족과 조선의 갈등 139

12 병자호란보다 무서웠던 우역 153

13 임진왜란에서 조선군이 된 일본인은 어떻게 됐을까 167

14 조선을 위한 성녀였나, 나라를 망친 악녀였나 180

15 소설가 채만식, 김유정도 눈이 돌아간 황금 열풍 194

인터미션 205

16 알고 보면 바이킹이었던 햄릿 211

17 프랑켄슈타인이 태어난 밤 226

18 19세기 런던엔 왜 살인마가 많았나 238

19 삼국지 시대에는 왜 인구가 줄었나 251

20 조카를 죽인 삼촌의 결말은 왜 이리 다른가 261

21 가짜 남편인 줄 알고도 모른 척 했던 그녀들의 사정 275

22 한때 영국보다 잘 살았던 송나라는 왜 부정부패의 무대가 됐나 288

23 임진왜란에 왜 흑인 용병이 왔을까 302

24 『모비 딕』의 포경업은 왜 쇠퇴했을까 314

25 신라에 왔던 처용은 신드바드였을까 328

26 『다빈치 코드』의 템플기사단이 대항해시대를 열다 339

27 '반딧불이의 묘'는 왜 반전 영화가 아니었을까 355

28 '시카고'의 미국보다 먼저였던 러시아의 금주령 365

29 조선에도 로미오와 줄리엣이 있었다 378

30 설화가 현실과 마주했을 때, 일리아스와 서동요 388

31 펜트하우스와 오레스테스 400

32 노예 해방을 이뤄낸 공화당, 어쩌다 백인 정당이 됐을까 406

33 아직도 진행 중인 블러디 선데이 416

에필로그 429

호랑이는 다 어디로 갔을까

1

"옛날에 환인桓因의 서자 환웅桓雄이 있어서 자주 천하에 뜻을 두어 인간 세상을 구하기를 탐냈다. 아버지가 아들의 뜻을 알고 천부인天符印 3개를 주고 가서 그곳을 다스리도록 하였다. 환웅은 무리 3000명을 이끌고 태백산정太伯山頂의 신단수神壇樹 아래로 내려왔으니, 그곳을 신시神市라 부르고 이분을 환웅천왕桓雄天王이라고 부른다. … 호랑이와 곰이 있어서 같은 굴에 살았는데, 항상 기도하기를 변화하여 사람이 되기를 바라는 것이었다. 이때 환웅이 신령한 쑥 한 줌과 마늘 20매를 주면서 '너희가 이것을 먹으면서 백 일 동안 햇빛을 보지 않으면 사람의 모습을 얻을 것이다'라고 하였다."

『삼국유사』 권1 '고조선조' 중

한국인이라면 누구나 알고 있는 단군 설화의 일부입니다. 어디까지를 역사적 사실로 받아들여야 하는지를 놓고 논란도 있지만, 우리 민족의 기원으로 널리 받아들여지고 있습니다. 가혹한 테스트에 통과한 곰은 인간인 웅녀가 되어 환웅과 결혼해 단군을 낳았지만, 혹독한 환경을 견디지 못하고 동굴 밖으로 뛰쳐나간 호랑이는 행방이 묘

연합니다. 단군 설화 어디서도 그 후에 이 호랑이가 어떻게 됐는지 알려주지 않습니다.

단군설화로 본다면 한국인의 조상은 곰 또는 곰을 토템으로 삼았던 부족일 것입니다. 하지만 이상하게도 정작 우리 조상에게는 곰보다는 호랑이가 더 친숙한 동물이 됐습니다. 조선 사람들이 남긴 수많은 민화들을 보면 분명히 알 수 있지요. 뿐만 아니라 단군설화를 제외한 나머지 설화들도 마찬가지입니다. '호랑이와 곶감', '은혜 갚은 호랑이', 또는 『삼국유사』에 수록된 김현과 호랑이 여인 사이의 사랑 이야기를 담은 '김현감호' 등 많은 설화에서 곰이 아닌 호랑이가 등장합니다.

이것은 우리에게 분명한 사실을 알려줍니다. 과거 한반도에는 많은 호랑이가 살았고 곰보다 의식 깊숙이 존재한 동물이었다는 사실이죠. 그렇게 자주 볼 수 있었으니 조상들은 호랑이를 설화나 민화의 주인공으로 삼았을 것입니다. 그렇다면 그 많던 호랑이들은 다 어디로 갔을까요?

맹호도 [국립중앙박물관 소장]

일본의 호랑이 사랑

1917년 일본의 유명한 사업가 야마모토 타다사부로는 30여 명의 포수로 구성된 정호군征虎軍을 이끌어 당시 큰 화제가 됐습니다. 그는 1917년 11월 12일부터 12월 3일까지 한반도를 누비며 호랑이 사냥을 다녔습니다. 몇 년 전에는 이를 모티브로 만든 영화 '대호'2015도 많은 주목을 받았는데, 일본의 무분별한 포획이 한반도 호랑이의 씨를 말렸다는 여론의 공분을 일으키기도 했습니다.[1]

일본이 한반도 호랑이에 집착한 것은 유래가 깊습니다. 『조선왕조실록』에는 일본에서 호피虎皮를 요청했다는 기사가 여러 차례 등장합니다.

> "일본국 비전肥前·히젠의 승려 길견창청吉見昌清이 사람을 보내어 칼 6자루를 바치고 베와 호피虎皮 등의 물건을 요구하므로, 모시와 삼베 각각 5필과 호피 5장을 하사하였다."
>
> 『세종실록』 즉위년 10월 29일

왜 그랬을까요. 일본 열도에 없는 호랑이는 진귀한 영물로 인식됐기 때문입니다. 예를 들어 임진왜란 때 일본군 제2군의 지휘를 맡은

1 신진숙, 「호랑이 사냥을 통해 본 식민지 경관의 생산 방식 고찰 -야마모토 다다사부로 『정호기』와 『매일신보』 기사를 중심으로」, 『동아시아문화연구』, Vol. 69, pp.91-123, 2017.

가토 기요마사도 자신의 무용을 선전하기 위해 함경도에서 호랑이 사냥에 나섰고, 그것은 일본에서 각종 이야기나 판화로 남겨졌습니다. 그러니 한반도의 인력과 자원을 맘껏 사용할 수 있게 된 20세기 초에 조선을 지배한 일본의 호랑이 사냥이 빈번해진 것은 당연한 결과였습니다. 한반도남한에서 호랑이가 마지막으로 잡힌 기록은 1924년입니다.[2]

이를 보면 확실히 한반도에서 호랑이가 멸종된 결정타는 일본의 호랑이 사냥으로 보입니다. 하지만 일본의 사냥이 없었다면 한반도에는 호랑이가 많이 서식했을까요. 전문가들은 다소 회의적입니다. 왜냐하면 호랑이 입장에서 본다면 그들에게 가혹하기는 조선도 별반 다르지 않았기 때문이죠.

농지 개간, 인간과 호랑이의 갈등

어렸을 때 읽었던 동화나 민담을 떠올리면 호랑이와 우리 선조들의 관계는 아름답기 그지없습니다. 호랑이 목구멍에 가시처럼 걸린 큰 뼈를 빼줬더니 매일 아침마다 산짐승들을 잡아다가 집 앞으로 배달해주고, 산에서 마주친 호랑이에게 '당신은 예전에 집을 나간 나의

---

2 오창영, 「호랑이의 생태와 종류」, 『호랑이의 생태와 관련민속』, 제33회 국립민속박물관 학술발표회, 1997.

형님'이라고 거짓말을 했더니 인간 못지않은 효도를 하는 등 미담이 넘쳐납니다. 심지어 『삼국유사』에서는 예쁜 호랑이 처녀와 연애를 하는 이야기도 나오지요.

하지만 이것은 어디까지나 판타지일 뿐 실제 현실에서 호랑이를 만났는데 어쭙잖게 대화를 시도하다가는 번개처럼 들어오는 호랑이 앞발에 목뼈가 날아가기 마련입니다. 오죽하면 옛날에는 마마, 전쟁과 함께 호환虎患이 가장 무서웠다고 했을까요. 일반 백성들에게 있어 호랑이는 실존하는 가장 큰 위협이나 다름없었습니다.

그러니 조선 시대에 신하들이 틈만 나면 호랑이 좀 잡으라고 왕을 독촉했던 것도 무리가 아니었습니다.

> "범을 잡으소서… 옛적에 주공周公이 호표서상虎豹犀象을 몰아낸 것은 백성의 해로움을 제거한 것입니다."
>
> 『성종실록』 5년 윤6월 25일

주공은 주나라 정치가로 형 무왕이 사망하자 어린 조카성왕를 도와 나라의 기틀을 확립해 성리학 사회에서 이상적 지도자로 떠받들어지는 존재였습니다. 여기서 등장하는 호표서상은 호랑이, 표범, 코끼리 등을 가리킵니다. 이 상소는 성종에게 훌륭한 지도자로 남고 싶다면, 주공처럼 호랑이 같은 맹수 척결에 나서야 한다는 것이죠. 마치

조선 후기 화가 이인문(1745~1821)의 『고송유수첩(古松流水帖)』 중 '수렵도(狩獵圖)' [자료 국립중앙박물관]

슈퍼히어로 영화 속 주인공 같기도 합니다. 요즘은 경제를 잘 살리는 지도자가 최고이지만, 전근대 시대만 해도 맹수를 잘 잡는 덕목도 중요했습니다.

조선 시대에 국왕에게 호랑이를 사냥하라고 촉구한 데는 나름의 사정이 있었습니다. 조선은 건국 초부터 농지 확보를 위한 개간을 적극적으로 추진했습니다. 성리학을 국시로 삼아 상업을 억누르고 농업을 장려하는 정책을 펴기도 했거니와, 전 왕조 고려를 무너뜨리면서 일부 귀족권문세족에게 집중된 토지 불균형 문제를 해결하겠다고 공언했기 때문입니다. 그런데 이들에게 토지를 압수해도 모두에게 나눠주기엔 턱없이 부족했기에 개간을 통해서 농지를 최대한 확보해야 했던 것이죠.

성과는 있었습니다. 마치 새마을사업 같은 대대적인 개간 사업을 벌인 결과 조선의 경작지는 건국 직전 79만 8000결에서 171만결조선 세종까지 2배 가까이 늘었습니다. 특히 평안도는 태종 때 경작 면적이 6648결에 불과했는데 17세기엔 15만결이 됐을 정도로 가히 폭발적인 개간 사업이 진행됐습니다.[3]

그런데 개간의 결과가 인간과 호랑이 입장에서는 전혀 달랐습니다. 인간의 입장에서는 농지를 확보한 것이지만, 호랑이의 입장에서는 거주 공간을 빼앗기는 상황이 되었습니다. 호랑이는 초목이 무성하고 물가가 가까운 낮은 구릉 지대에 즐겨 살았는데, 이런 곳이 농토로 개간하기에 딱 적합한 땅이었습니다. 그러니 개간이 진행될수록 호랑이는 생활 공간이 사라졌고, 결국 주거지를 빼앗기고 도심으로 출몰하는 일이 잦아졌습니다. 조선 태종 때는 궁궐에 호랑이가 뛰어들 정도로 위험해졌고, 조선은 대대적인 호랑이 소탕에 나서게 됩니다.

---

3 김성우, 「전쟁과 번영: 17세기 조선을 바라보는 또 다른 관점」, 『역사비평』, Vol. 107, pp.142-167, 2014.

호랑이 사냥은 국가 차원에서 조직적으로 추진됐습니다. 조선은 전국의 군현에서 매년 호랑이를 잡아 그 가죽을 조정에 진상하도록 했고, 중앙 정부 차원에서도 호랑이 사냥 전문 부대인 착호갑사捉虎甲士를 편성했습니다. 이들은 조선의 정예 병력인 갑사甲士 중에서도 엘리트만 선발한 최정예 부대로 꼽혔다고 하니 호랑이 척결에 얼마나 공을 들였는지 알 수 있습니다.

『경국대전』에 따르면 착호갑사 440명을 포함해 각 주州 · 부府 · 군郡 · 현縣에서는 20~50인의 착호인捉虎人 · 호랑이 사냥꾼을 선발해 운영했는데 전국에서 총 1만 명에 달했다고 합니다. 이들은 호랑이 사냥의 대가로 세금을 면제받는 특혜가 주어지기도 했습니다. 호랑이를 잡는 데만 열중할 수 있도록 대우해준 것이죠. 호랑이 전문 연구가인 김동진 전 교원대 교수에 따르면 이들을 중심으로 전국 330여 개 군현에서는 해마다 호랑이를 440~740마리가량 잡았다고 합니다.[4]

백성의 짐이 된 호랑이 사냥

많은 정책이 그렇듯이 호랑이 사냥도 처음에는 백성을 위한다는 좋은 취지에서 출발했지만, 곧 변질되어 오히려 백성을 괴롭히는 수단으로 바뀝니다.

---

4 김동진, 「조선전기 農本主義와 捕虎政策」, 『역사와담론』, Vol. 41, pp.71-116, 2005.

위에서 설명했듯 각 고을은 매년 일정량의 호피를 중앙 정부에 바쳐야 했는데, 문제는 호랑이가 염소처럼 쉽게 잡히는 동물도 아니고, 활동 반경도 꽤 넓었다는 것이죠. 또 농지 개발로 호랑이가 사는 공간이 줄어들면서 호랑이를 사냥할 수 있는 지역도 점점 감소하게 됐습니다. 처음에는 서식 공간이 감소해 민가로 뛰어드는 호랑이들을 잡으면 됐지만, 그 이후엔 호랑이를 볼 일이 점점 없어지는 것이죠. 이런 이유로 호랑이 사냥은 각 지역의 골칫거리로 전락했습니다. 인조 11년1633년 전라도 무안현감이던 신즙은 자신의 저서 『하음집河陰集』에 "매년 겨울마다 석 달 내내 돌아다녀 잡은 것이 겨우 1~2마리"라고 하소연했을 정도입니다.

하지만 지방 수령 입장에서는 중앙에 바칠 호랑이 가죽을 반드시 구해야 했기 때문에 여기서 '꼼수'가 발생합니다. 바로 다른 고장에서 호랑이 가죽을 구입해서 정부에 바치는 '대납'이 생겨나기 시작했습니다. 이것은 호랑이 가죽의 가격 폭등으로 이어졌습니다.

자료에 따르면 성종 때 면포 30여 필이면 구입했던 호피는 연산군 때 80필로 올랐고, 명종 때가 되면 100필까지 치솟습니다. 그리고 지방 수령들은 이 비용을 모두 백성들에게 떠넘겼습니다.

호랑이를 잡은 지방 수령에게 포상을 내린 것도 오히려 역효과를 가져 왔습니다. 지방 수령들이 치안 유지보다 오히려 호랑이 사냥에 혈안이 된 것이죠. 오죽하면 "수령이 1년에 호랑이 10마리 이상을 잡으면 계급을 더하는데, 도둑을 잡는 것은 논상하는 법이 없습니다…청컨대 도적을 잡으면 논상하는 법을 세워서 권면하게 하소서"『성종실록』 20년 3월 15일라는 상소가 올라올 정도였습니다.[5] 수령들이 도둑은 나 몰라라 하면서 호랑이만 잡으러 다닌 것이죠.

'하늘의 별따기'가 된 호랑이 사냥

17세기부터 유럽과 아시아 등 북반구에는 소빙기小氷期가 몰아쳤는데, 날씨가 추워지자 한반도에는 온돌이 남부까지 확산되기 시작합니다. 온돌 보급이 확산되면서 땔감 수요도 급증했고, 이것은 대대적인 숲의 벌목으로 이어지게 됐습니다. 땔감을 구하기 위한 벌목이 활발해져 전국 곳곳의 산이 나무 한 그루 보기 어려운 민둥산으로 변했습니다.

산이 사라지자 형편이 어려워진 호랑이의 상황을 일본 학자 우에다 마코토는 이렇게 설명했습니다. "계곡의 숲이 잘려져 나갔다…멧돼지가 좋아하는 도토리가 없다. 벌레를 먹는 새들의 모습도 적어 새알을 노리는 동물들도 모여들지 않는다. 그래서 호랑이의 음식은 현저히 적어졌다. 호랑이는 산등성이로 내몰려 굶주린 채로 마을의

---

5 조계영, 「조선시대 虎患과 국가의 대책-「捉虎節目」의 분석」, 『사학연구』, Vol. 91, pp.189-223, 2008.

가축을 습격할 수밖에 없었다.” 먹이가 사라진 호랑이들은 인가로 내려오다가 많은 수가 사살됐습니다.

이처럼 개간 사업과 소빙기의 영향이 겹치면서 영조 때에 한강 이남에서 호랑이가 살 수 있는 공간이 거의 사라졌습니다. 『영조실록』의 다음 내용은 이런 현실이 적나라하게 드러납니다.

> “백성이 모두 말하기를 ‘우리 고을에 무슨 호랑이가 있다고 호랑이 값을 거두어 들이는가?’ 하고 있으니…만약 경감해 주고자 한다면 호속목만한 것이 없습니다” 이광좌

> “백성을 위해 해를 없애려는 데에서 나온 것이나, 호랑이를 잡기가 쉽지 않고, 다만 쌀과 베만을 징수하고 있으니 그 해가 도리어 호랑이보다 더 심하다”영조

호랑이 사냥이 점점 어려워지자 정부는 호랑이 가죽 대신 그 가격에 해당하는 쌀이나 무명을 내도록 했습니다. 그것을 호속목虎贖木이라고 합니다. 하지만 결국은 이것도 고스란히 지역 백성들의 짐이 됐으니 원성은 높아질 수밖에 없었습니다. 백성들의 부담을 줄여주는 근본적인 해결책은 아닌 것이죠. 그래서 영조는 이광좌의 제안을 받아들여 호속목을 철폐한 것입니다.

사실 위에서 등장했던 야마모토 타다사부로의 정호군 일화도 유심히 살펴볼 필요가 있습니다. 1917년 조선 최고의 엘리트 포수 30여 명이 합류하고 국가적 지원까지 받았던 야마모토 정호군이 잡은 호랑이는 고작 2마리였습니다. 이것은 이미 한반도에서 호랑이를 찾는 일이 매우 어려워졌다는 의미가 아닐까요. '천덕꾸러기'였던 호랑이가 나라에서 보호하고 민족을 상징하는 동물로 대우받게 된 계기는 일제강점기를 거쳐 민족의식이 강화되고 '자연 보전'에 대한 개념이 심어진 근대 이후의 일입니다.[6]

사라지는 것은 호랑이만이 아니다

호랑이가 사라지는 현상은 이웃 나라인 중국도 마찬가지였습니다. 1571년 스페인은 필리핀 마닐라에 거점을 정하고 볼리비아 등에서 채굴한 은으로 중국에서 비단이나 도자기 등을 대량으로 구입했습니다. 여기서 막대한 은을 벌어들인 중국은 대규모로 농지를 개발하거나, 곳곳에 호화로운 저택을 세우기도 했습니다. 하지만 이런 현상은 급속도로 숲을 사라지게 만든 요인이 됐습니다.

이처럼 인류 발전과 자연 보호의 갈등은 역사에서 끊임없이 반복되어 왔습니다. 1만 3000년 전 아시아에서 북아메리카로 인간이 건

6 박은정, 「호랑이의 朝鮮表象化와 六堂 崔南善」, 『동아시아문화연구』, Vol. 61, pp.13-33, 2015.

너간 뒤 대형 포유동물들이 멸종했다는 이른바 '클로비스기의 대학살' 같은 사건이 대표적입니다. 또 흔히 '친환경'으로 묘사되고 있지만 사실 농업이야말로 환경파괴의 주범으로, 야생동물의 서식지를 위축시키고 나아가 멸종에 기여한 산업입니다.

최근 코로나19 등 각종 전염병의 창궐을 인간의 지나친 파괴나 침범에 대한 자연의 반격으로 해석하는 목소리도 있습니다. 인류와 자연의 공존을 모색하려는 노력이 이어지고는 있습니다만, 개발도상국에서는 개발을 늦추기 어려운 형편이고, 세계 인구가 여전히 팽창을 거듭하는 상황이다 보니 해답을 간단히 구하기는 어려워 보입니다.

안시성주는
누구일까

2

영화 '안시성'은, 안시성 출신이자 주필산 전투에 참여했다가 패잔병이 된 사물이 고구려 최고 권력자 연개소문으로부터 반역자 양만춘을 암살하라는 밀명을 받고 안시성에 잠입하는 데서 시작합니다. 안시성은 당 태종이 이끄는 대군의 침입을 앞둔 상황, '안시성은 어떻게 되느냐'는 사물의 질문에 '안시성은 포기하고 모든 병력은 평양성을 지킬 것'이라는 연개소문의 차가운 답변이 돌아옵니다. 중앙 권력으로부터 버림받은 자들-고립무원의 처지-연개소문의 양만춘 암살 지령 등은 영화 '안시성'의 줄거리를 구성하는 주요 얼개입니다.

그렇다면 연개소문과 양만춘은 실제로 어떤 관계였을까요. 정말로 적의 침공을 앞두고 자객까지 보낼 만큼 적대했을까요. 또, 연개소문은 안시성을 포기하고 평양성 사수에 '올인' 했을까요.

답변에 앞서 가벼운 퀴즈를 하나 내보겠습니다. 안시성을 지킨 성주 이름은 무엇일까요? 만약 자신 있게 '양만춘'이라고 대답한다면 정답은 '땡'입니다.

안시성 전투는 국사 시간에 빠지지 않고 배우는 역사적 사건이지만 이를 둘러싼 주요 '팩트'들은 여전히 베일에 가려져 있습니다. 그렇다면 645년 당 태종이 이끈 10만 대군과 맞서 80일 동안 안시성을 지킨 주인공은 누구였을까요? 지금부터 사서에 남겨진 기록들을 따라가며 추적해보려고 합니다.

안시성을 지킨 남자

> "황제당 태종가 백암성에서 이기고 이세적에게 말하기를 '내가 들으니 안시성은 성이 험하고 병력이 정예이며, 그 성주가 재능과 용기가 있어 막리지연개소문의 난에도 성을 지키고 항복하지 않았다. 막리지가 이를 공격하였으나 함락시킬 수 없어 (안시성을) 그에게 주었다'… 안시성주가 성에 올라 절을 하고 작별 인사를 하였다. 황제는 그가 성을 고수한 것을 가상하게 여겨 비단 100필을 주고 격려하였다."
>
> 『삼국사기』 중 「고구려본기」 보장왕 4년

『삼국사기』가 전하는 안시성주에 대한 기록은 이것이 전부입니다. '안시성주'라고만 나올 뿐 이름은 물론 출생지나 생몰연도를 비롯해 그가 누구인지 추정할 수 있는 어떤 구체적인 단서도 기록되지 않았습니다.

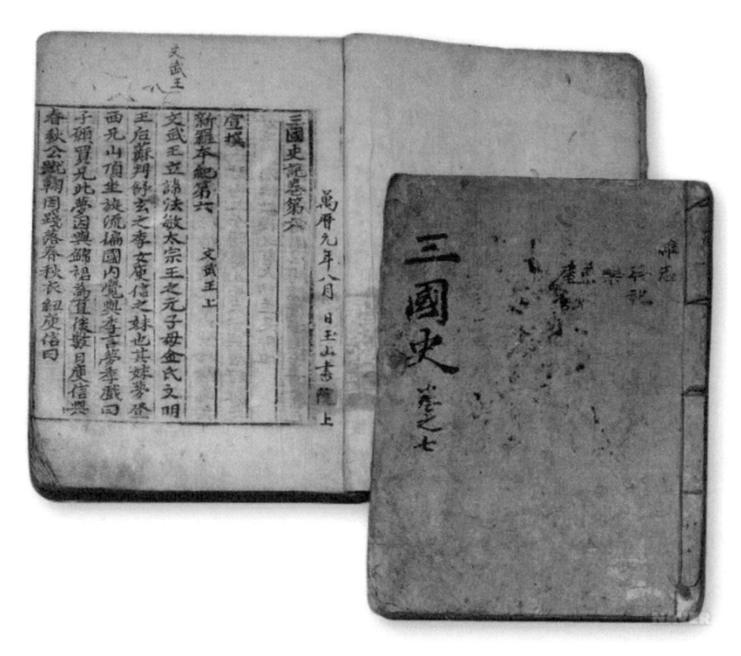

『삼국사기』 [자료 국가유산청]

『삼국사기』는 김부식이 1145년(고려 인종 23년)에 삼국시대의 역사를 기전체(紀傳體)로 편찬한 책이다.

그렇다고 김부식을 탓할 수는 없습니다. 안시성 전투를 다룬 중국 측 사서에도 안시성주에 대한 정보는 없습니다. 김부식이 『삼국사기』를 편찬한 1145년은 고구려가 멸망668년하고도 무려 500년이 지난 때였습니다. 지금부터 500년 전인 1500년대 초반도 구체적인 기록이 남지 않은 경우가 많죠. 하물며 고려 시대엔 고구려에 대한 기록과 흔적은 거의 남아있지 않았을 것입니다. 김부식도 안타까웠는지 이렇게 덧붙였습니다.

"당 태종은 좀처럼 세상에 나타나기 드문 임금이다. 병력을 운용함에 이르러서는 기묘한 계책을 냄이 끝이 없고 향하는 곳마다 대적할 자가 없었다. 동방을 정벌하는 일에서는 안시성에서 패하였으니 그 성주는 가히 호걸로 보통 사람이 아니라고 말할 수 있다. 그러나 역사에 그 성명이 전하지 않으니 매우 애석하다."

『삼국사기』 중 「고구려본기」 보장왕

결국 의존할 수 있는 기록은 『삼국사기』 외에 『신당서』에 남겨진 당 태종의 언급"내가 들으니 안시성은 지세가 험하고 무리들이 사나워 막리지(연개소문)가 공격하였지만 능히 이기지 못하였다고 한다. 그러므로 안시성은 그대로 두자"뿐입니다. 이를 통해 안시성주를 떠올려 보면 ① 연개소문의 쿠데타에 동참하지 않았고, 군사 충돌까지 벌일 정도로 갈등 관계였으며 ② 당 태종이 전투를 피하려고 했을 정도로 군사적 재능을 인정받았고, ③ 사나운 무리들을 통솔할 수 있는 리더십을 인정받았던 인물인 듯합니다.

그러면 안시성주는 왜 양만춘으로 알려졌을까요?

'양만춘'이라는 석 자가 처음 등장하는 건 조선 선조 때입니다. 윤근수가 쓴 『월정만필』에는 그가 임진왜란 때 만난 명나라 장수의 말을 빌려 『당서연의』라는 중국 책에 안시성주가 '양만춘'으로 기록되어 있다고 전합니다. 이후 송준길, 박지원 등 학자들이 이를 받아쓰면서 '안시성주=양만춘'으로 굳어졌습니다. 그런데 『당서연의』는 명나라 시대 출간된 소설입니다. 학계에선 양만춘은 작가가 지어낸 가

공의 이름일 가능성이 높다고 봅니다. 실제로 고구려 주요 인물 중 양梁씨 성을 쓰는 인물은 없기도 했습니다. 다만 중국에서는 흔한 성이었죠.[1]

안시성을 버린 연개소문?

당 태종이 이끄는 당나라 군대 10만 명은 속전속결로 진격했습니다. 645년 3월 말 고구려 국경에 진입한 뒤 불과 한 달 반 만에 개모성, 백암성, 요동성 등 고구려의 주요 거점을 차례로 함락시켰습니다. 그리고 그 다음 목표는 안시성이었습니다.

이에 연개소문은 6월 21일 북부 욕살고구려의 지방 장관 고연수와 고혜진에게 15만 군사를 맡겨 안시성 구원에 나서게 합니다. 안시성마저 무너지면 평양성까지는 오골성 정도만 남아 있을 뿐인데, 이곳은 전력이 약했습니다. 연개소문으로선 얄궂게도 정적과도 같은 안시성 세력을 지켜야 하는 상황이 온 것입니다.

6월 23일 안시성 40리 앞 지점에서 고구려와 당의 정예군 25만 명이 뒤엉켜 훗날 주필산 전투로 불리는 건곤일척의 대결을 벌였습니다. 고구려군은 수적으로 우위에 있었지만, 당 태종의 계략에 빠져

---

1 정호섭, 「고구려 안시성의 위치와 안시성주 전승의 추이」, 『고구려발해연구』, Vol. 67, pp.29-62, 2020.

처참하게 패했습니다. "피가 흘러 내가 넘쳐 푸른 물결이 잠깐 사이에 붉게 물들었다. 목을 친 머리가 무덤이 되어 머리뼈로 큰 산을 만들었다." 『전당문(全唐文)』 7권

이때 고구려군을 이끌었던 고연수와 고혜진은 당 태종의 길잡이로 전락합니다. "연수와 혜진이 무리 3만 6800명을 거느리고 항복을 청하였다. 군문에 들어가 절하고 엎드려 목숨을 청하니…고연수를 홍려경鴻臚卿으로, 고혜진을 사농경司農卿으로 삼았다." 『삼국사기』 중 「고구려본기」 보장왕 4년

주필산 전투의 패배는 단순한 패배 이상이었습니다. 당시 고구려의 인구 규모를 감안할 때 15만 명은 평양성 수비군을 제외하고 탈탈 털어서 구성한 병력이나 다름이 없었을 것입니다. 고구려가 제아무리 군사 강국이라도 더 이상의 군사를 동원하기는 어려운 상황이었습니다. 당 태종조차 주필산 전투 직후 "고구려가 나라를 들어 존망을 걸고 왔으나 (내가) 한 번 깃발 들어 패배하니 천우가 나에게 있다"고 기뻐하며 하늘에 제사를 지냈을 정도였으니, 누가 봐도 고구려는 풍전등화의 상태였고 안시성은 고립무원 처지였습니다.

그런데, 이때 뜻밖의 일이 벌어집니다. 6월 말 안시성 앞에 진주한 당나라 군대가 8월 초순까지 약 40일 간 공격하지 않은 것이죠. 무슨 일이 벌어진 것일까요.

『삼국사기』엔 없지만, 송나라 때 사마광이 집필한 역사서 『자치통감』에는 주필산 전투 직후 고구려 측 움직임 하나가 기록되어 있습니다.

> "당 태종이 주필진에서 고구려 중앙군을 대파했다. 이에 막리지연개소문는 말갈인 사절을 설연타에 몰래 파견했다."

이것은 안시성 전투의 향방을 가른 결정적 한 수가 됩니다.

제3의 변수, 초원의 강자 설연타

동아시아 역사를 이해할 때 염두에 둬야 할 존재는 북방 유목민족입니다. '중원-북방 민족-한반도'의 삼각관계는 청나라 때까지 유기적으로 맞물리며 역사의 수레바퀴를 돌렸습니다.

예를 들어 고구려의 전성기인 5세기는 북방 민족이 황하 이북을 장악한 5호 16국 시대입니다. 한족과 북방민족이 살바 싸움을 벌이는 동안 고구려는 만주 일대로 힘을 키울 수가 있었던 것이죠. 반대로 한나라가 흉노를 물리쳤을 때는 창끝을 한반도로 돌려 고조선이 멸망했습니다.

북방 세력도 중원 왕조와 고구려 사이에서 이득을 챙기려 했습니다. 흔히 '고구려는 군사 강국'을 떠올리지만 실은 고구려의 흥망은 돌궐, 거란, 철륵 같은 북방 세력을 다루는 외교술에 달려 있다고 해도 과언이 아니었습니다.

당 태종이 요동으로 향했을 무렵 몽골 고원에는 설연타薛延陀라는 세력이 자리 잡고 있었습니다. 강대국은 아니지만, 당나라 변방을 괴롭힐 정도의 힘은 갖춘 세력이었습니다. 이 무렵 설연타의 지도자는 진주가한眞珠可汗이었는데 당 태종과 껄끄러운 관계였습니다. 당 태종이 그를 포섭하려고 공주를 시집보내기로 약속했다가 지키지 않았던 탓이죠.

진주가한은 이 때문에 낭패를 입었습니다. 폐물 명목으로 말 5만 마리 · 소와 낙타 1만 마리 · 양 10만 마리를 각 부족에게 거둬들인 뒤 당 태종에게 보냈는데 일방적 혼인 취소로 큰 경제적 손실을 본 것이죠. 리더로서 위신도 서지 않았을 것입니다.[2]

> "연개소문이 보낸 말갈 사절은 거대한 이익厚利을 조건으로 진주가한에게 당을 공격하라고 제안했다."

2 서영교, 「연개소문의 對설연타 공작과 당태종의 안시성 撤軍 - 『資治通鑑』 권198, 貞觀 19년 8 · 12월조 『考異』의 「實錄」 자료와 관련 하여」, 『동북아연사논총』, Vol. 44, pp.249-283, 2014.

위는 다시 『자치통감』의 기록입니다. '혼인 사기'로 막대한 경제적 손해를 본 진주가한에게 '당나라의 주요 병력은 안시성에 집중되어 있으니 지금 당나라 본토를 치면 승리를 거둘 수 있다며 지난번 입은 손해도 우리가 갚아줄 수 있다'는 식으로 꼬드긴 것이죠.

하지만 설득이 쉽진 않았습니다. 당 태종도 설연타의 기습에 대비해 고구려 원정을 떠나며 이 일대에 병력을 배치한 데다 진주가한은 와병 중이었기 때문이죠.

그런데 연개소문이 보낸 이 말갈인 사신의 수완이 꽤 좋았던 모양입니다. 와병 중이던 진주가한이 마지막 기력을 다해 움직였는지, 아니면 차기 왕위를 놓고 경쟁하던 그의 두 아들이 왕위계승전에 필요한 자금을 노렸던 건지 설연타 측은 7월 중순 수만여 명의 병력으로 당나라 북쪽 국경을 침공합니다.

졸지에 두 개의 전선 사이에 놓인 당 태종은 마음이 급해졌죠. 황급히 군사를 보내 설연타의 군대를 막게 했습니다. 당 태종이 안시성을 눈앞에 두고도 40여 일간 움직이지 않은, 아니 움직일 수 없었던 이유입니다.

안시성을 구원한 40일

자, 여기서 긴박했던 645년 여름의 흐름을 정리해보겠습니다.

연개소문, 15만 명의 안시성 구원군을 파견(6월 21일) → 주필산 전투 참패(6월 23일) → 연개소문이 설연타에 사신 파견(6월 23일 직후) → 설연타의 당 공격(7월) → 당 태종의 안시성 공격 개시(8월 10일)

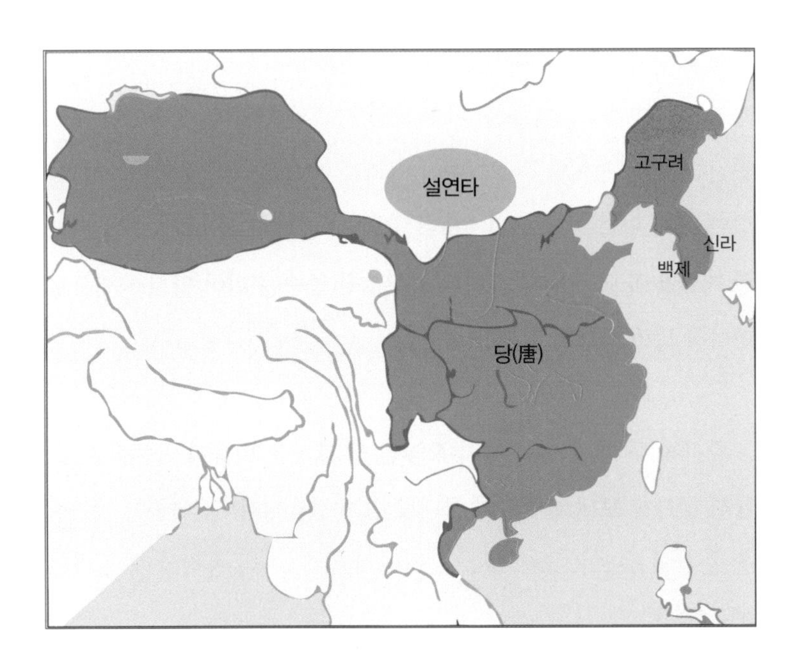

설연타 덕분에 안시성은 40일이라는 소중한 시간을 얻었습니다. 훗날 전개된 전투를 보면 안시성주는 이 시간을 헛되이 쓰지 않고 만반의 준비를 갖췄음을 알 수 있습니다. 병사들도 충원되었던 것 같습니다. 안시성 전투 중반 "인근 건안성과 신성에 10만 명의 고구려 병사가 지키고 있다"는 당나라 측 발언으로 보아 주필산 전투에서 생존한 패잔병 상당수가 전선에 다시 합류한 것으로 보입니다. 아무리 참패했더라도 15만 명의 고구려군이 모두 몰살되거나 포로로 잡히지는 않았겠죠.

설연타의 침공을 격퇴한 당 태종은 대군을 이끌고 안시성을 다시 공격했지만, 안시성주와 병사들의 필사적인 방어에 막힙니다. 성벽보다 높은 토성土城을 만들어 시도한 공격마저 무위로 돌아가자 당 태종은 결국 말머리를 돌립니다. 때는 9월 18일, 양력으로는 10월 말입니다. 만주는 이미 초겨울에 접어들었습니다. 포위군에게는 극히 불리한 상황이었죠. 당 태종으로선 7월을 안시성에 쏟지 못한 것이 아쉬웠을 대목입니다. (하나 첨언하면 철수하던 당 태종이 왼쪽 눈에 화살을 맞았다는 기록은 어떤 사서에서도 찾을 수 없습니다.)

게다가 설연타에서 다시 불온한 소식이 들어왔습니다. 당시 설연타에선 진주가한이 죽자마자 둘째 아들 발작拔灼이 형을 제거하고 왕위에 올랐습니다. 호전적이었던 발작은 내부 혼란을 빠르게 수습한 뒤 재차 당을 공격했습니다. 어쩌면 연개소문 측은 발작의 왕위 계승을 돕는 '베팅'을 했을지도 모릅니다.

안시성에서 철수하던 당 태종도 장안으로 돌아가지 않고 이듬해 2월까지 설연타 토벌에 나섭니다. 배후에 있는 설연타 세력을 뿌리 뽑아야 고구려 정벌이 가능하다고 판단했던 것 같습니다. 실제로 당은 646년 설연타 세력을 제거한 뒤 647~648년 고구려를 다시 침공합니다.[3]

안시성을 지킨 진짜 주인공

첫머리에 던진 질문에 대해 답할 차례입니다. 안시성을 지킨 주인공은 누구였을까요.

양만춘이라는 가공의 이름으로 남은 안시성주, 그와 함께 성을 지킨 병사들을 가장 먼저 꼽을 수 있을 것입니다. 적대 세력인 안시성을 구하기 위해 15만 명의 군대를 기꺼이 보내고, 군사력이 바닥나자 기민한 외교술로 대처한 연개소문도 주인공의 한 자리를 차지해야 할 것입니다.

또 빼놓을 수 없는 인물은 사서에 그저 '말갈인'으로만 표기된 연개소문의 사신입니다. 말갈인은 고구려 사회에서 2등 국민 같은 신분이었습니다. 하지만 연개소문은 촌각을 다투는 긴박한 상황에서 말갈인에게 고구려의 운명을 맡겼습니다. 외교관으로서의 자질을 신뢰했거나 그가 설연타의 사정에 매우 정통했기 때문으로 여겨집니

3 서영교, 앞의 논문.

다. 녹록지 않았지만, 그는 결국 설연타를 전선戰線으로 끌어내는데 성공했습니다. 안시성주처럼 이름을 남기지 않은 그는 안시성 전투의 숨겨진 '언성unsung 히어로'였습니다.

한때 칼을 겨눈 정적이었지만 미증유의 위기 앞에서 기꺼이 손잡은 정치가, 주력군이 붕괴한 상황 속에서도 지도층을 믿고 분란 없이 성을 사수한 군인과 주민, 어려운 여건에서도 주어진 임무를 완수한 외교관…. 안시성의 80일은 고구려라는 사회가 위기에 어떻게 대처하고 극복해 나갔는지를 압축적으로 보여준 무대였습니다.

중원 왕조의 갖은 위협 속에서도 700년간 만주에서 존속했던 고구려의 저력은 바로 이런 것이 아니었을까요. 우리가 고구려를 그리워한다면 그 시선은 만주 땅이 아니라 바로 이런 저력에 맞춰져야 한다고 생각합니다.

발해는
화산 때문에
멸망했을까

3

몇 년 전, 이탈리아 폼페이 유적을 방문한 적이 있었습니다. 2000년 전 도시인데도 잘 보존된 거리, 웅장한 신전, 화려한 벽화 등을 보고 있자니 절로 감탄사가 나오더군요. 아, 고대 로마 사람들은 정말 멋지게 살았구나…, 하고 경탄하던 것도 잠시, 화산재에 뒤덮인 채 하얗게 형태만 남은 희생자들의 모습을 보니 순식간에 몸이 오싹해졌습니다. 화산 폭발이 얼마나 무서운 재해인지 새삼 느껴지더군요.

이때의 기억이 떠오른 건 2019년 영화 '백두산'을 보면서였습니다. 관측 사상 최대 규모의 백두산 폭발이 발생하면서 한반도가 대혼돈에 빠지고, 추가 폭발이 예견되면서 지질학 교수와 군인, 특전사 요원 등이 함께 이를 막을 작전을 수행한다는 내용의 이 영화는 그해 825만 명의 관객이 찾을 정도로 큰 성공을 거뒀습니다.

백두산 분화 가능성에 대한 소식은 여전히 언론에 종종 보도됩니다. 백두산은 휴화산으로 활동을 잠시 멈춘 상태에 불과하기 때문입니다. 그래서 학계에서는 화산 활동이 언제든 재개될 수 있고, 백두산 일대뿐 아니라 한반도 전체에 큰 재앙을 가져올 수 있다는 경고를 여러 번 내놓곤 합니다. 일각에선 북한의 핵실험이 화산 활동을 자극할 수 있다는 우려를 내놓기도 하지요.

그렇다면 백두산에서 화산이 폭발하면 영화 '백두산'처럼 서울까지 재난이 벌어질까요. 과거에도 서울까지 피해를 입은 적이 있었을까요.

조선 사람이 목격한 백두산 화산 폭발

> "흑기黑氣는 신이 목격한 것입니다. 그 기운은 비 같기도 하면서 비도 아니고, 연기 같기도 하면서 연기도 아닌 것이 북쪽에서 오는데 소리는 바람이 몰아치듯, 냄새는 비린내 같기도 한데 잠깐 사이에 산 골짜기에 가득 차서 빛을 가려 지척에 있는 소와 말도 분별을 못 할 정도였으니, 아, 역시 괴이한 일입니다. 가까이는 적성積城과 장단長湍 사이와 멀리는 함경도의 남쪽 경계까지 모두 그러하였다고 합니다."
>
> 『효종실록』 5년 10월 2일

위에서 소개한 기록보다 반세기 전인 1654년에도 비슷한 일이 있었습니다. 이때는 화산 활동이 한양 인근까지 영향을 끼쳤던 것 같습니다. 경기도 적성과 장단과 함경도의 남쪽 경계까지 모두 비슷한 현상이 벌어졌다고 기록되어 있기 때문입니다.

당시 백두산에서 벌어진 플리니식Plinian style eruption 분화로 형성된 거대한 화산재 구름ash cloud이 바람에 의해 500km 가까이 떨어진 경기도까지 나타났다고 합니다.[1]

플리니식 분화는 격렬한 폭발과 함께 암석 부스러기나 화산재가 버섯 모양의 연기가 되어 인근까지 퍼지거나 덮어버리는 형태입니다. 용암은 적지만 분출물이 광범위한 지역까지 피해를 주는 것이 특징입니다. 고대 로마 도시 폼페이를 덮은 베수비오산이 바로 플리니식 분화였습니다.

다행스럽게도 조선 중기 폭발했던 백두산의 화산은 폼페이 같은 재난을 가져오지 않고 마무리된 것으로 보입니다. 『실록』에는 당시 관찰된 특이한 자연현상 외엔 더이상 언급되지 않았습니다. 하지만 반세기 후에 비슷한 일이 또 벌어집니다.

> "함경도 부령에 이달 14일 오후시에 하늘과 땅이 갑자기 캄캄해졌는데, 때로 혹 누른빛이 돌기도 하면서 연기와 불꽃같은 것이 일어나는 듯하였고, 비릿한 냄새가 방에 꽉 찬 것 같기도 하였다. 큰 화로에 들어앉아 있는 듯하여 몹시 무더운 기운에 사람들이 견딜 수가 없었다. 4경이 지나서야 사라졌다. … 아침에 가서 보니 온 들판에 재가

---

1 윤성효, 「백두산 화산의 1654년 10월 21일 화산재구름 이동 기록에 대한 화산학적 고찰」, 『암석학회지』, Vol. 91, pp.17-24, 2018.

내려 쌓였는데, 마치 조개껍질을 태워놓은 것 같았다. 경성鏡城에서는 같은 달 같은 날 조금 늦은 시간에 연기와 안개 같은 기운이 서북쪽에서 갑자기 밀려오면서 하늘과 땅이 캄캄해지고 비릿한 노린내가 사람들의 옷에 스며들었으며, 몹시 무더운 기운은 큰 화로 속에 앉아 있는 듯하였다."

『숙종실록』 28년 5월 20일

함경도 경성鏡城은 조선 세종 때 4군 6진을 개척했을 당시 세운 전진기지입니다. 여진족의 침입 외에는 별다른 주목을 받지 못하던 이 지역에 1702년 6월 9일숙종 28년 음력 5월 20일 기묘한 자연현상이 벌어져 조정을 놀라게 했습니다.

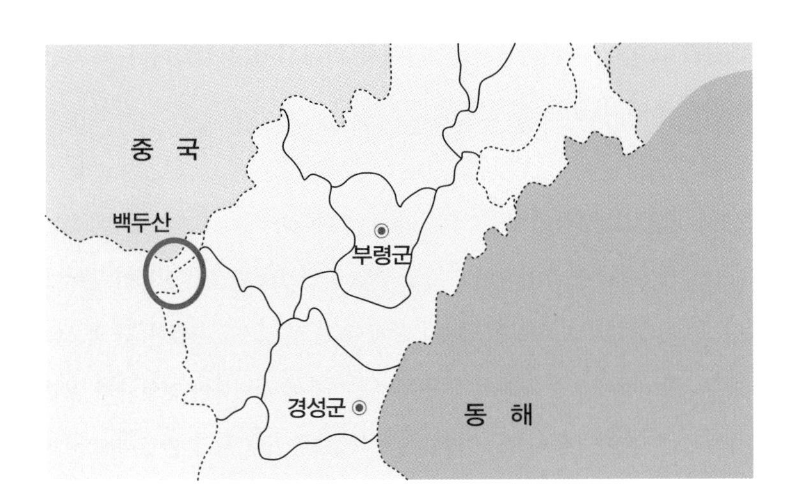

"사람들 모두가 옷을 벗어 던졌으며, 땀이 흘러 끈적끈적하였다. 흩날리던 재는 마치 눈과도 같이 사방에 떨어졌는데, 그 두께가 한 치寸가량 되었다. 걷어보니 마치 모두 나무껍질이 타다 남은 것과 같았다. 강변의 여러 고을들도 다 그러하였는데 간혹 더 심한 곳이 있었다".

『숙종실록』 28년 5월 20일

당시 조선의 관료들은 기이한 이 기운이 '서북쪽에서 밀려왔다'고 기록했을 뿐 원인을 찾지는 못했는데, 지금은 명확하게 알 수 있습니다. 경성에서 서북쪽으로 200km가량 떨어진 백두산의 화산 활동이 일어난 것이죠.[2]

1702년은 1695년부터 1699년까지 조선에 닥친 을병대기근 불과 3년 뒤입니다. 을병대기근으로 무려 141만 명이 사망한 것으로 알려져 있는데, 이는 당시 인구의 약 20% 남짓입니다. 이때 만약 백두산이 크게 폭발했다면 조선에는 미증유의 혼란이 벌어졌겠죠.

갑작스러운 발해의 멸망, 화산 폭발 때문?

지질학자들에 따르면 백두산이 가장 큰 규모로 폭발한 것은 10세

2 윤성효 · 이정현 「백두산 화산의 1702년 강하화산재 기록에 대한 화산학적 해석」, 『암석학회지』, Vol. 64, pp.243-250, 2011.

기라고 합니다. 이를 근거로 역사학계 일각에선 10세기의 백두산 대폭발을 발해渤海의 멸망 원인으로 지목하기도 했습니다. 이같은 가설엔 발해의 미스터리한 멸망 과정이 한몫했습니다.

698년 옛 고구려 영토에서 건국된 발해는 당나라의 견제에도 불구하고 한반도 북부와 만주 일대를 장악하는 등 200여 년 넘게 거대한 세력을 과시했습니다. 하지만 멸망은 한순간에 찾아왔습니다. 925년 12월 16일 거란요의 지도자 야율아보기가 발해에 대한 전면전을 선언하면서 시작된 발해의 멸망 과정은 다음과 같습니다.

925년 12월 21일 거란군 출병
925년 12월 29일 발해의 요충지 부여성 포위
926년 1월 3일 부여성 함락
926년 1월 9일 발해 수도 상경성 포위
926년 1월 12일 발해 항복 선언

발해가 '해동성국海東盛國'이라고 불리며 최전성기를 이뤘던 때가 30년 전인 13대왕 대현석871~894의 치세였습니다. 그런데 거란이 아무리 강국이더라도 군사를 일으킨지 불과 20여 일만에 멸망했다는 것은 선뜻 납득 되지 않는 일이었습니다. 심지어 거란이 출병하기 1년 전924년에는 발해가 거란의 요주遼州를 선제공격해 요주자사를 살해하고 백성을 끌고 가는 등 만만찮은 군사력을 과시하기도 했습니다.

이 때문에 학계 일각에선 급작스러운 재난이 발해의 멸망을 앞당겼을 수 있다는 목소리가 나온 것이죠. 이 가설을 처음으로 제시한 사람은 일본 도쿄 도립대의 화산학자 마치다 히로시인데, 1981년 일본 홋카이도에서 백두산 화산재를 발견한 그는 백두산의 대폭발이 발해를 쇠망하게 했을 것으로 추정했습니다. 화산 폭발로 나라 전체가 혼란에 빠져있는 틈을 타 거란이 기습을 가해 발해가 무릎을 꿇었다는 것이죠. 고대 그리스 문명의 초기 맹주였던 크레타섬의 미노아 문명도 화산 폭발로 세력을 잃었기 때문에 불가능한 가설로 치부할 수만은 없었습니다.

반면 한국 학계에선 발해의 화산 폭발 멸망설에 대해 시큰둥한 반응이었습니다. 그 정도 사건이라면 중국 측 역사서에 기록이 되어 있어야 하는데 거란의 발해 침공 과정이 담긴 『요사遼史』를 비롯한 그 어떤 기록에도 화산 폭발 멸망설을 뒷받침할 만한 기록이 없었기 때문입니다.[3]

발해의 멸망, 화산은 잘못 없다

발해 멸망의 진범을 두고 수십여 년간 진행된 논쟁은 최근에 해소됐습니다.

---

3 김기섭, 「발해의 멸망과정과 원인」, 『한국고대사연구』, Vol. 50, pp.103-131, 2008.

2017년 9월 26일 서울에서 열린 '제1회 백두산 국제학술회의'에 참가한 오펜하이머 케임브리지대 교수는 10세기 벌어진 백두산의 화산활동 시기를 '발해 멸망 이후'라고 단정지었습니다. "백두산 인근에서 채집한 낙엽송 나이테를 측정한 결과 백두산 분화는 946년 여름 이후에 일어난 것으로 추정된다"고 보았기 때문입니다. 발해는 926년에 멸망했습니다. 따라서 오펜하이머 교수의 주장에 따르면 백두산 분화는 최소한 발해가 멸망하고 20년 후에 벌어진 셈이죠.

참고로 당시 기록들도 오펜하이머 교수의 가설을 뒷받침합니다.

고려사高麗史에는 946년고려 정종 원년에 '천고天鼓가 울리므로 사면령을 내렸다'는 기록이 있습니다. 천고는 직역하면 하늘의 북鼓인데, 정부가 놀라 사면령을 내릴 만큼이나 거대한 굉음이 울렸음을 알 수 있습니다.

일본에서도 비슷한 기록이 나옵니다. 일본 나라현의 고후쿠지興福寺의 기록을 담은 『고후쿠지연대기興福寺年代記』에는 946년 11월 3일 하얀 화산재가 눈처럼 내렸다고 기록되어 있습니다.

당시 화산 규모는 어느 정도였을까요. 윤성효 부산대 교수에 따르면 946년 백두산 폭발 당시 화산 분출량은 최소 100㎦에서 최대 150㎦ 정도인데, 베수비오 화산 분출량(2㎦)의 50~70배 정도라고 합니다.

어쨌든 발해의 멸망과는 시기적으로 차이가 있다는 건 분명합니다.

그렇다면 발해는 왜 순식간에 멸망했을까요. 화산 폭발 멸망설에 부정적이었던 학계는 발해 권력층의 내분, 고구려계와 말갈계의 갈등, 외교적 고립 등을 들고 있습니다.

① 발해의 내분

『고려사』에 따르면 발해가 멸망하기 1년 전인 925년 9월과 12월 세 차례에 걸쳐 발해 지도층이 백성들을 이끌고 귀순해왔다는 기록이 있습니다. 또 앞서 3월에는 "태조 8년925년 3월 계축일에 두꺼비가 궁성 동쪽에 나타났는데 수없이 많았으며…여론이 발해渤海국이 우리나라에 귀순할 징조라고 하였다"라는 기록도 있는데, 이미 발해 내부에 심각한 문제가 있었고 이런 동향이 고려까지 퍼져 있었음을 암시하는 대목입니다.

거란의 역사서인 『요사遼史』에서도 "이심離心·이반된 민심을 틈타 군대를 움직이니 (발해와) 싸우지 않고 이겼다"는 내용이 있습니다. 실제로 부여성이 무너진 뒤 발해는 3만 명을 뽑아 수도까지 오는 길목인 홀한성에서 막게 했는데 거란 기병 500명에게 패했다는 기록도 있습니다. 사실상 전의戰意를 잃었던 상황으로 보입니다.

이때 발해군을 지휘한 '노상老相-높은 관직명으로도 추정'이라는 인물은 발해가 멸망한 뒤 거란에 의해 중용됩니다. 정확한 내막은 알 수 없으나 지도층이 분열해 있었다고 봐도 큰 무리는 없을 듯합니다.[4]

일부 학자는 발해 지도부가 내부 분열을 묶기 위해 거란 침공924년이라는 강수를 택했다고도 합니다. 이전에 당나라와 신라를 상대로 벌이던 유연한 외교 노선 대신 강경론이 조정을 지배하면서 멸망을 초래했다는 것이죠.[5]

② 외교적 고립

당나라가 망하고 5호 10국 시대가 펼쳐진 무렵 거란은 이미 동북아의 패자霸者였습니다. 925년 야율아보기가 서방을 원정하고 돌아오자 중원지역을 차지하고 있던 후당後唐은 물론 일본, 고려, 신라까지 사신을 보냈다는 기록이 있습니다. 1년 전 요주遼州를 공격했던 발해만 사신을 보내지 않았습니다.

지금에서야 발해, 신라, 고려 등을 하나의 민족 세력으로 묶어서 보지만 당시엔 철저하게 국익에 따라 적이 되거나 동맹이 되는 외국일 뿐이었습니다. 고려와 거란만 하더라도 훗날 적이 되지만 922년엔 거란이 고려에 낙타를 보냈고, 925년엔 고려가 거란에 사신과 답

---

4 김기섭, 앞의 논문.

5 김은국, 「南北國時代論과 渤海 Diaspora」, 『고구려발해연구』, Vol. 40, pp.159-194, 2011.

례를 보낼 정도로 사이가 원만했습니다.

기록에 따르면 발해는 신라, 고려와 얕은 수준의 동맹 관계結援를 맺었던 것으로 파악되지만 실제로 발해가 위험에 빠졌을 때는 아무런 효력을 발휘하지 못합니다. 926년 1월 발해 상경성이 포위돼 고립무원에 빠졌을 때 신라, 고려 그 누구도 발해를 돕지 않았습니다.

되려 이후 고려의 행보를 보면 발해 유민을 흡수해 국력을 키우는 데 더 관심이 많았습니다. 심지어 『요사遼史』에는 926년 발해 상경성 포위전에 신라군이 거란 편에서 참전했다는 기록도 있습니다. 이때 신라군이 신라 중앙군을 가리키는 것인지 아니면 지방에서 독자적으로 활동하던 호족의 군대를 가리키는 것인지는 확실치 않습니다. 다만 그만큼 발해가 외교적으로 완벽하게 고립되어 있었다는 것만은 확실해 보입니다. 그랬기에 마지막 발해왕 대인선도 포위된 지 3일만에 항복했던 것이 아닐까요.

한때 만주와 연해주를 차지하며 200여 년간 신라, 당, 일본과 함께 동북아의 한 축을 담당했던 발해였지만, 역사에서 어떻게 사라졌는지는 여전히 전모가 드러나지 않은 상태입니다. 다만, 희미하게 남은 기록은 그토록 강성했던 국가도 내부 분열에는 제대로 힘을 쓰지 못하고 한순간에 기울어 질 수 있다는 사실을 이야기해줍니다. 지금 우리 현실 때문인지 무겁게 느껴집니다.

세종은 명나라와 다투는 군주였을까

4

조선 세종이 다스린 32년1418~1450은 돌이켜보면 특이한 시대였습니다. 왕위를 두고 휘몰아쳤던 골육상쟁의 피바람도 세종의 시대에는 잠잠했고, 조선 시대에 영토 확장을 추진해 성공한 것도 이때뿐입니다. 지금의 한반도 영토 경계선도 이때 완성됐습니다. 과학 분야에서 세계 흐름에 뒤처졌던 조선이지만 이때만큼은 당대 어떤 나라와 비교해도 손색이 없는 온갖 발명품들이 쏟아져 나왔으며, 세계 최초의 로켓포라는 '신기전'까지 등장했습니다. 마치 단절이라도 된 것 같은 다른 세상입니다.

이 시대를 관통하는 인물이 바로 장영실입니다. 그야말로 혜성처럼 나타났다가 혜성처럼 사라진 인물이죠. 세계 최초의 우량계인 측우기, 자동으로 시간을 알려주는 물시계인 자격루, 천체의 운행을 관측하는 혼천의渾天儀를 발명하는 당대 최고의 과학자였지만 천민 신분이라는 이유로 생몰연월을 알 수 없으며, 심지어 임금이 타는 수레를 잘못 만들었다는 이유로 파직된 뒤로는 기록이 완전히 사라져버렸습니다.

그런 그에게는 당연히 대중의 관심이 집중됐습니다. 덕분에 KBS 대하사극 '장영실'이나, 영화 '천문-하늘에 묻는다' 같은 작품이 나오기도 했습니다. 조선의 천재 과학자 장영실은 정말 수레를 잘못 만들어서 역사에서 사라진 것일까요? 대체 장영실은 어떤 인물이었을까요.

#화교 #천민 #과학자

장영실은 세종의 부친 태종 때부터 능력을 인정받아 궁에서 활동했습니다. 기록에 따르면 금속을 다루는 제련製鍊과 성을 쌓는 축성築城, 농기구나 무기 수리에 뛰어났다고 하니, 만능 엔지니어가 아니었나 생각됩니다. 그에 대한 총애는 아들 세종 때도 이어집니다. 그는 종5품 상의원尙衣院 별좌別坐가 되면서 관노의 신분을 벗었고, 나중에는 종3품까지 진출했습니다.

장영실에게는 조선 시대에 뛰어넘기 어려운 3가지 '꼬리표'가 붙어 있었습니다. 화교, 천민, 과학자입니다. 『세종실록』에 따르면 장영실은 중국인 아버지와 기녀 사이에서 태어났습니다.

> "행사직行司直 장영실은 그 아비가 본래 원나라의 소주 · 항주 사람이고 어미는 기생이었는데, 공교工巧한 솜씨가 보통 사람에 뛰어나므로

태종께서 보호하시었고, 나도 역시 아낀다."

『세종실록』 15년 9월 16일

세종실록의 기록입니다. 장영실의 본관 아산장씨 족보에 따르면 그는 중국 항주 출신인 장서蔣壻의 9세손으로, 부친은 장성휘蔣成暉였습니다.

조선은 변방의 여진족이 귀화할 경우 천인賤人 여성과 결혼시켜 정착시켰지만, 한족의 경우는 양인良人 여자와 결혼시켰습니다. 따라서 중국 본토 출신인 장성휘장영실의 부친가 기생과 정식으로 결혼했을 가능성은 적습니다. 그러니 장영실의 모친은 아마도 첩이었던 것이 아닐까 싶습니다. 장영실이 김담金淡의 매제였다는 점은 이 가능성을 높여줍니다. 김담은 『칠정산외편七政算外篇』이라는 달력을 만든 천문학자인데, 1447년 문과에 급제한 뒤, 충주목사 · 안동부사 · 이조판서 등을 역임한 양반이었습니다. 김담은 장영실의 누이와 결혼했는데, 만약 천민이었으면 있을 수 없는 일입니다. 즉, 장영실과 누이김담의 부인는 배다른 남매지간이고, 장영실의 모친은 첩이었을 것이라고 추측하는 이유입니다. 참고로 일부 학자는 천민인 장영실이 과학에 눈을 뜰 수 있었던 배경을 놓고 매형이자 뛰어난 천문학자였던 김담의 영향을 조심스레 제기하기도 합니다.

이렇게 '꼬리표'가 주렁주렁 달린 장영실이 잘 나가니, 출세에 대해 곱지 않은 시선은 당연히 많았을 것입니다. 관직이 올라갈 때마다 이런저런 반대 상소가 빗발쳤습니다. 하지만 이 모든 것을 뿌리쳤을 정도로 세종의 총애는 남달랐습니다.

그런 두 사람의 관계가 깨진 것은 1422년세종 24년입니다. 장영실이 제작한 가마가 세종이 타기도 전에 부서졌고, 이로 인해 그는 '불경죄'라는 사헌부의 공격을 받았습니다. 그런데 여기서 이상한 것은 세종의 태도입니다. 이전까지 무리하다 싶을 정도로 그를 보호했던 세종이 이번에는 곤장 100대의 형을 80대로 감해주는 정도로 그치는데, 당시 80대의 곤장은 사형선고나 다름없었습니다. 그리고 이 사건 이후 장영실에 대한 기록은 남아 있지 않습니다.

워낙 갑작스러운 일이다보니 여러 가지 추측이 제기되어 왔습니다. 그중 하나가 장영실이 천문, 측량 등 제왕학帝王學: 황제가 다뤄야 하는 고급 학문 분야를 건드리자, 이로 인해 예민해진 명나라와의 갈등을 무마하기 위해 숨겼다는 가설입니다. 장영실이 가마 제작으로 돌려진 것도 이런 민감한 분야에서 더는 활동하기 어려워졌다는 것이죠. 영화 '천문-하늘에 묻는다'도 이런 시각에 맞춰 두 사람의 관계를 그렸습니다.

#뚱보 #고기덕후 #종합병원

그렇다면 그를 중용했던 세종은 어떤 사람이었을까요? 세종이 성실하고 책을 좋아했다는 사실은 너무나도 유명하니 넘어가겠습니다. 그것보다 신분적 제약에도 장영실에게 높은 관직을 수여 한 배경을 생각해본다면, 아직 조선 초기였던 이 시대에는 고려의 기풍이 남아있었나 봅니다.

성리학적 질서가 자리 잡은 조선에 비해서 고려 후기에는 신분의 이동이 상대적으로 자유로웠습니다. 그것은 당시에 영향을 크게 받은 원나라몽골의 분위기와도 무관하지 않다는 생각이 듭니다. '색목인'이라고 하는 이민족도 비중국인이나, 비몽골인도 고위 관직에 오르곤 했죠. 세종의 부친인 이방원태종만 하더라도 공민왕 때 과거에 응시하는 등 고려 사회의 틀 안에서 성장한 사람입니다. 그러니 세종 때는 아직 고려적인 면모가 많이 남아있었을 것입니다.

세종의 또 다른 면모를 보겠습니다. 그는 육식을 좋아하고 편식이 심했습니다. 어찌나 고기를 밝혔는지 그의 부친인 태종은 "주상세종이 고기가 아니면 식사를 못하니 내가 죽은 후 상중이라도 주상에게 고기를 들게 하라"고 특별 지시를 내렸을 정도입니다. 여기에 운동도 좋아하지 않아 몸은 육덕진 비만이었습니다. "세종대왕을 본받으라"고 말하는 학부모들도 이 부분만큼은 고개를 돌릴 수밖에 없을 것 같네요.

여기에다가 몸은 걸어다니는 종합병원 수준이었습니다. 실록에 따르면 다리가 아픈 각기병, 피부에 생기는 종기, 당뇨, 시력 저하, 관절 이상 등 다양한 성인병으로 고생했습니다. 또, 부스럼병인 창질로 고생했다고 알려져 있는데, 이를 치료하기 위해 온천溫泉에 들락날락해야 했습니다. 세종의 창질에 대해서는 한때 성병의 일종인 임질이었다는 추측도 적지 않습니다. 꽤나 밤 생활을 밝힌 것으로 알려져 있기 때문입니다. 세종은 소헌왕후 심씨를 포함해서 모두 6명의 부인과 22명의 자녀18남 4녀를 뒀습니다. 정리해보자면 뚱보이자 고기덕후에 성인병 환자인데 운동은 젬병이고 성性생활에 남다른 괴력을 발휘한 남자, 그가 바로 세종이었습니다.

그래서 특별히 장영실이 가마 제작에 투입된 배경에는 세종이 뚱보였다는 점을 간과해서는 안 된다는 생각도 듭니다. 세종의 몸은 말을 타고 평생 전장을 누빈 할아버지 이성계는 물론이고, 온갖 정변을 뚫고 살아남은 아버지 이방원 등 선대왕들의 날렵한 몸매와는 비교가 되지 않았습니다. 또 잦은 온천행으로 이전 왕들에 비해 지방 행차가 압도적으로 많기도 했습니다. 그런 왕이 타는 가마를 제작해야 한다면, 조선 최고의 기술자는 당연히 섭외 1순위가 아니었을까요.

사대부들은 간의 개발을 반대했을까?

그런데 두 사람의 관계가 황제의 영역인 천문학을 건드리는 바람에 위기에 놓이고 결국 장영실이 사라지게 됐다는 가설은 사실 무리한 설정이 많습니다. 영화 '천문-하늘에 묻는다'를 보면 세종과 신하들의 갈등이 적잖게 등장합니다. 조선만의 독자적 천문과 시간을 갖겠다는 세종의 구상에 신하들은 "명나라에서 허락하지 않을 것"이라며 사사건건 반대합니다. 그러자 세종은 "너희는 명의 신하냐, 조선의 신하냐?"라고 역적을 내죠. 하지만 신하들은 결국 명나라 사신이 보는 앞에서 장영실이 만든 천문기구 간의簡儀를 불태우게 함으로써 목적을 달성합니다.

이 비극적 서사를 보며 관객들은 가슴을 치게 되지만, 신하들이 조선의 천문기구에 이를 갈고, 명나라에 대등한 국가를 만들고자 하는 세종을 방해했다는 건 허구입니다. 반대로 천문기구 제작을 환영했습니다.

> "옛 성인이 반드시 정치하는 도의 첫째 일로 삼았으니, 요의 역상曆象·역법과 순의 선기璇璣·천체 관측가 이것이다. 우리 전하께서 제작하신 아름다운 뜻은 곧 요 · 순과 더불어 법을 같이 하였으니…"
>
> 『세종실록』 19년 4월 15일

세종의 천문기구를 만들겠다고 하자 신하들이 이것을 중국의 전설적인 성인 요 · 순의 치적에 비교하며 높게 평가하는 대목입니다. 명나라와 관계를 끊는 독자적 행보라고 생각하지도 않았습니다.

> "성상세종께서 정인지에게 이르기를, '우리 동방이 멀리 바다 밖에 있어서 무릇 한결같이 중화의 제도에 따랐으나, 홀로 하늘을 관찰하는 그릇에 빠짐이 있으니 고전을 강구하고 의표를 참작해 만들어서 측험測驗하는 일을 갖추게 하라'"
>
> 『세종실록』 19년 4월 15일

세종의 발언은 조선이 중화의 문물을 잘 흡수했는데, 유독 천문학에서는 미흡하니 잘 연구해서 정확하게 관측하라는 것입니다. 명나라에 대한 사대의식이 더욱 짙어진 중종 때도 성세창은 이렇게 건의했습니다.

> "세종 시대는 치도治道가 지극히 갖추어졌는데, 간의대 같은 것을 세운 까닭은 하늘을 공경하고 재앙을 삼가는 도리가 지극히 크고도 급하기 때문이었으니 이제 대신大臣을 가려서 특별히 가르쳐야 합니다."
>
> 『중종실록』 12년 11월 25일

성세창은 사간원, 홍문관, 사헌부 등 요직을 거친 엘리트였고, 명나라에 사신으로 다녀온 인물입니다. 누구보다 명나라에 대한 사대에 충실한 그조차도 간의대를 귀중하게 여기고 제대로 이용해야 한다고 역설합니다.

영화에서는 세종이 독자적인 천문기구간의를 만든다고 했을 때 가장 반대하는 신하는 사헌부의 수장인 대사헌 정남손입니다. 하지만 정작 『세종실록』을 보면 세종이 이궁離宮·국왕이 별도로 머물던 궁전을 짓는다고 간의대를 헐어 버리려 하자 사헌부에서 간의대 철거를 강력하게 막아섰습니다. 영화와 실제 역사는 정반대인 셈이죠.

> "좌헌납 윤사윤이 아뢰기를 '이미 이룩된 간의대簡儀臺를 헐어 버리고 급하지 않은 이궁離宮·국왕이 별도로 머물던 궁전을 지으심은 진실로 옳지 못하옵니다. 미비한 신의 말씀을 굽어 용서하셔서 우선 이 공사를 정지하시기를 비옵나이다' 하니, 임금이 말하기를 '계획이 이미 정해졌으므로 고칠 수 없다'…"
>
> 『세종실록』 25년 1월 23일

"내가 사대를 지나치게 한다지만…"

역사에 기록된 세종은 그 누구보다 명나라에 대한 사대 관계에 애를 쓴 군주였습니다. 이것을 반영하는 데이터도 있습니다. 진하進賀·

나라에 경사가 있을 때 벼슬아치들이 조정에 모여 임금에게 축하를 올리던 일 관련 기록입니다.

계승범 서강대 교수가 분석한 자료에 따르면 세종 시기의 진하 관련 기록은 명나라에 대한 것이 전체의 89%를 차지합니다. 반면 국내 이슈로 진하를 논의한 것은 11%에 불과합니다.[1] 다시 말해 세종은 명나라에서 일어난 각종 대소사를 극진하게 챙겼던 것입니다. 반면 세종의 부친인 태종 시기에 진하를 논의했던 주제 중 명나라에 관련된 것은 절반 정도인 57%에 불과합니다. 그리고 세종 이후인 문종 · 단종 시기는 59%, 세조 · 예종 시기는 21%로 다시 점점 내려갔습니다. 심지어 명나라 황제 정통제가 원정을 마치고 돌아왔다는 풍문을 듣고 진하사축하하는 사신을 보내겠다고 했다가 주변 반대에 부딪혀 보류한 적도 있습니다.

> "임금세종이 이르기를, '황제가 달달타타르·여기서는 몽골을 의미놈들에게 승첩하였다 하니, 우리나라에서도 진하進賀함이 예의상 옳겠다'고 하니, 모두가 말하기를 '전해 들은 말로써 축하하는 건 불가하오니, 사신이 돌아오는 것을 기다려 (정확한) 소식을 듣고 축하해도 늦지 않을 것입니다'"
>
> 『세종실록』 31년 12월 3일

1 계승범, 위의 책.

일단 정확히 알아보고 나서 축하 사절단을 보내든 하자는 것이죠. 이처럼 세종이 명나라에 관련된 일이라면 너무나 정성을 보여서, 일부 신하들 사이에선 사대에 대한 예가 과하다는 목소리도 나왔던 모양입니다. 이를 의식한 세종의 '해명'입니다.

> "내세종가 사대의 예를 지나치게 한다고 말한다는데, 지금 명나라가 사신을 보내오고 상을 주고 하는 예우가 일찍이 없었다. 우리나라는 본래 예의의 나라로서 해마다 직공의 예를 닦아, 때에 따라 조빙하면 명나라가 이를 대우하는 것이 매우 후하였다. 그런데 정성을 다하여 섬기지 않는다면 이것은 크게 불경한 일이고, 특히 신하된 도리를 다하지 못하게 되는 것이니, 그럴 수가 있겠느냐."
>
> 『세종실록』 10년 윤4월 18일

이런 세종의 모습은 지금까지 대중문화에서 그려졌던 모습과 너무나 다릅니다. 그래서 다소 불편함이 느껴질 정도입니다. 하지만, 세종이 사대에 온갖 정성을 들였다는 것을 지금의 시각으로 재단해 비판할 수만은 없습니다. 그럴만한 사정이 있기 때문입니다.

조선 초기는 왕권이 극도로 불안정했습니다. 제1 · 2차 왕자의 난, 계유정난, 중종반정 등 건국 후 100년 동안 피바람이 불면서 왕위가 무사히 계승된 적이 손에 꼽을 정도입니다. 조선을 건국하면서 성리학을 국시로 내세웠건만 아이러니하게도 정작 왕위 계승에서는 그토록 강조했던 성리학적 질서가 지켜지지 않았던 것이죠. 그러니 왕실의 체면은 말이 아니었겠죠. 국왕의 권위도 낮아질 수밖에 없었습니다.

이런 배경 속에서 세종은 돌파구를 찾아야 했는데 그중 하나가 명나라 황제에 지극한 정성을 다하는 것이었습니다. 이게 무슨 상관이냐고요? 상관이 있습니다.

중국을 정점으로 하는 유교적 천하관에서는 명나라 황제와 조선의 국왕은 군신 관계입니다. 그리고 조선의 국왕과 신하들은 역시 군신 관계입니다. 그러니 세종 입장에서는 '내가 명나라 황제에게 충성하는 것처럼 너희도 나에게 충성을 다해야 한다'는 메시지를 줄 수 있었던 것이죠. 즉, 안에서 무너진 유교적 가치를 밖에서 회복해 철저한 군신관계를 확립하려 했던 것입니다. 세종뿐 아니라 조선 국왕 대부분은 천자와의 긴밀한 관계를 통해서 정통성과 권위를 확립할 수 있다고 판단했습니다. 또 한편으로는 조선이라는 신생 국가의 안보 및 안정성과 직결되는 문제이기도 했습니다. 현재의 한국과 미국의 관계를 생각해보면 어떨까요.

세종은 명나라에 대항하는 독자 세력을 꿈꾼 것이 아니라 명나라가 주도한 세계질서에 편입돼 안정과 번영을 추구한 것이죠. 실제로 세종 시기부터 임진왜란이 일어나기까지 약 150여 년간 조선은 외침을 걱정하지 않고 내부 문제에 집중할 수 있었습니다.

세종이 자화자찬했듯이 세종 시대는 명나라와의 관계가 매우 좋았습니다. 강대국과의 우호 관계를 확보한 덕분에 조선은 이 시기에 여진족 정벌, 대마도 정벌 등 공격적인 대외 정책을 펴는 등 그 어느 때보다 활동 공간을 넓힐 수 있었습니다. 현재에도 많은 시사점을 주는 부분입니다.

만약 세종을 명나라로부터 자주적 나라를 건설하려 했던, 혹은 한글을 창제한 문화 군주 등의 이미지로만 묶어 버린다면 연결되지 않는 지점입니다.

한 가지 더 짚어 보자면 세종 시대를 다룬 영화나 드라마에서 나타나는 명나라에 대한 설정입니다. 영화 '천문-하늘에 묻는다'와 '신기전' 같은 작품을 보면 명나라는 천문기구 사용도 신기전 개발도 방해하는 거대한 악당 같은 세력입니다.

역사적으로 명나라가 조선에 이런저런 부당한 요구를 했던 것은 사실입니다. 그러나 한글이나 천문기구 때문에 명나라의 추궁을 받거나 양국 관계가 악화했다는 기록을 찾아볼 수 없습니다. 임진왜란 때는 명나라 군사 앞에서 조선군이 신기전을 사용할 정도였으니까요. 굳이 세종 시대에 명과 마찰을 빚을 수 있었던 사건을 꼽자면 압록강 · 두만강 일대의 영역 문제였습니다. 하지만 이것도 심각한 수준은 아니었습니다.

물론 사극을 실제 역사와 똑같이 고증할 필요는 없습니다. 재미를 위해 상상력이 가미될 수도 있습니다. 다만 '가짜 세종'을 만들어내면서까지 일관되게 사실과 다른 메시지를 전달하는 것이 바람직한지는 의문스럽습니다. 어느새 우리 역사의 문제를 '남 탓'으로 돌리는 시각에 익숙해지고 있는 건 아닐까요. 우리가 보고 싶은 것을 보는 것이 아니라 우리가 지나온 시대를 정확하게 바라볼 수 있는 것이야말로 역사가 갖는 힘이라고 생각합니다.

조선 시대
인구 40%가
노비였다는 말

5

임진왜란 때 의병장으로 맹활약을 한 김덕령 장군에게는 왜적과의 싸움 외에도 엄청난 과거사가 하나 있습니다.

어느 날 그는 장인이 도망간 노비들을 잡으러 갔다가 살해됐다는 사연을 듣고는 신혼 첫날 밤 홀로 쇠방망이를 들고 노비들의 은신처로 찾아가 복수를 합니다. 여기에 그치지 않고 노비들의 재산을 모조리 빼앗아 장모에게 가져다주기까지 하지요. '백년손님'이라는 사위가 장가온 첫날부터 큰 선물을 안긴 셈입니다.

이렇게 도망간 노비를 잡아들이는 일을 추노推奴라고 합니다. KBS 드라마 '추노'를 통해서도 잘 알려졌죠. 실제로 조선에선 노비가 도망치고, 이를 잡아들이는 일이 빈번했습니다. 심지어 『조선왕조실록』에는 조선 전기 유명한 재상이던 한명회가 "공사 노비 중 도망 중인 자가 100만 명"이라고 말한 것이 기록되어 있습니다. 그래서 노비를 잡아들이거나 노비 소송을 전담하는 장예원掌隸院이라는 국가기관을 따로 둘 정도였습니다.

그렇다면 조선에서 노비는 전체 인구 중 어느 정도나 차지했을까요? 학계는 조선 인구를 1,000만 명 정도라고 봤을 때, 대략 40%에 해당하는 400만 명 정도가 노비였을 것으로 추산합니다.[1] 대단히 많은 숫자지요. 그렇다면 조선은 왜 이렇게 오랫동안 많은 노비를 유지했을까요. 또 왜 이렇게 많은 노비들이 도망을 다녔을까요. 조선의 노비제를 하나하나 따져보겠습니다.

삼국~고려시대 노비는 인구의 10% 이내

노비는 남성인 노奴와 여성인 비婢를 합친 단어입니다. 그리고 조선 시대 노비는 국가 기관에 묶인 공公노비와 일반 개인에게 속박된 사私노비로 나뉩니다. 또 노비가 노동의 대가를 바치는 형태에 따라 납공노비納貢奴婢와 입역노비立役奴婢로 나눌 수 있습니다.

입역노비는 우리가 흔히 생각하듯 주인의 명령에 따라 노동력을 바치는 노비인 반면에 납공노비는 1년에 정해진 액수의 현물을 바치는 노비였습니다. 그래서 납공노비는 주인집에 함께 사는 것이 아니라 따로 주거지를 갖고 있었고, 심지어는 멀리 떨어진 다른 지방에 사는 경우도 많았습니다.

---

1 이영훈, 「한국사 연구에서 노비제가 던지는 몇 가지 문제」, 『한국사 시민강좌』, Vol. 40, pp.144-159, 2007.

서두에 조선 시대에는 인구의 약 40%가 노비였다고 했는데, 처음부터 이렇게 노비가 많았던 것은 아닙니다. 통일 신라 시대에 695년 서원경西原京·지금의 청주 4개 촌락을 조사한 문서를 보면 460명의 인구 중 28명이 노비로 기록되어 있습니다.[2] 그러니까 6% 남짓 되는 것이죠. 조선을 개국하기 직전인 1391년 이성계가 위화도 회군의 공적으로 받아낸 식읍食邑에서도 비슷한 기록을 볼 수 있습니다. 이곳에 사는 162명 중 노비는 7명으로 약 4. 3%에 불과했습니다.[3] 그랬던 것이 100년 후엔 인구의 약 40% 정도가 노비로 바뀐 것이죠. 즉, 노비 인구가 크게 팽창한 것은 조선왕조부터입니다.

양천교혼으로 노비를 늘린 퇴계 이황

왜 이런 급격한 변화가 일어났을까요. 가장 큰 요인은 양천교혼良賤交婚이었습니다.

고려시대엔 일천즉천一賤卽賤, 즉 부모 중 한 명만 노비이면 자녀도 노비가 됐고, 노비와 양인의 결혼 자체도 불법이었습니다. 그래서 원래 노비였던 이들에게만 노비 신분이 대물림됐기 때문에 크게 늘어나지 않았습니다.

---

2 박남수, 「「신라촌락문서」의 인구통계와 그 작성 시기」, 『신라사학보』, Vol. 52, pp.137-188, 2021.

3 홍영의, 「고려말 李成桂의 婚姻關係와 경제적 기반 - 포천 涬甓洞과 鐵峴의 田莊을 중심으로-」, 『한국학논총』, Vol. 45, pp.153-192, 2016.

그랬던 것이 조선이 들어서면서 바뀝니다. 엄격했던 양천교혼의 금기가 차츰 느슨해지기 시작한 것이지요. 노비를 가진 양반 입장에선 노비와 노비를 결혼시키는 것보다는 노비와 양인을 결혼시키는 것이 노비를 늘리기가 쉬웠기 때문에 이를 적극 권장했습니다. 양반들이 노비들의 양천교혼을 유도한 것은 성리학의 대학자로 알려진 퇴계 이황이 아들에게 남긴 글에서도 찾아볼 수 있습니다.

> "범금范金과 범운范雲 등을 불러다가 믿을만한 양인 중에 부모가 있는, 생업을 의탁할 수 있는 자를 골라 시집을 보내고, 죽동에 와서 살게 한다면 더욱 좋겠다."
>
> 『도산전서陶山全書』

범금과 범운이라는 여종을 양인 남성과 짝을 맺어주라는 당부입니다. 그렇게 하면 이들 사이에서 태어난 아이를 노비로 만들 수 있으니까요. 이황도 300명이 넘는 노비를 거느린 지방 대지주였습니다. 그는 생전에 학문 못지않게 재산 증식을 위해 큰 노력을 기울인 사대부 중 한 명이었죠.

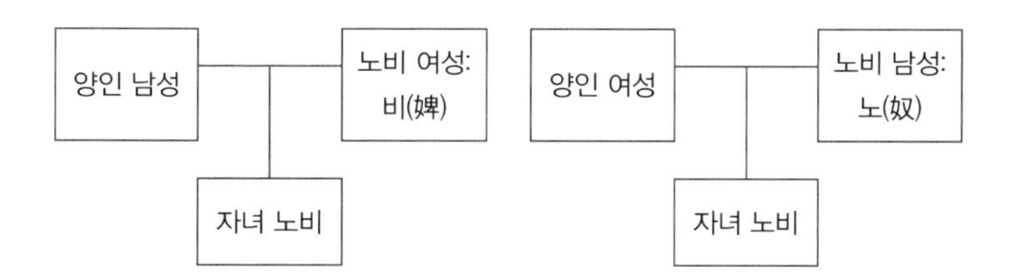

이 외에도 양반들은 노비를 이용해 재산을 늘릴 수 있는 다양한 '꼼수'를 썼습니다.

조선 중종 때 이문건이라는 사람의 이야기입니다. 이문건은 유명한 학자였던 조광조의 문하에서 공부했고, 기묘사화 때는 삼엄한 분위기 속에서도 조광조를 위한 상례를 치른 기개 있는 인물이었습니다. 그가 보여준 절의는 사림의 표상으로 칭송받기도 했습니다. 하지만 노비 문제에서는 다른 면모를 보여줍니다.

그는 어느 날 손녀사위인 정섭으로부터 노비 석지石只가 다섯 명의 아들을 두었다는 이야기를 듣고는 얼른 기상記上할 것을 권유했습니다. 기상은 노비가 자녀에게 재산을 물려주지 못하도록 하고 주인에게 헌납을 강요하는 행위입니다. 일생을 모은 재산을 주인에게 바치라니 노비 입장에서는 팔짝 뛸 일이죠. 아니나 다를까, 몇 달 후 이문건은 정섭으로부터 '기상을 했더니 석지가 발악하면서 재산을 팔아 도주하려고 한다'는 소식을 듣습니다. 그러자 이문건은 정섭에게 강제로 모두 빼앗으라고 권유합니다.[4] 다른 누구도 아닌 스스로 남긴 기록에 나오는 내용입니다. 그런데 이문건만 유독 욕심이 과도했을까요. 그보다는 이문건은 기록을 남기는 바람에 우리에게 알려졌을 뿐이고, 당시 사대부 대부분이 이렇게 살았다고 보아야 타당하지 않을까요.

---

4 이혜정, 「『默齋日記』를 통해서 본 16세기 婢夫 · 奴妻의 삶」, 『한국사연구』, Vol. 147, pp.199-232, 2009.

노비를 줄이려는 왕과 늘리려는 사대부

그런데 국가적 차원에서 보면 노비가 늘어난다는 것은 좋은 현상이 아니었습니다. 노비는 병역이나 납세의 의무를 지지 않기 때문입니다. 그래서 조선의 일부 왕들은 노비 숫자를 줄이기 위한 정책을 펴기도 했습니다.

대표적인 것이 태종입니다. 태종은 양인 남성과 여성 노비 사이에서 태어난 자식은 모두 양인의 자격을 주도록 했습니다. 즉, 아버지의 신분을 따르게 한 것이죠. 이를 종부법從父法이라고 합니다. 당시 양반 중에선 여성 노비를 첩으로 둔 경우가 많았기 때문에 이 같은 조치는 노비를 줄이고 양인을 늘리는 데 큰 역할을 합니다.

귀한 재산인 노비가 줄어들게 된 양반 관료들은 반발하기 시작합니다. 하지만 이미 노비제를 폐지한 중국을 모범 사례로 내세울 수 없었던 양반들이 내놓은 대답은 "예전에도 그랬다"였습니다.

> "(지중추원사 권제가 상소하기를) 우리 나라 노비의 법은 비록 중국과 공통되지 아니하오나, 예의염치의 풍속이 실로 여기서 비롯됐습니다."
>
> 『세종실록』 21년 5월 3일

권제는 아버지 권근과 함께 조선 초 대표적인 학자로 꼽히는 엘리트였습니다. 이런 인사들이 국가 질서의 근본인 귀천 구분을 지켜야만 하고, 그러기 위해서는 노비제에 손을 대서는 안 된다고 목소리를 높였던 것이죠. 국가에서 문묘에 배향한 성현聖賢이 그리 많았지만 누구도 노비에 대해선 문제점을 거론하지 않았습니다. 그러기는커녕 이들은 종부법의 실시 때문에 '여성 노비들이 마음대로 양인 남성에게 시집을 가며 인륜을 어지럽힌다'는 구실을 내세워 폐지를 요구했습니다.

결국 태종이 이 법을 만든 지 18년이 지난 세종 14년1432년 종부법이 폐지됐습니다. 그러니까 세종은 장영실에게는 '은혜'를 베풀었지만 노비 전체로 보자면 원망스러운 임금이 될 수도 있는 셈입니다.

이후 1485년, 성종 때 만들어진 『경국대전經國大典』에서는 '일천즉천'이 확정됩니다. 즉, 부모 중 한쪽이 노비이면 자녀도 노비가 된다는 것을 법으로 명문화한 것이죠. 조선의 노비 수는 다시 급증하게 됩니다. 즉, 병역과 세금을 담당할 양인의 숫자는 다시 감소하게 된 것이죠.

그래서 1669년 현종 때 이를 수정하자는 목소리가 일어납니다. 국가 재정을 늘리기 위해 남성 노비와 양인 여성 사이에서 낳은 자녀는 양인으로 하자는 내용으로 즉, 어머니의 신분을 따르는 종모법從母法입니다. 이 제도는 당시 치열했던 붕당 정치에 따라 운명이 왔다

갔다 합니다.

당시 이 법안을 찬성한 쪽은 서인 · 노론이고, 반대한 쪽은 남인입니다. 그래서 각 정파의 부침에 따라 종모법이 시행됐다가 폐지됐다가 하는 것이 반복됐습니다. 그러다가 영조 때인 1731년 종모법이 확정됐고, 이는 이후 완전히 굳어졌습니다.

이후 순조 1년1801엔 공노비가 해방됐고, 1886년엔 노비세습제가, 1894년엔 갑오경장으로 노비제도가 폐지되면서 공식적으로 노비제가 완전히 사라지게 됩니다. 하지만 실제로는 이후에도 노비제의 유산이 어느 정도는 남아있었습니다.[5]

조선의 노비제가 유독 비판받는 이유는?

조선은 세계사적으로 독특한 노비제를 운용한 나라입니다. 바로 '동족'을 19세기까지 노비로 세습시켰다는 점 때문입니다. 이것은 전쟁 포로나 다른 민족을 노예로 삼았던 사례와 많은 차이를 보입니다. 또, 15세기 이전에 노비가 사라진 중국이나 일본과 비교해도 유별난 사례입니다. 물론 다른 민족을 노비로 두면 이보다 낫다는 건 아닙니다. 다만 높은 문명 수준을 자랑하던 조선이 현대를 목전에 둔 19세

---

5 임학성, 「조선시대 奴婢制의 推移와 노비의 존재 양태」, 『역사민속학』, Vol. 41, pp.73-99, 2013.

기까지 이런 제도를 유지했다는 점은 분명 의외의 대목입니다.

중국이나 일본 같은 경우도 노비가 있긴 했습니다만 중국의 경우엔 송나라 때 법으로 철폐됐고, 일본도 전국시대를 거치며 사실상 사라지게 됩니다. 물론 이후에도 노비가 완전히 없었던 것은 아니지만 그것은 어디까지나 채무 관계라든지 경제적 형편으로 인해 벌어지는 사적인 영역에 속했고, 국가 차원에서 노비제에 적극 개입하지는 않았습니다.

이와 관련해 조선 태종 때의 다음 기록은 참고할 만합니다.

> "왜노비倭奴婢를 사는 것을 금하였다. 경상도 도관찰사가 아뢰기를, '김해부金海府 사람인 박천의 집에 교역交易한 왜비倭婢가 있는데 일본 국왕의 사자使者의 배로 도망해 들어갔습니다. 부사가 사자에게 이르기를, '이 종은 본래 중한 값을 주고 산 것이니, 지금 숨기고 내놓지 않으면 교린交隣의 뜻에 어긋나니 빨리 돌려보내라' 하였더니, 일본의 사자가 대답하기를, '우리 나라에는 본래 사천私賤이 없다'하고, 마침내 돌려보내지 않았습니다."
>
> 『태종실록』 8년 10월 21일

설명하자면 이렇습니다. 김해에 사는 박천이라는 사람이 일본 여성을 종으로 구입했는데, 김해에 와 있던 일본 사절단의 배로 도망

쳤던 모양입니다. 그러자 김해부사가 정식으로 "양국의 선린우호의 관계를 유지하려면 노예 여성을 내놓아라"고 경고한 것이죠. 그러자 일본 측에서 나온 답변이 이렇습니다. "일본엔 사천私賤이 없다." 여전히 노비를 두었다는 것이 외부인들의 시각에서는 다소 충격적이었을 것입니다.

그래서 몽골 간섭기엔 고려 정계의 실력자였던 활리길사闊里吉思, 고르기스라는 몽골 관리가 노비제 철폐를 시도한 적이 있습니다. 당시 세계 제국을 다스리던 몽골의 입장에서는 고려의 노비제가 국제적으로 통용되던 가치에 부합하지 않았던 것이죠. 그런데 이것을 충렬왕이 막습니다. 충렬왕은 "이것은 조상 대대로 내려온 풍속입니다. 천한 무리가 양인이 되도록 허락한다면 나라를 어지럽게 하여 사직이 위태롭게 됩니다. 쿠빌라이칸은 고려의 풍속을 존중해주기로 했으니 이를 이어갈 수 있도록 해주십시오"라고 호소해 결국 무산됐습니다.

한편 조선의 노비가 노예냐, 아니면 노예와 다른 존재였냐를 두고도 학계에선 오랫동안 논쟁이 이어졌습니다. 이 문제는 서양 학자들과 한국 학자들의 시각이 서로 다릅니다.

제임스 팔레 미 워싱턴대 교수는 "인구의 30%가 노예라는 점에서 조선은 노예제 사회Slavery Society"라고 주장했습니다. 반면 이영훈 전

서울대 교수를 비롯한 한국 학자들은 노비가 양인과 결혼을 할 수 있다는 점이나, 주인과 떨어져 살며 일정량의 현물만 바치면 되는 납공노비가 있었다는 점에서 과거 미국 흑인노예나 혹은 중국과 일본에 있었던 노예보다는 자유로운 존재였다는 점을 강조합니다.[6]

그렇더라도 양반 관료들의 강력한 저항으로 강화 유지된 노비제가 조선의 발전을 가로막는 장애물이 되었던 것은 분명합니다.

조선에서 유난히 노비 숫자가 증가하고, 또 양반 관료들이 이를 결사적으로 막았던 것은 고려 말부터 증가했던 대규모 농장을 유지하는데 노비의 노동력이 반드시 필요했기 때문입니다. 퇴계 이황의 경우만 해도 자녀들에게 약 36만 평가량의 농토를 남긴 지방 지주였습니다. 정약용 같은 학자도 1801년 공노비를 해방시킬 때 이를 강도 높게 비판했습니다. 노비를 해방시키면 국가 기강이 무너지고 상하가 문란해진다고 봤기 때문입니다. 그는 노비제를 조속히 복구하지 않으면 사회 혼란이 걷잡을 수 없을 것이라고 경고하기도 했습니다. 이처럼 노비제에 대한 뿌리가 깊었던 것이죠. 우리 역사에서 성군으로 평가하는 세종이나 정조도 넘기 어려운 난제였습니다.

6 이영훈, 위의 논문.

궁녀 성덕임은
왜 정조를
두 번이나 찼을까

6

최근 영국에서 가장 뜨거웠던 뮤지컬을 꼽자면 '식스'가 빠질 수 없습니다. 헨리 8세와 그의 여섯 명의 아내의 이야기를 현대적으로 재구성한 뮤지컬이죠. 헨리 8세는 단 한 차례도 무대에 나오지 않습니다. 대신 여섯 명의 아내 역을 맡은 배우들이 파란만장했던 자신들의 결혼담을 쏟아내는 것이죠. 헨리 8세의 아내 6명 중 2명은 처형됐고 40세를 넘긴 사람도 2명에 불과합니다. 절대 권력자인 왕의 곁에서 온갖 음모가 판치는 궁중 생활을 버텨낸다는 것은 육체적으로나 정신적으로 굉장히 소모적인 일이었던 것 같습니다.

몇 해 전 정조와 궁녀 성덕임의 로맨스를 다룬 MBC 사극 '옷소매 붉은 끝동'이 큰 인기를 얻었습니다. 정조가 워낙 계몽군주로서 부각되다보니 이런 문제가 그동안 덜 주목을 받았지요. 정조는 한 명의 왕비와 네 명의 후궁을 두었는데, 이 중 성덕임은 정조의 '유일한 사랑'이라고 여겨지는 여성입니다. 둘의 관계는 비록 숙종과 희빈 장씨 장희빈만큼 유명하진 않지만, 조선 역사에서 흔치 않은 러브스토리를 남긴 것은 분명합니다.

정조를 두 번이나 찬 여성

성덕임은 정조의 구애를 두 번이나 거절한 일화로 유명합니다.

정조는 왕세손 시절이던 1766년영조 42 승은국왕 또는 세자와의 잠자리을 시도했는데, 그때 성덕임은 "세손빈정조의 정식부인·후일 효의왕후이 아직 아이를 낳고 기르지 못하여 감히 승은을 받을 수 없습니다"라며 거절했다고 합니다. 앞으로 왕이 될 세손의 요구를 궁녀가 거절한다는 것은 꽤 어색한 상황이었을 텐데, 성덕임은 그 후에도 궁에 남아서 일을 했다고 하니 당시로서는 참 특이한 사례였다는 생각이 듭니다.

두 번째는 1780년정조 4년. 정조는 무려 14년 만에 다시 뜻을 전했는데, 성덕임이 재차 거부합니다. 결국 정조는 성덕임의 하인을 처벌하겠다는 압박으로 뜻을 이룹니다.

이때 눈에 띄는 것이 두 사람의 나이입니다. 당시 정조의 나이는 29세, 성덕임은 28세입니다. 조선 시대에는 여성의 경우 대개 10세 중후반이면 혼인을 했습니다. 그러니 28세 여성은 '노처녀'라고 부르기도 어색할 만큼 결혼에 늦은 나이입니다. 그런데도 굳이 무리수를 써서 목적을 달성했으니 정조는 그녀를 정말 좋아했던 게 확실해 보입니다.

이런 정조의 애정은 결실을 보았습니다. 정조는 홍국영의 누이동생 원빈 홍씨를 첫 번째 후궁으로 들였으나 그녀는 아이를 낳지 못한 채 사망했고, 효의왕후와의 사이에서도 아이가 없어 후손이 귀하던 상황이었습니다. 그러던 중 성덕임은 왕실의 기대에 부응하며 아들문효세자을 낳았고, 정1품인 빈嬪에 오르게 됩니다. 이어 2년 뒤엔 딸을 낳아 기쁨을 더해줬습니다.

그러나 행복한 시간은 오래가지 않았습니다. 문효세자는 다섯 살 때 홍역으로 사망했고, 불과 넉 달 뒤에 성덕임의빈 성씨마저 임신한 상태에서 갑작스럽게 세상을 떠났습니다. 정조는 "병이 이상하더니 결국 이 지경에 이르고 말았다. 이제부터 국사를 의탁할 데가 더욱 없게 되었다"며 한탄했다고 하니 그녀에 대한 신임이 상당했다는 것을 알 수 있습니다.[1]

성덕임은 누구인가

조선 시대 후궁이라고 해서 다 같은 후궁이 아니었습니다. 정식 절차를 통해 들어온 '간택 후궁'과 궁녀나 외부인기생, 여종 등이 승은을 입고 후궁이 된 '비간택 후궁'으로 나뉩니다. 홍국영의 여동생 원빈

1 박현모, 『정조평전』, 민음사, 2018.

홍씨는 간택 후궁, 성덕임의 경우는 비간택 후궁인 셈입니다.[2]

당대 최고 권력가이자 정조의 신임을 듬뿍 얻었던 홍국영의 여동생이 들어왔다는 것을 봤을 때도 알 수 있지만, 간택 후궁은 사회적 지위가 높았습니다. 왕비나 세자빈을 뽑을 때처럼 금혼령을 내린 뒤 선발기구를 통해 정식으로 선발했고, 유력 가문에서 나오기도 했습니다. 예를 들어 세종 때 후궁으로 선발된 명의궁주 최씨는 조부가 개국공신에 원종공신이고, 부친은 판돈령부사까지 오른 고위직 인사였습니다.

그런데 우리에게 익숙한 후궁은 대개 비간택 후궁입니다. 폭군 연산군을 마음대로 휘둘렀다는 장녹수, 숙종과 조선판 '사랑과 전쟁'을 찍으며 궁녀에서 정식 왕후까지 올랐던 희빈 장씨장희빈가 대표적입니다. 또 영조의 모친이자 드라마 '동이'로 잘 알려진 숙빈 최씨나 드라마 '여인천하'에서 "뭬야~"라는 대사로 유명한 경빈 박씨도 있습니다. 비록 집안은 한미했지만 승은을 입어 후궁이 됐으니, 왕의 사랑을 듬뿍 받아서였을까요. 앞에서 예로 든 사례들처럼 권력도 상당했던 경우가 많습니다.

또, 비간택이라고 해서 모두 신분이 낮았던 것은 아닙니다. 희빈 장씨가 속한 인동 장씨 가문은 대대로 역관을 배출한 중인 집안입니

---

2 이미선, 『조선왕실의 후궁』, 지식산업사, 2021.

다. 당시 조선은 해외 무역을 엄격하게 막고 있었는데 사신들을 따라서 해외에 갈 수 있는 역관들은 무역을 할 수 있는 기회가 주어졌습니다. 그래서 역관 중에는 부자가 된 사례가 많습니다. 박지원의 '허생전'에서 허생에게 선뜻 10만 냥을 빌려준 부자 변씨의 모델도 당시 거부라고 소문난 유명했던 일본어 역관 변승업입니다.

희빈 장씨의 숙부 장현도 중국과의 무역으로 상당한 부를 축적한 갑부였다고 합니다. 또 변승업과도 외가 친척 관계였습니다. 그래서 희빈 장씨 집안은 경제력을 바탕으로 주요 정치세력이던 남인은 물론 왕실과도 긴밀하게 결탁할 수 있었습니다. 정치자금이나 쉽게 구하기 어려운 물품을 대는 일을 맡았던 것이죠.[3]

그래서 숙종이 희빈 장씨를 내쳤던 것은 단순히 마음이 갈대같이 이리저리 흔들려서라기보다는 그녀와 엮인 정치세력을 숙청해야 하는 문제와 결부되어 있었습니다.

그렇다면 성덕임은 어땠을까요. 성덕임의 아버지 성윤우는 혜경궁 홍씨의 부친 홍봉한 집의 청지기였고, 그 덕분에 성덕임은 10살 무렵 입궁해 혜경궁 홍씨의 궁녀가 됐습니다. 그러니까 집안은 별 볼 일 없었는데, 정조의 외가에서 일한 덕분에 궁에 들어와 후궁까지 될 수 있었던 것이죠.

---

3 김양수, 「朝鮮後期 中人집안의 活動硏究」, 『실학사상연구』, Vol. 1, pp.25-47, 1990.

그런데 성덕임의 집안은 원래는 양반이었던 것 같습니다. 그녀가 사망하고 정조가 지었다는 어제의빈묘지명御製宜嬪墓誌銘에 따르면 성덕임의 조상 중에는 고려 때 가장 높은 벼슬인 문하시중에 오른 성송국, 조선 태종 때 예조 · 호조판서 예문관 대제학을 지낸 성석인 등이 있습니다. 다만 이후 조상들이 연이어 과거 급제에 실패하면서 집안이 쇠퇴한 것으로 추정됩니다. 조선에서는 4대부친-조부-증조부-고조부 안에 과거 급제자가 배출되지 않으면 원칙적으로 양반에서 제외됐습니다.

성덕임은 왜 승은을 거부했을까

희빈 장씨의 사례가 잘 보여주듯이 국왕의 승은을 받는다는 것은 본인뿐 아니라 가족에게도 권력과 출세를 안겨 주는 지름길입니다. 그래서 모든 궁녀의 '꿈'이었다고 해도 과언이 아니죠.

그래서 성덕임이 28세에도 승은을 거부했던 것은 참 이례적입니다. 그녀에게 정조는 이성적 매력이 없었던 것일까요? 정조는 혹시 알려진 것과 다르게 지독한 추남은 아니었을까요? 이에 대해서도 뚜렷하게 밝혀진 것은 없으니 어디까지나 추정만 남게 됩니다.

당시 왕실의 외척이 된다는 것은 거대한 권력 게임 속에 던져지는 것을 의미했습니다. 숙종 때의 희빈 장씨 · 인현왕후 · 숙빈 최씨, 사도세자의 부인 혜경궁 홍씨와 사도세자의 생모 영빈 이씨만 봐도 그렇습니다. 복잡한 정치 싸움에 휘말리면서 '행복'이라는 단어와는 거리가 먼 삶을 살아야 했습니다. 특히 풍산 홍씨라는 당대 최고의 가문을 등에 업고도 혜경궁 홍씨가 일생 내내 불행하게 지냈던 것은 성덕임에게 적지 않은 영향을 주었을 것 같습니다.

실제로 어렵사리 왕실의 일원이 됐지만, 불과 넉 달 사이에 아들 문효세자와 성덕임은 연이어 사망했습니다. 이를 두고 당시에도 석연치 않다는 여론이 많았습니다. 처가 배경이 든든하지 않은 점, 국왕의 총애를 받고 있었으며 세자를 낳았다는 점, 출산이 여전히 가능했다는 점 등을 들어 '독살설'이 돌기도 했습니다.

앞에서 헨리 8세의 이야기를 잠깐 꺼냈는데, 그녀의 두 번째 부인 앤 불린만 봐도 왕실의 일원이 된다는 것은 참 만만치 않은 일 같습니다. 바람둥이 헨리 8세의 마음을 사로잡아 이혼시키고, 왕비의 자리에 올랐지만 결국 왕자를 낳지 못하며 정치적 위상이 흔들리다가 누명을 쓰고 공개처형까지 됐으니까요.

참고로 헨리 8세가 유일하게 사랑했던 여인은 세 번째 부인인 제인 시모어였는데, 헨리 8세가 그토록 원하던 왕자에드워드 6세를 낳았지만 얼마 후 병으로 사망했습니다. 정말로 사랑했던 여인은 병으로 사망했다는 점 역시 정조와 헨리 8세가 같았습니다.

조선 국왕의 후궁은 평균 6. 4명

이미선 한신대 한국사학과 교수가 쓴 『조선왕실의 후궁』에 따르면 27명의 조선 국왕은 평균 6. 4명의 후궁을 맞이했습니다. 가장 많은 후궁을 둔 왕은 태종으로 무려 19명을 두었습니다.

그다음으로는 광해군 14명, 성종 13명, 고종 12명, 연산군과 중종 각각 11명 등인데, 현종이나 경종, 순종처럼 1명도 두지 않은 왕도 있었습니다. 모두 병약한 체질이라고 알려져 있습니다. 평균(6. 4명)보다 적었던 것은 순조(1명), 단종 · 헌종(2명), 인종 · 효종(3명), 인조 · 영조 · 정조(4명)입니다.

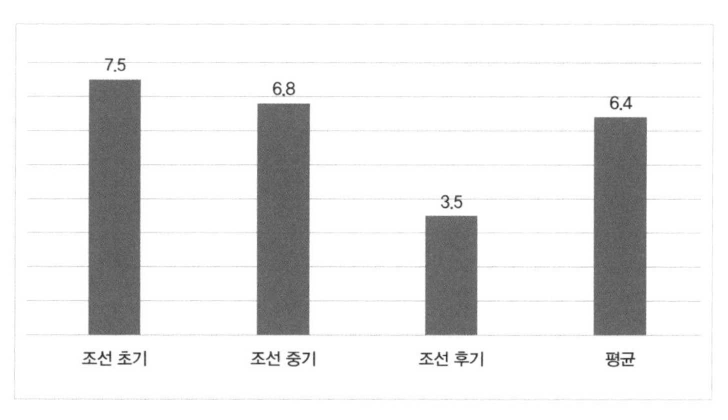

조선 시대 평균 후궁 수(명)

조선 초기엔 7.5명, 중기엔 6.8명, 후기엔 3.5명으로 갈수록 후궁의 수가 감소했습니다. 국왕들이 여색을 멀리해서였을까요.

정치적 변동이 영향을 줬을 수도 있습니다. 이미선 교수는 "희빈 장씨가 폐비된 뒤 숙종은 후궁이 왕비가 될 수 없도록 제도를 바꿨습니다. 이때부터 명망가에서는 후궁을 잘 보내지 않았는데, 이에 대해 왕비가 될 가능성이 사라졌기 때문"이라고 말했습니다.

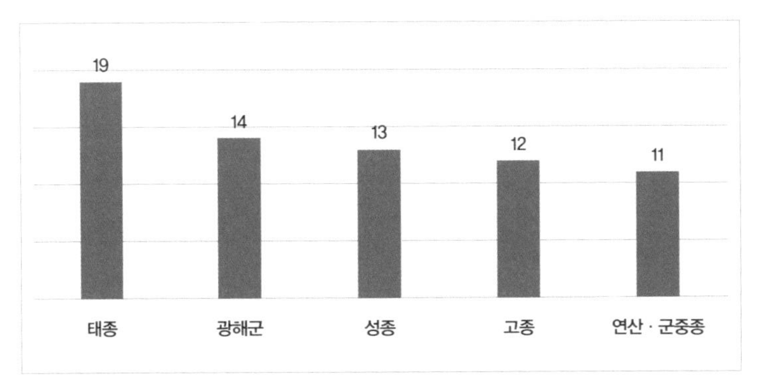

후궁을 많이 둔 조선의 왕 순위

하지만 숙종 때 희빈 장씨로 '재미'를 본 정치권은 왕비나 후궁을 통해 권력을 장악하는 비정상적인 폐단을 이어갔습니다. 숙종-영조-정조 시대가 조선의 르네상스라고 불리지만, 실은 그 뒤편에서 많은 후궁과 왕비들이 정치에 이용되며 눈물을 흘리고 있었던 것입니다.

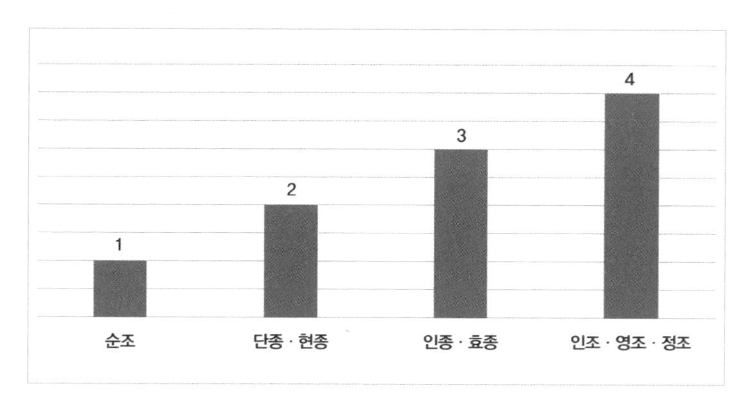

후궁을 적게 둔 조선의 왕 순위

경종은 영조가 준 게장을 먹고 죽었을까

7

용의 턱밑 어딘가에는 지름이 한 척 정도 되는 비늘이 거꾸로 난 곳이 있다고 합니다. 역린逆鱗이라고 부르는 곳이죠. 중국 고전 『한비자韓非子』에 나오는 고사인데, 사람이 건드리면 용은 반드시 그 사람을 죽인다고 해서 왕조 시대에는 군주의 치명적인 컴플렉스나 약점을 가리키는 의미로 쓰였습니다. 물론 지금도 대통령이나 유력 정치인에게 쓰이곤 하죠. 최고 지도자의 아픈 곳을 건드리는 것인만큼 그 후폭풍은 거셉니다. 죽음을 각오해야 하는데, 피바람으로 이어진 경우가 많았습니다. 조선 시대에 역린으로 가장 유명했던 군주라면 영조를 꼽을 수 있습니다.

영조가 귀를 닦은 이유

"25년이나 지났는데 지겹지도 않냐."

영화 '사도'의 한 장면, "경종 대왕을 독살한 당신이 어떻게 왕이란 말이오?"라고 외치는 죄인에게 영조는 이렇게 내뱉습니다. 그러고는 귀를 씻어버리죠. 혜경궁 홍씨가 지은『한중록(閑中錄)』에 따르면 영조는 좋지 않은 말을 들으면 반드시 귀를 씻는 습관이 있었다고 합니다.

영화 속 이 장면은 아마도 '나주 궤서사건'이 모티브였던 것 같습니다. 영조 31년1755 1월 전라도 나주에서 영조를 비방하는 익명의 글이 나주의 성벽에 붙었던 사건입니다. 조선 시대에 정국 운영에 반대하거나 사회에 대한 불만을 적어 공공장소에 붙이는 벽서를 괘서掛書라고 불렀습니다. 나주 괘서의 내용은 알려지지 않았지만 영조가 직접 나선 국문 과정을 보면 유추가 가능합니다.

> "신치운이 말하기를, '신臣은 갑진년 부터 게장을 먹지 않았으니 이것이 바로 신의 역심逆心'이라고 하니, 임금이 분통하여 눈물을 흘리고, 시위侍衛하는 장사將士들도 모두 마음이 떨리고 통분해서 곧바로 손으로 그의 살을 짓이기고자 하였다."
>
> 『영조실록』 31년 5월 20일

괘서를 붙인 범인 신치운이 내뱉은 한 마디에 영조의 멘탈이 붕괴된 것을 볼 수 있습니다. 그것은 게장이라는 말 때문입니다. 대관절 게장이 뭐기에 영조는 분통하여 눈물까지 흘리며 격렬하게 반응했을까요.

경종은 게장을 먹고 죽었다?

신치운이 말한 갑진년은 1724년으로 경종이 사망한 해입니다. 같은 해 8월 경종은 한 달을 앓다가 사망합니다. 34세, 왕위에 오른지 4년째로 매우 젊은 나이였습니다. 그런데 신치운의 말 속엔 뼈가 있었습니다. 『조선왕조실록』을 보면 경종은 8월 20일 먹은 생감과 게장을 먹었는데, 극심한 복통과 설사에 시달렸고 결국 닷새를 버티지 못했습니다.

> "여러 의원들이 임금에게 어제 게장을 진어하고 이어서 생감을 진어한 것은 의가醫家에서 매우 꺼려하는 것이라 하여…"
>
> 『경종실록』 4년 8월 21일

> "임금의 복통과 설사가 더욱 심하여 약방에서 입진入診하고 황금탕黃芩湯을 지어 올렸다."
>
> 『경종실록』 4년 8월 22일

> "임금의 설사의 징후가 그치지 않아 혼미하고 피곤함이 특별히 심하니, 탕약을 정지하고 잇따라 인삼속미음人蔘粟米飮 을 올렸다."
>
> 『경종실록』 4년 8월 23일

한의학에서는 게장과 감을 같이 먹는 것을 꺼립니다. 모두 차가운

성질을 갖고 있기 때문에 지병이 있거나 소화기 계통이 약한 사람은 큰 탈이 날 수 있다는 것이죠.

경종은 허약 체질이었고 당시엔 한 달여간 제대로 식사를 못했기 때문에 심신이 피폐한 때였습니다. 그랬기에 게장과 생감을 올린 것은 사실상 '독약'을 보낸 셈이라는 것이죠. 이때 게장과 감을 보낸 것이 누군지는 아직도 확실히 밝혀지지 않았습니다. 다만 당시엔 경종 주변에서 '범인'으로 지목된 것이 바로 경종의 이복동생 연잉군훗날 영조였습니다. 왜냐하면 경종이 죽게 되면 가장 이득을 보게 되는 것이 왕위 계승이 예정된 연잉군이었기 때문입니다.

게장을 올린 범인은 영조?

영조는 '가짜 뉴스'라며 펄쩍 뛰었습니다. 신치운을 국문하고 5개월가량 지나 영조는 억울함을 토로했습니다.

> "신치운을 사형에 처한 뒤에 울며 우리 자성慈聖·숙종의 세번째 부인 인원왕후 김씨를 가리킴께 아뢰었는데, 자성의 하교를 듣고서야 그때 게장을 어주御廚·수라간에서 공진供進한 것임을 알았다. 흉악하고 은혜를 저버린 무리가 고의로 사실을 숨기고 바꾸어 조작하여…"
>
> 『영조실록』 31년 10월 9일

게장을 올린 것은 자신이 아니라 수라간이라는 것이죠. 하지만 '경종 독살설'은 좀처럼 가라앉지 않았습니다. 게장 외에 비상 같은 독약을 음식에 넣었을 것이라는 풍문도 돌았습니다.

이보다 앞선 영조 4년1728에 벌어진 이인좌의 난도 '영조가 경종 독살범'이라는 것을 반란의 명분으로 내세웠습니다. 당시 이인좌 세력은 군대 안에 경종의 위패를 설치하고 아침저녁으로 곡을 하며 민심을 흔들었다고 전해집니다.

이인좌의 난은 진압됐지만, 독살설은 좀처럼 가라앉지 않았습니다. 그래서인지 영조 31년 나주 궤서사건의 배후를 잡아낸 영조는 '토역 정시討逆庭試'라는 특별 과거시험을 엽니다. 나라의 못된 역적 무리를 뿌리 뽑은 것을 기념하는 행사였습니다. 그런데 여기서 또 예상치 못한 사건이 벌어집니다.

> "임금이 바야흐로 친림하여 시사試士하는데 한 시권試券이 처음에는 과부科賦를 짓는 것처럼 하다가 그 아래 몇 폭幅에다가는 파리 머리만 한 작은 글씨를 썼는데 모두 난언 패설亂言悖說이었다…임금이 다 보지 못하고 상을 치면서 눈물을 흘리니…여러 신하들이 유시를 받들고서야 아주 패악하고 흉한 말이 있음을 알고 모두 분통하여 죽고자 하였는데…"
>
> 『영조실록』 31년 5월 2일

난언 패설, 과거 시험장의 답안지에서 또 독살설이 튀어나온 것입니다. 독살설의 괴수를 잡은 것을 축하하며 연 과거 시험의 답안지에 독살설이 나오니 영조로서는 팔짝 뛸 일이었습니다. 정말 질기고 질긴 독살설 꼬리표를 어떻게 해야 뗄 수 있을까 고민하던 영조는 자신을 둘러싼 소문을 조목조목 반박하는 『천의소감闡義昭鑑』이라는 책을 따로 내기까지 했습니다.

영조는 정말 억울했을까요. 독살설에 대해 전문가들은 근거가 약하다고 보는 편입니다.

『한국의사학회지』에 발표된 논문「경종독살설 연구」[1]은 경종이 한 달가량 더위에 지치고 식사를 못 해 기력이 없던 상황에서 차가운 성질의 음식인 게장과 생감을 먹고는 끊임없는 설사를 하다가 극심한 탈수로 죽었을 것으로 추정했습니다. 즉 애초에 기력을 많이 상실한 상태였다는 것이죠.

『왕의 한의학』의 저자인 이상곤 갑산한의원 원장은 "스트레스와 간질에다 비만성 질환까지 달고 살았으니 게장과 감이 치명타를 줄 정도로 허약한 상태가 됐을 것"이라고 봤습니다.

게장이 올려진 것에 대해선 의견이 나뉩니다. 의도가 있었다고 보

1 김동율 · 정지훈, 「경종독살설 연구」, 『한국의사학회』, Vol. 27, No. 1, pp.15-31, 2014.

는 견해도 있고, 수라간에서 그런 의학적 지식까지 고려하지는 않았을 거란 견해도 있습니다. 무엇보다 경종이 한 달간 밥상을 물렸기 때문에 게장을 반드시 먹는다는 보장도 없었다는 것이죠.

경종은 성불구였을까

> "이날 희빈 장씨가 어린 세자의 국부를 잡았던 탓으로 후일 세자에게는 후사가 없었다는 것이며, 또한 세자는 이때의 일로 단명했다는 것이다. 그러나 그 진위는 확인할 수 없다."
>
> 2002년 KBS '장희빈' 中

야사에 전해지는 유명한 내용이죠. 장씨의 행동은 확인되지 않지만 경종의 몸 상태가 좋지 않았던 것은 사실입니다. 세자 시절 "원자元子·경종에게 경휵驚搐·놀라고 두려워함의 증세가 있어…"『숙종실록』 15년 11월 8일라는 기록도 있고 경종 스스로도 "내가 '이상한 병'이 있어 10여 년 이래로 조금도 회복될 기약이 없다."『경종실록』 1년 10월 10일고 말하기도 했습니다.

경종은 후사가 없었는데도 후궁을 두지 않았던 유일한 조선의 국왕이기도 합니다. 부인의 문제였다면 후궁을 권하고 들였겠지만 당시 궁내에선 문제가 경종에게 있다는 것을 모두 알았던 것이죠.

경종의 건강 악화는 복합적 요인으로 보입니다. 희빈 장씨의 비극적 죽음, 세자로서 대리청정 3년, 자신의 왕위 계승을 둘러싼 치열한 당파 싸움 등이 큰 스트레스로 작용했을 것입니다.

"상이 동궁에 있을 때부터 쌓인 걱정과 두려움으로 마침내 형용하기 어려운 질병을 앓았다. 해가 지날수록 고질이 됐으며 더운 열기가 위로 올라와서 때로는 혼미한 증상도 있었다."『경종실록』 4년 8월 2일는 기록도 있습니다.

다만 만화나 드라마에서 비실비실한 체형으로 나오는 것과 달리 실제로는 비만이었습니다. 『승정원일기』에는 경종에 대해 '비만태조肥滿太早·아주 일찍부터 살이 찌다'라고 묘사되어 있습니다. 그래서인지 덥고 습한 날씨에 무척 힘들어했다고도 합니다.

현재 권력 vs 미래 권력, 그리고 브로맨스

경종과 영조는 이복 형제였습니다. 경종의 모친은 희빈 장씨, 영조의 모친은 숙빈 최씨입니다. 숙빈 최씨는 훗날 희빈 장씨가 인현왕후를 해치려 한다고 숙종에게 알려 사약을 받게 한 인물입니다. 그러니까 두 사람의 생모는 서로 철천지원수 사이였습니다.

양측을 지지하는 당파도 달랐습니다. 경종은 소론이, 영조는 노론이 각각 지지했습니다. 소론과 노론 모두 서인에서 나뉜 붕당입니다. 이때는 경종의 생모 희빈 장씨를 지지했던 남인이 정치적으로 몰락한 상태였습니다. 외가와 정치 기반을 모두 잃은 경종의 왕권은 취약할 수밖에 없었습니다. 비록 소론이 새로운 지지 기반이 되어줬지만, 당시 정치 사회의 권력은 노론으로 넘어간 상황이었습니다. 즉, 소론은 소수 여당이었고, 그 외부를 거대 야당인 노론이 둘러싸고 있었던 것이죠. 후사를 두지 못한 경종이 다른 아들을 입양하는 대신, 동생 연잉군영조을 세자로 지명할 수밖에 없었던 배경입니다.

그러니 현재 권력과 미래 권력인 경종과 영조 사이에는 미묘한 긴장이 흐를 수밖에 없었습니다. 독살설이 자라기 좋은 토양이었습니다. 비유하자면 영국 헨리8세의 두 딸이자 이복 자매였던 메리 여왕가톨릭과 엘리자베스 여왕성공회의 관계와 비슷합니다.

하지만 엘리자베스를 핍박했던 메리와 달리 경종은 동생을 무척 아꼈습니다.

경종 1~2년1721~1722 반역 모의를 벌였다는 밀고로 노론이 풍비박산 난 적이 있습니다. 이 사건으로 김창집 · 이이명 등 이른바 '노론의 4대신'이 모두 처형되고 관련자 200여 명이 처벌받는 등 노론 대숙청이 벌어집니다. 이때 소론 강경파는 연잉군도 처벌하라고 목소리를 높였지만 경종은 이를 제지하고 동생을 끝까지 보호했습니다. 연잉군 역시 훗날 왕위에 올랐을 때 형에 대한 고마움과 그리움을 여러 차례 토로했습니다.

> "황형皇兄·경종의 지극한 우애와 지극히 인자함이 아니었다면 내가 어찌 오늘이 있었겠는가? 내가 68세에 이르게 된 것도 다 우리 황형께서 주신 것이다."
>
> 『영조실록』 37년 8월 8일

> "황형의 병세가 위독하였을 때 나를 위하여 문을 열고 시원한 공기가 들어오게 하라고 하신 자상하신 뜻을 생각하면, 무더위가 기승을 부려 비록 찌는 듯하여 잠을 이루지 못한다 하더라도 다시 어떻게 문을 열라는 하교를 듣겠는가? 생각의 일어남이 여기에 미치니, 눈물과 콧물이 얼굴을 덮는다."
>
> 『영조실록』 23년 6월 28일

어머니끼리 원수 사이였고, 정치적 풍파 속에서 때로는 갈등하기도 했지만, 서로에 대한 끈끈한 정은 놓지 않았던 것 같습니다. 경종의 치세 기간4년은 꽤 짧았습니다. 그를 전후해 즉위한 숙종45년과 영조52년와 비교하면 더욱 그렇습니다. 어쩌면 온전치 못한 자신의 상태를 감안해 두 시기를 잇는 '징검다리' 역할을 맡았는지도 모릅니다. 후궁을 두지 않았던 것도 그런 이유가 아니었을까요. 경종과 영조의 애증을 다룬 뮤지컬 '경종수정실록'에서 경종은 연잉군이 가져온 인삼차에 독이 든 것을 알고도 마십니다. 동생에게 다음 시대를 맡기는 것이죠. 역사적 사실은 아닐지 모르겠지만 두 사람의 관계는 그런 장면이 가능했을 것 같습니다.

숙종이 남긴 유산

사극에서 가장 인기가 있는 소재를 꼽으라면 숙종 시대입니다. 숙종은 희빈 장씨와 인현왕후 그리고 숙빈 최씨 사이에서 왔다 갔다 하며 정치를 혼란케 만든 국왕으로 묘사되곤 합니다.

하지만 실제 역사로 돌아오면 숙종은 정치적 달인으로 꼽힙니다. 그가 왕위에 오를 무렵 '예송논쟁'을 거친 조선의 붕당 정치는 극에 달했습니다. 이런 환경 속에서 숙종은 '환국換局'이라는 극단적인 정치 이벤트를 이용해서 주도권을 놓지 않았습니다. 환국은 정치 세력의 교체를 뜻합니다. 한 정파가 물러나고 반대 정파가 정권을 갖게하는 것이죠.

숙종은 인현왕후와 희빈 장씨를 왕후로 올리고 내릴 때마다 서인인현왕후 측과 남인희빈 장씨 측을 번갈아 숙청하면서 특정 정당이 권력을 독점하지 못하게 막았습니다. 사실 인현왕후와 희빈 장씨, 숙빈 최씨는 그저 환국이라는 장기판 위의 '말'에 불과했습니다. 이렇게 잦은 환국 덕분에 정치 세력은 제대로 자리를 잡을 수 없었고, 숙종은 강력한 왕권을 누렸습니다. 하지만 후유증도 컸습니다.

환국이 벌어질 때마다 패배자에겐 처절한 보복이 이어졌습니다. 오죽하면 경신환국 때 남인에 대한 처분을 놓고 서인 내부에서 강경파노론와 온건파소론로 나뉘었을까요. 그러니 서로 '정권을 내주면 죽는다'는 의식이 자리 잡게 됐습니다.

환국 정치가 남긴 깊은 불신과 대립은 숙종의 자손들에게도 큰 상처를 안겼습니다. 경종과 영조를 둘러싼 노론과 소론의 대립이 그랬고, 영조와 사도세자 사이에 갈라진 아버지당父黨·노론과 아들당子黨·소론, 정조 시대에 시파와 벽파가 그랬습니다. 결국 영조의 아들 사도세자가 뒤주 속에서 굶어 죽는 비극까지 벌어졌습니다. 붕당 간의 대립을 부추겨 왕권을 지키려 한 숙종의 시도가, 종국에는 왕가 전체가 붕당에 휘말리면서 왕실이 희생되고 나라가 흔들리게 된 것입니다.

지금의 대한민국은 어떨까요. '팬덤'을 이용하던 정치권은 이제 '빠'들의 눈치를 보는 처지가 됐습니다. 강성 지지층에 끌려다니며 정치보복과 일방독주를 하는 정치권이 '제물'이 되고 있는 것은 아닐까요?

정조의
마지막 10일은
어땠을까

8

"누가 지은 약인가?"정조

"강최현이 지은 것인데 여러 사람의 의논이 대체로 서로 비슷하였습니다."이시수

"5돈쭝인가?"정조

"인삼 3돈을 넣었습니다."이시수

1800년정조 24년 6월 28일 『정조실록』에 나오는 정조와 우의정 이시수의 대화 내용입니다. 실록에 기록된 정조의 마지막 육성이기도 합니다.

6월 14일 종기가 낫지 않아 의관의 진찰을 받은 정조는 2주 동안 각종 처방을 이어가다가 이날 만 48세의 나이로 사망했습니다. 조선의 평균 수명이 지금보다는 낮다는 점을 감안해도 아쉬운 나이였습니다. 특히 그의 할아버지 영조가 82세로 장수했다는 점을 떠올리면 더욱 그렇습니다. 정조가 공식적으로 남긴 마지막 말이 "(인삼) 5돈쭝인가?"라는 것은 그의 급작스러운 최후를 보여주는 듯합니다.

조선왕조실록 속 정조의 마지막 15일

날짜	증상 및 처방
6월 14일	"밤이 되면 잠을 전혀 깊이 자지 못하는데 일전에 약을 붙인 자리가 지금 이미 고름이 떠졌다."
15일	"등쪽은 지금 고름이 잡히려 하고 게다가 열기가 올라와 후끈후끈하다."
16일	"어깨와 등쪽에서부터 시작하여 온몸이 다 뜨거워 찬 음식을 먹고 나자 비로소 조금 내려간 듯하였고 오늘 아침에는 어제보다 조금 나아진 듯하다." "대체로 이 증세는 가슴의 해묵은 화병 때문에 생긴 것인데 요즘에는 더 심한데도 그것을 풀어버리지 못해서 그런 것이다."
17일	가감소요산(加減逍遙散) 세 첩을 지어 들여오고 금련차(金連茶) 한 첩을 다려 들여오라고 명하였다.
18일	약원이 진찰을 받기를 청했으나, 윤허하지 않았다.
19일	약원이 아뢰기를, "신들이 조금 전 연석에서 성상의 병세가 더 좋지 않은 것을 보고 걱정되고 초조하여 여러 번 직숙(直宿)을 청했으나 끝내 윤허를 얻지 못한 채 물러나와 서로 마주 대하고 있자니 속이 불에 타는 듯합니다."
20일	가감소요산(加減逍遙散)은 중지하고 유분탁리산(乳粉托裏散) 1첩, 삼인전라고(三仁田螺膏) 및 메밀밥을 지어 들여오라고 명하였다.
21일	"높이 부어올라 당기고 아파 여전히 고통스럽고, 징후로 말하면 한열이 일정치 않은 것 말고도 정신이 흐려져 꿈을 꾸고 있는지 깨어 있는지 분간하지 못할 때도 있다." "대체로 한열이 번갈아 일어날 때 가슴의 기운이 올라와 식히기 때문에 열은 조금 줄어든 것 같다."
22일	"잡아당기는 통증은 조금 나은 듯하다." "지금과 같은 입맛으로 어찌 먹을 수 있겠는가."
23일	"고름이 나오는 곳 이외에는 왼쪽과 오른쪽이 당기고 뻣뻣하며 등골뼈 아래쪽에서부터 목 뒤 머리가 난 곳까지 여기저기 부어올랐는데 그 크기가 어떤 것은 연적만큼이나 크다." "지금도 한창 열증세가 있다."
24일	"밤공기가 매우 더워 더욱 견딜 수가 없었다." "어제 정오 이후부터는 나오는 고름이 조금 적어졌다."

날짜	증상 및 처방
25일	"밤이 깊은 뒤에 잠깐 잠이 들어 잠을 자고 있을 때 피고름이 저절로 흘러 속적삼에 스며들고 요 자리에까지 번졌는데 잠깐 동안에 흘러나온 것이 거의 몇 되는 되었다."
26일	"나는 본디 온제를 복용하지 못하는데 음산하고 궂은 날에는 그와 같은 약들을 더욱 먹지 못하니 그 해로움이 틀림없이 일어난다. 오늘과 같은 날씨에 어찌 이러한 약을 복용할 것인다." "평소에 경옥고를 한번 맛보면 5~6일 동안 음식을 먹지 못했다. 생맥산이 어쩌면 경옥고보다 낫지 않겠는가."
27일	"열기운이 아직도 내리지 않았다."
28일	"탕약의 일로 경들이 누누이 애써 간청하니 그 또한 계속 거절하기 어렵다. 생맥산을 먹어보긴 하겠으나 우선 경옥고를 조금 시험하고 싶다." "정신이 혼미할 따름이다."
승하	

『조선왕조실록』 중 『정조실록』을 참고하여 재구성.

정조는 독살됐나

정조는 죽기 한 달 전부터 등창으로 고생했던 것으로 알려져 있습니다. 처음엔 대수롭지 않게 생각했는데 상태가 점점 위중해지면서 급사로 이어진 것이죠. 사실 일국의 군주가 등창으로 사망한다는 것이 석연치 않은 측면도 없지 않습니다. 어색하고도 갑작스러운 죽음은 독살설로 이어졌습니다. 특히 정약용은 저서 『여유당전서』에서 "정승이 역적 심인을 천거하여 독약을 올리게 했다"고 기록했는데, 여기서 정승은 정조와 대립했던 당파, 노론 벽파의 영수 심환지를 가리킵니다. 노론이 정조를 독살했다고 지목한 것이죠. 이런 의혹은

1990년대 들어 소설 『영원한 제국』이 인기를 얻으면서 널리 확산했습니다. 또 정조가 임종할 때 그와 사이가 좋지 않았던 대왕대비 정순왕후영조의 두 번째 부인가 옆에 있었다는 점도 이러한 추측에 힘을 실었습니다.

반면 MBC 사극 '이산'에서는 격무로 인해 몸이 더이상 버티지 못하고 승하하는 것으로 그려졌습니다. 많은 개혁 정책을 펼쳤고, 일에 몰두했던 삶이 결국 건강을 해쳤다는 것이죠. 그렇다면 정조는 왜 갑자기 사망한 것일까요. 얼마 전 그의 증세를 양한방의 의사들에게 물어보니 조금 다른 시각이 나왔습니다.

콧수염 때문에 죽었다?

임재현 나누리병원 원장은 등에 난 종기등창를 1차 원인으로 꼽았습니다. 임 원장은 "요즘은 종기가 악화하여 사망했다고 한다면 받아들이기 쉽지 않지만, 위생이 열악했던 조선이라면 충분히 가능한 이야기다. 왕의 신체라고 해서 지금처럼 칼을 이용해 종기를 짜내지 못했기 때문에 조직의 괴사가 일어나고 균이 몸속으로 파고 들어가는 패혈증이 발생했을 가능성이 높다"고 말했습니다.

등창의 원인으로 지목된 것은 콧수염입니다. 임 원장은 "종기를 일으킨 원인은 황색포도상 구균으로 추정되는데 이것이 모여있는 곳이 바로 콧속이다. 조선 시대 왕이 위엄있게 기른 콧수염이 바로 콧구멍에서 내려온 황색포도상 구균의 아지트였을 것이고 이를 제때 처리하지 못해 패혈증까지 이어진 것 같다. 만약 정조가 콧수염을 깎고 코털 깨끗이 정리했다면 미리 예방할 수 있었을 것"이라고 설명했습니다.

인삼 복용이 문제?

이상곤 갑산한의원 원장은 저서 『왕의 한의학』에 조선 국왕들의 질병과 처방 등을 분석한 이 분야의 전문가입니다. 이 원장의 시각에서 정조의 급사는 '의도치 않은 의료사고'입니다. 결론부터 말하면 정조에게 맞지 않은 처방을 쓴 것이 문제였다는 것이죠. 그에 따르면 정조에게 '독약'이 된 것은 인삼이라고 합니다. 당시 동아시아에서 '만병통치약'처럼 여겨지며 조선의 값비싼 수출상품이기도 했던 인삼이 문제라니 이상하지 않나요?

그런데 이 원장의 설명은 이렇습니다. "정조는 인삼을 꺼렸다. 몸에 받지 않았기 때문이다. 그래서 인삼이 들어간 육화탕六和湯이나 경옥고瓊玉膏를 꺼렸다." 실제로 6월 23일 어의 강명길 등이 원기를 보강하기 위해 경옥고 복용을 권하자 정조는 "열을 다스리는 약은 크게 유의해야 한다"며 이를 만류했습니다. 이틀 뒤에도 갈증을 없애고 맥을 살리는 생맥산이라는 약을 권하자 인삼 1돈이 들어 있다는 이유로 거절했고, 6월 26일에도 경옥고를 다시 권유받자 해로울 것이라고 답했습니다.

이렇게 정조가 의관의 권유를 물리친 데는 이유가 있습니다. 정조는 의학에 대한 조예가 깊고 자부심도 대단했다고 알려져 있습니다. 직접 『수민묘전壽民妙詮』이라는 의학서적을 출판할 정도였으니까요. 하지만 신하들의 강권이 이어지자 경옥고를 귤강차에 타서 복용했는데 결국 문제가 발생합니다. 그날 밤새 잠을 자지 못하고 정신이 몽롱해지는 등 상태가 악화했고 이틀 뒤 사망한 것이죠.

이 원장은 "인삼은 명약이지만 맞지 않는 사람에겐 오히려 독이 된다. 특히 정조처럼 심장의 울화 때문에 종기가 생기고, 그것도 가장 열이 많은 머리 부분에 생겼다면 더욱 맞지 않는다"며 인삼이 죽음을 앞당긴 주범이라고 말합니다.

참고로 정조의 아들 문효세자가 홍역으로 죽었을 때 처방에 대한 논란이 한 달여간 이어진 적이 있습니다. 당시 사간원과 사헌부에서는 "홍진홍역은 매우 심한 열의 증세인데 삼과 부자 같은 극온極溫의 약제를 사용하였으니, 고금에 어찌 이럴 수가 있겠습니까?"『정조실록』

10년 5월 16일라며 의관을 탄핵하라고 요청했는데, 정조는 "증세에 따라 약을 쓰고 내 몸소 살피었다"며 거절합니다. 이때 의학에 자신있었던 정조는 아들의 약재인삼를 사용하는 데 직접 관여했던 것이죠. 그런데 정조도 결국 인삼을 먹었다가 급사했으니 부자간 가혹한 우연의 일치랄까요.

인삼과 상극인 정조의 울화

인삼이 정조와 상극인 이유는 그의 몸 상태 때문인데, 한의학에서는 정조가 가진 질병의 근원을 울화로 보고 있습니다. 『동의보감東醫寶鑑』에서는 종기를 옹저癰疽라고 하는데, 그 원인을 울화火라고 정의합니다. 억울한 일을 당해 마음이 상하거나 소갈병이 오래되면 생기는 병이라는 것이죠.

정조는 어린 시절 부친 사도세자가 뒤주에 갇혀 비참하게 죽는 모습을 지켜보는 비극을 겪었습니다. 게다가 그 죽음에는 외가 친척들이 깊숙이 관여되어 있었으니, 어린 그의 마음에는 큰 트라우마로 남아 마음속 불길에 평생 갉아 먹히며 살았다고 해도 과언이 아니었을 것입니다.

의학에 조예가 깊었던 정조도 자신의 몸 상태를 잘 알았습니다. 그는 건강이 악화됐을 때 "울화가 팽배해 있는 결과로서 나의 학문의 힘이 깊지 못해 의지의 힘이 혈기를 제어하지 못한다"라고도 말했고 어의 강명길의 처방에 따라 고암심신환을 20세 후반부터 10여 년 복용하기도 했습니다. 고암심신환은 열이 많은 사람의 화증을 치료하는 약입니다.

그렇다면 정조가 그렇게 꺼린 인삼 처방을 내린 것은 어떻게 봐야 할까요. 이에 대해서도 이 원장은 "정조의 기력이 워낙 떨어져 있다 보니 당시 의학적 지식으로는 불가피한 선택이었다"며 "인삼 함유량을 줄이는 등 나름 고심한 처방으로 보인다"고 말합니다. 일단 기력을 끌어올리지 않으면 다른 음식이나 약도 처방하기가 어렵다보니 고육지책이었다는 것이죠. 또, 당시 어의이자 인삼을 권했던 강명관은 정조가 세손 시절부터 아꼈고 의학서를 편찬했을 때도 그의 도움을 많이 받았습니다.

정조의 울화가 폭발한 그날 밤

울화로 온몸이 망가졌던 정조가 결정적으로 무너질 수밖에 없었던 사건이 죽기 한 달 전에 있었습니다. 1800년 5월 그믐날 정조는 자신이 아끼는 신하들을 불러 긴급회동을 가집니다. 훗날 오회연교五晦筵敎라고 불린 모임입니다. 이날 모임은 일종의 충성 서약을 위한

자리였습니다.[1]

정조는 인사 정책을 지적한 김이재노론 시파를 크게 꾸짖으면서, 자신의 정치 철학에 공감하는 세력 외엔 권력에서 배제될 수 있다는 점을 분명히 했습니다. 1804년 화성 천도와 세자에게 양위를 앞둔 정조는 정치적 환경을 그에 맞게 만들기 위해 마음이 조급했던 것 같습니다. 그런데 정조의 충성 서약 요구에 관료 집단은 침묵으로 응수했습니다. 심지어 자신이 애지중지 키웠던 노론 시파와 소론에서도 호응이 나오지 않았던 것이죠.

일반적으로 노론이라고 모두 정조에 적대적이지는 않았습니다. 노론은 시파와 벽파로 나뉘었는데 이 중 노론 시파는 정조에 협력적이었고, 정조도 이들을 집중 육성했습니다. 나중의 일이지만 정조가 죽기 전 후사를 부탁했던 김조순도 바로 노론 시파에 속했습니다.

그동안 정조에 협력했던 노론 시파와 소론이 이때 태도를 바꾼 이유는 간단합니다. 이들은 정조의 개혁 자체는 지지했지만, 절대 왕권을 추구하는 것까지는 원하지 않았던 것이죠. 정조는 이를 '습속習俗 전통적인 사회적 관습'이라고 비판했지만 이들은 끝끝내 화답하지 않았습니다.

---

1 유봉학, 「정조시대 정치사 연구와 사료」, 『역사문화논총』, Vol. 5, pp.251-269, 2009; 『개혁과 갈등의 시대: 정조와 19세기』, 신구문화사, 2009.

정조의 죽음과 세도정치의 서막

정조는 기본적으로 군왕은 사대부 위에 군림하는 절대적 존재라고 인식했습니다. 그래서 임금은 사대부의 스승이라는 의미에서 '군사론君師論'을 펼쳤고 1798년엔 '만천명월주인옹萬川明月主人翁'이라고 자처하며 왕권의 초월성을 강조했습니다. 만천명월주인은 만 갈래 하천을 비추는 밝은 달이라는 의미로 여기서 사대부나 백성은 만 갈래 하천일 뿐이고 자신은 밝은 달이라는 의미죠.

> "만천명월주인옹은 말한다. 달은 하나이며 물은 수만數萬이다. 물이 달을 받으므로 앞 시내川에도 달이요, 뒤 시내에도 달이다. 달의 수는 시내의 수와 같은데 시내가 1만 개에 이르더라도 그렇다. 그 이유는 하늘에 있는 달이 본래 하나이기 때문이다. 달은 본래 천연으로 밝은 빛을 발하며, 아래로 내려와서는 물을 만나 빛을 낸다. 물은 세상 사람이며, 비추어 드러나는 것은 사람들의 상象이다. 달은 태극太極이며, 태극은 바로 나다."
>
> 『홍재전서』

여기엔 아버지 사도세자가 당쟁에 휘말려 비참한 죽음을 맞이했고, 자신 역시 왕위에 오르기까지 순탄치 않은 고초를 겪었던 점이 작용했을 것입니다. 또 동생 은신군도 강화도에 유배를 간 상황이었습니다. 그는 더이상 왕가가 비극의 희생물이 되지 않기를 바랐을 것입니다.

하지만 국왕과 신하가 국정을 함께 운영한다는 '군신공치君臣公治'를 추구하는 사대부들의 이념과는 정면으로 충돌할 수밖에 없었습니다. 이렇듯 양측의 궁극적인 지향점은 달랐습니다. 정조가 강력한 권한을 행사하려 할수록 이들은 정조로부터 멀어질 수밖에 없었던 것이죠. 정조 후반은 이런 갈등이 점점 확대됐습니다.

오회연교에서 만족스러운 반응을 끌어내지 못한 정조는 한 달 뒤 병마에 쓰러졌습니다. 스트레스와 화병이었던 것으로 보입니다. 본인 스스로 "이 증세는 가슴의 해묵은 화병 때문에 생긴 것인데 요즘에는 더 심한데도 그것을 풀어 버리지 못해서 그런 것"이라고 했습니다. 정조가 사망하기 열흘 전 기록된 『정조실록』24년 6월 16일에는 그의 심경이 고스란히 전해집니다.

정조는 주요 대신들을 불러들인 뒤 "조정에서는 두려울 외畏 자 한 자가 있는 줄을 알지 못하니, 나의 가슴속 화기가 어찌 더하지 않을 수 있겠는가. 우선 경들 자신부터 임금의 뜻에 부응하는 방도를 생각하도록 하라"고 요구합니다. 오회연교에 대한 대답을 내놓으라는 이야기였죠. 하지만 여기서도 누구도 만족스러운 답을 끝내 내놓지 않습니다. 그저 "누가 그에 이론을 제기하겠습니까"라며 넘길 뿐이었죠.

결국 분을 억누르지 못한 정조는 맺힌 감정을 토해냈습니다.

> "오늘날 신하로서 누가 감히 그에 반대하여 나를 이기려는 생각을 가질 것인가. 『서경書經』에 '오직 임금만이 극을 만든다.惟皇作極' 하지 않았던가. 위에서는 극을 세우고 밑에서는 그 극을 돕는 것인데 극이란 옥극屋極·북극北極과 같은 말이다. 황극을 세우는 것도 이와 마찬가지이다. 여기에 어울리는 자는 저절로 큰 덩어리 속으로 함께 들어가지만 여기에 어울리지 않는 자는 새매가 참새를 몰아 쫓아가듯 밀어내기 마련이다."
>
> "(너희들 중) 숨어 있는 음침한 장소와 악인들과 교제를 갖는 작태를 내가 어찌 모를 것인가. 내가 만일 입을 열기만 하면 상처를 받을 자가 몇 사람이나 될지 모르기 때문에 우선 참고 있는데, 지금까지 귀를 기울이고 있어도 하나도 자수하는 자가 없으니, 그들이 무엇을 믿고 감히 이런단 말인가."
>
> 『조선왕조실록』 중 『정조실록』

듣고 있던 신하들이 "건강에 해롭다"고 말리자 정조는 "경들이 하는 일도 한탄스럽다. 이와 같은 하교를 듣고서도 어찌 그 이름을 지적해 달라고 청하지 않는단 말인가"라며 절망감을 쏟아냈습니다.

아마도 정조는 이때 '모든 것이 끝났다'고 절망했을 것입니다. 노론 시파와 소론을 양성해 측근 그룹으로 배치했지만 남은 것은 극도의 고립감뿐이었던 것이죠. 그들은 끝내 정조가 원하는 대답을 하지 않았습니다.

결국 정조는 죽기 전 자신의 사돈인 김조순노론 시파을 불러 순조에게 왕위를 양위한 뒤 정국을 관리하게 합니다. 외척의 발호를 부정하고, 각 당파를 고르게 등용해 초월적 왕권 아래 나라를 다스리겠다던 구상이 무너지는 순간이었습니다.

이때 일생 내내 그의 몸을 갉아 먹었던 울화가 폭발했을 것입니다. 그리고 그 어떤 약도 듣지 않은 채 48세라는 이른 나이에 일생을 마치게 됐습니다.

흥부는 어떻게 9명의 자식을 먹여 살렸을까

9

'영자의 전성시대' 같은 1960~1970년대 영화를 보면 시골에서 상경한 소녀들이 무작정 가방 하나 들고 서울역에서 서 있는 장면이 나옵니다. '입' 하나라도 덜고 싶은 가난했던 한국 사회의 한 풍경이었죠. 농촌에서는 학교도 보내지 않은 '딸'들이 스스로 제 살길을 찾아주기를 바랐고, 이들은 그렇게 자의 반 타의 반으로 상경했습니다. 그래도 서울에 가면 먹여주고 재워주는 일자리를 구할 수 있었기 때문이죠.

이들이 구할 수 있는 가장 만만한 직업은 식모였습니다. 학력도 기술도 필요 없었기 때문에 고등학교 문턱을 밟아 본 일이 없는 이들에게는 안성맞춤이었던 것이죠.

게다가 놀랍게도 1960년대 서울에는 식모를 원하는 가정이 많았습니다. 과거 신문 기사 등을 보면 서울 가정의 무려 50% 이상이 식모를 뒀다고 합니다. 인건비가 매우 저렴했던 시기였기 때문에 가능했던 것이죠. 간단한 숙식을 제공하고 용돈 정도만 쥐여 주면 식모를 하겠다는 어린 여성들이 넘쳐났습니다. 그래서 1960년대 서울역에서 가방을 든 채 서성이던 소녀들은 누군가의 손에 이끌려 식모로 가곤 했던 것입니다.

그렇다면 만약 17세기 조선에서 지방에 살던 누군가 무작정 상경했다면 어땠을까요. 아마도 십중팔구 마포나 용산으로 갔을 겁니다. 왜 마포냐고요? 당시 '경강광나루~양화진'으로 불리던 한강변 일대에는 돈과 사람이 모여들고 있었기 때문이죠. 거기엔 몇 가지 이유가 있었습니다. 하지만, 그 전에 먼저 시대적 배경을 이해하고 가는 것이 좋을 것 같습니다.

소빙기가 강타한 17세기 조선

17세기는 소빙기小氷期가 동아시아를 강타했던 시기였습니다. 기온은 낮아지고 기후가 예측하기 어렵게 불순해졌습니다. 기온이 평균 아래로 낮아지면 곡식이 제대로 자라기 어렵죠. 농산물 생산이 급감하니, 곡물값은 급등했습니다.

지금 이런 상황이 벌어지면 정부에서 재정을 확장해 긴급 지원금과 식량 등을 지원하겠지만, 이때는 17세기 조선이었습니다. 그나마 세금을 감면하는 것이 해 줄 수 있는 최선의 정책적 지원이었습니다.

하지만 이런 경우엔 정부 세수가 감소하기 때문에 극빈층을 돕기는 더욱 어려워지겠죠. 그래서 전근대 사회에서 소빙기가 닥치면 악순환이 거듭되면서 모든 것을 뒤엉키게 했습니다. 이런 악순환에 제대로 대처하지 못해 무너진 것이 명나라입니다. 나중에 후금청이 중원을 접수하긴 했지만, 명확히 하자면 명나라는 이미 후금이 들어오기 전에 각지에서 일어난 농민 반란으로 붕괴했습니다.

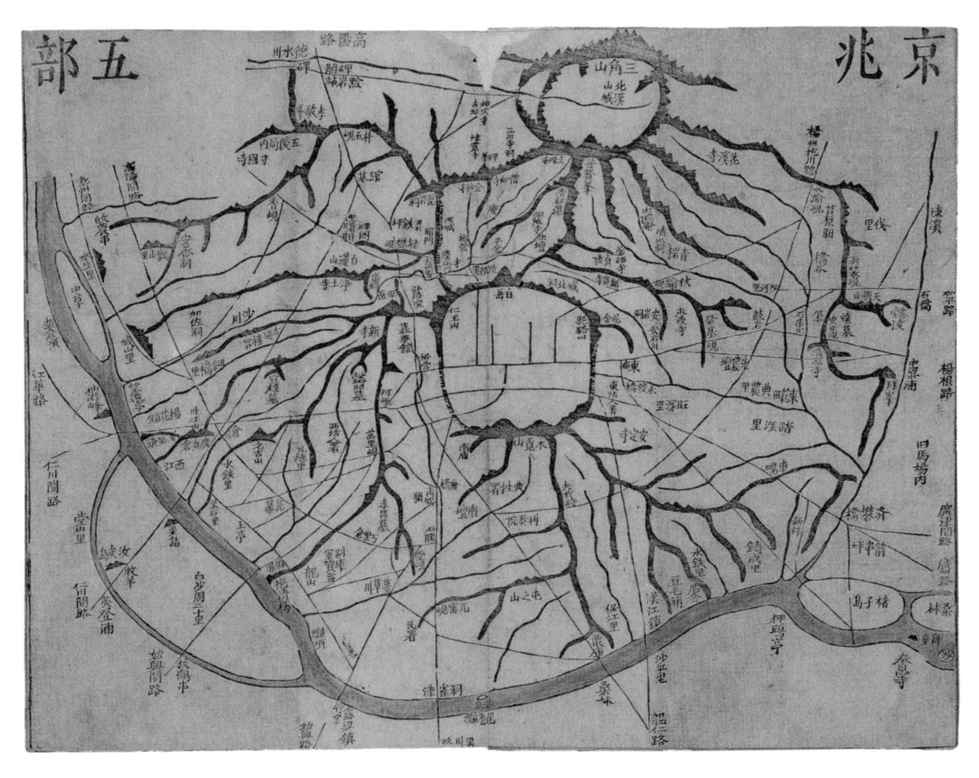

경조오부도 [자료 서울역사박물관]

국경을 맞댄 조선도 큰 어려움을 겪고 있었습니다. 특히 현종 시대 일어났던 경신대기근1670~1671은 조선을 미증유의 위기로 몰아 넣었던 대 사건이었습니다. 소빙기로 농업이 붕괴하고 전국적인 기근이 발생하면서 조선 인구 약 1200만 명 중 100만 명 가까이 사망했습니다.

유례없는 재난에 조선의 지도층은 당황했지만, 그 와중에도 대책을 내놓지 않을 수는 없었습니다. 일단 당장 급한 불을 꺼야 하는 만큼 구휼 정책을 실시했습니다. 백성들이 굶어 죽지 않도록 관官에서 비축하고 있던 곡식을 꺼내어 나눠준 것이죠. 이런 구휼 정책이 가장 적극적으로 시행된 곳은 당연히 한양이었습니다. 왕이 사는 도성에서 백성들이 굶어 죽는다는 것은 용납될 수 없는 일이었기 때문이죠. 북한이 아무리 힘들어도 평양만큼은 일상생활을 어려움 없이 누린다고 하는데, 이와 비슷했던 셈이죠. 성난 백성들이 궁으로 몰려들지 않도록 적어도 수도만큼은 재난으로부터 최대한 거리를 두려고 했습니다.

물론 지방도 나름의 노력을 했겠지만, 중앙 정부만큼 가용 자원이 많지는 않았겠죠. 전근대 시대라고 해도 이런 소문은 빨리 퍼지기 마련입니다. '한양으로 가면 굶지 않는다'는 이야기는 금세 전국으로 퍼졌고, 가만히 앉아서 굶어 죽기보다는 살길을 찾고자 했던 이들은 한양으로 향했던 것이죠.

경신대기근뿐 아니라 17세기 중후반은 소빙기로 인해 살아가기에 가혹했던 시기였습니다. 조선 시대 족보를 분석한 한 연구도 이를 뒷받침합니다.[1] 이에 따르면 조선 시대 양반 가문 여성들의 평생 출산한 자녀 수는 평균 5.09명입니다. 이렇게 태어나 성년까지 생존한 자녀는 1650년 이전까지는 3.64명인데, 1650년 이후엔 1.92명으로 크게 하락합니다. 17세기 후반을 기점으로 이렇게 생존자의 감소는 출생 자체가 줄어든 게 큰 요인으로 꼽히는데, 이에 대해 김 교수는 "경제적 변동이 이런 변화를 초래했을 가능성이 있다. 예를 들어 소득 감소는 자녀 양육에 사용할 수 있는 자원의 양을 감소 시키기 때문에 출산도 감소시킬 수 있다"고 설명합니다. 즉, 조선 후기는 소빙기와 농업 생산량의 감소로 인해 전기보다 출산율이 낮아지고, 인구도 감소했던 것으로 추정됩니다.

하지만 위에서 언급한 이유 등으로 이때 한양 인구는 되려 증가하는 기현상이 일어났습니다. 효종 8년1657 실시한 인구조사에서는 8만 572명이었는데 현종 7년1666이 되면 19만 4030명으로 급증한 것이죠. 이것은 한양에서 적극적으로 구휼책이 진행됐다는 점을 잘 보여줍니다. 그렇다면 한양은 이렇게 각지에서 몰려오는 사람들을 소화할 여력이 있었을까요. 결론부터 말하면 그랬습니다. 비록 처음부터 정교하게 설계한 정책의 결과는 아니었지만 말이죠.

---

1 김두얼, 「행장류 자료를 통해 본 조선시대 양반의 출산과 인구변동」, 『경제사학』, Vol. 52, pp.3-27, 2012.

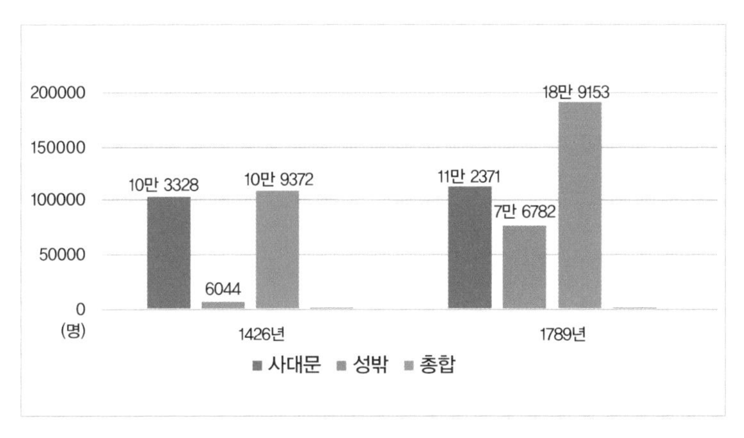

1426년과 1789년 한양 인구조사[2]

흥부 부부는 어떻게 생계를 꾸렸나

저는 예전에 예비군 훈련이 참 귀찮았습니다. 이날은 출근하지 않아도 되니 좋을 것 같겠지만, 그날 근무를 빠져도 할당된 업무는 사라지지 않으니 어차피 다녀와서 한꺼번에 처리해야 했기 때문이죠. 자영업자라면 더욱 난감했을 것입니다. 그래서 차라리 얼마간의 돈을 납부해서 모병제를 하는 것이 낫지 않을까 생각했던 적도 있습니다.

그런데 조선 시대에도 비슷한 상황이 있었습니다. 조선의 세금제도는 기본적으로 조용조租庸調 시스템이었습니다. 조租는 수확한 곡

2 『호구총수(戶口總數)』 참고하여 재구성.

식에서 거두는 세금, 용庸은 노동력의 징발, 조調는 지방 특산품을 거두는 것입니다. 하지만 이렇게 되니까 성벽을 보수한다, 얼음을 캔다, 하면서 툭하면 징발되기도 하고 지방 특산품을 구하러 다녀야 하는 일이 여간 수고로운 게 아니었고 생업을 제쳐둬야 하는 날도 많아진 것이죠.

그래서 17세기가 되면 고립제雇立制라는 제도가 자리 잡기 시작합니다. 노동력을 징발하는 대신 정부에서 돈으로 노동력을 고용하는 방식이죠.

이것은 '이중효과'가 있었습니다. 예를 들어 한양 종로에서 장사로 큰돈을 벌고 있는 김철수라는 사람에게 갑자기 청계천 정비 공사를 위해 보름간 와서 일을 하라고 하면 어떨까요. 개인의 사업도 손해지만, 나라 입장에서도 상업 발달을 저해하면서 국가의 부富를 깎는 셈이 됩니다. 김철수 입장에서는 차라리 국가에 일정 돈을 바치고 장사를 계속 하는 편이 나은 것이죠.

고립제가 정착되면서 형편이 어려운 사람들은 노동력을 대행하고 받은 돈과 얻은 일자리로 생계를 꾸릴 수 있었습니다. 특히 궁궐과 관청이 모여있는 한양에는 일거리가 많았습니다. 한양에서 실시하는 구휼책이 아니더라도 일자리를 얻어 입에 풀칠을 하려는 사람들이 한양으로 모여들 수밖에 없었던 것이죠.

그리고 이 시기에 벌어진 또 다른 중요한 변화가 있었습니다. 바로 대동법 정착입니다. 대동법은 복잡한 각종 세금을 쌀로 통일해 거두는 제도입니다. 대동법을 실시하자 전국에서 올라오는 조운선세금으로 거둔 곡식을 운반하는 배의 규모가 크게 증가했습니다. 이 중 마포는 서해안과 한강 상류를 연결하는 교통의 요지였습니다. 전라도와 충청도에서 실어 온 쌀과 서해에서 들여온 생선, 건어물 등의 해산물이 집하되는 곳이었습니다. 그래서 이곳에서는 배에서 짐을 하역하는 임노동업이 발달했습니다. 이들은 일당으로 2전 5푼 정도를 받았다고 하는데, 당시 훈련도감 군인들이 하루 쌀2되 정도의 급료1전 2푼 5리를 받았다고 하니, 훨씬 나은 벌이였다고 볼 수 있습니다. 이렇게 노동자들이 모여들면 숙박업, 요식업, 유흥업도 활기를 띠고 자연스럽게 일자리가 또 만들어지겠지요.

그래서 '흥부전'을 보면 흥부와 그 아내는 "시장 갓에 나무 베기, 곡식 장수의 역인驛人 서기, 각 읍 주인들의 갓일 가기, 술밥 먹고 말짐 싣기, 닷푼 받고 말편자 박기, 두 푼 받고 똥재치기, 한 품 받고 비매기…" 등 각종 허드렛일을 하는 것이 나오는데 조선 후기에는 이처럼 부부가 맞벌이로 품을 팔면 한 가정이 생계는 이어갈 수 있는 임시 노동직이 발달했습니다. 물론 흥부전의 주인공들은 자녀를 무려 9명이나 두는 바람에 그것만으로는 생계를 해결하기가 쉽지 않았겠지요.

놀부가 재산을 독차지하는 시대

'흥부전'은 조선 후기 사회에 대한 또 다른 중요한 단서를 던져줍니다. 바로 장자 상속제입니다. 흥부가 가난했던 이유는 무엇일까요. 물론 흥부는 무능력하고, 대책 없이 아이를 많이 낳는 등 인생에 대한 계획이라는 것이 없는 사람 같기는 합니다. 하지만 그가 가난했던 이유 중 하나는 부모님의 재산을 형인 놀부가 모두 차지했다는 점도 빼놓을 수는 없습니다. 얼마 전 장자 상속제에 반발한 여성들이 소송을 제기해 재산을 받아낸 일이 기사화된 적도 있지만, 사실 조선에서도 처음부터 장자 상속제가 자리 잡았던 것은 아닙니다. 조선 전기만 해도 아들과 딸, 형과 아우가 고르게 물려받는 균분 상속제가 대세였습니다. 유명한 성리학자 퇴계 이황의 아들 이준이 남긴 분재기分財記·자녀들에게 재산을 분배한 기록가 유력한 증거입니다. 이에 따르면 이준은 3남2녀를 뒀는데, 재산을 비교적 차등 없이 나눠 주었습니다.

그런데 조선 후기가 되면 철저한 장자 상속으로 바뀌게 됩니다. 왜 이런 현상이 나타났을까요. 일각에서는 성리학적 가치관이 뿌리를 내리면서 그렇게 바뀌었다고 합니다. 일리가 있는 말입니다. 하지만 '이념' 하나만으로 수백 년간 이어져 온 전통 상속 방식이 뒤집힌다는 것은 어려운 일입니다.

여기엔 복합적인 요인이 작용했는데 그중 하나가 자원의 고갈이었습니다. 조선 후기가 되면 대부분의 평지뿐 아니라 황무지가 개간되어, 산간까지 개발할 정도로 땅이 부족해진 것이죠. 그래서 땅을 갖지 못한 사람들은 산에 들어가 화전火田을 일구고 살기도 했을 정도입니다.

이런 상황에서는 자녀에게 재산을 고르게 상속하기가 꺼려질 수밖에 없습니다. 특히 유력 가문일수록 그렇습니다. 대를 거듭할 수록 자식들에게 나누어 준 재산이 계속해서 조금씩 분산되면서 가문의 힘이 약화한다는 것을 의미하기 때문이죠. 설명하자면 이렇습니다. 이전에는 재산토지+노비을 자녀들에게 조금씩 나눠주면, 이들은 노비를 이용해 주변 황무지를 개간하기도 하고, 재산을 모아 땅을 사면서 재산을 늘릴 수 있었습니다. 그런데 조선 후기가 되면 그것이 어려워집니다. 앞에서 언급했듯이 이미 개간될 땅은 다 개간됐고, 그러다 보니 땅값도 비싸져서 예전처럼 쉽게 재산을 모으기가 어려워진 것이죠. 기성 세대보다 자녀 세대로 갈수록 내 집 마련이 어려워지는 현상과 비슷한 원리입니다. 그래서 이 시기부터 조선의 주요 가문들은 장자 상속으로 전환하게 됩니다.

재산이 20억 있다면 자녀 10명에게 2억씩 나눠주고, 그 자녀들이 다시 손자들에게 재산을 분할하면서 결국 고만고만한 재산을 갖게 되는 것보다, 1명장자에게 상당액을 물려주도록 하는 편이 더욱 가문의 부富를 유지할 수 있다고 본 것입니다.

너무 가혹하게 여겨질지도 모르겠지만, 중세 유럽에서도 사정은 비슷했습니다. 아니 오히려 더 가혹했다고 해도 과언이 아닙니다. 중세 유럽 사회가 안정되자 귀족 가문들은 맏아들에게 재산을 모두 물려주는 시스템으로 전환했습니다. 역시 가문의 힘을 약화하지 않기 위해서였죠. 그래서 재산 상속을 받지 못한 귀족의 둘째, 셋째 아들들은 도리가 없었습니다. 사제가 되거나 아니면 새로운 기회를 얻고자 십자군 원정에 참여하거나 신대륙으로 향하는 모험에 뛰어드는 것이죠.

15세기 유럽의 대항해 시대를 이끈 포르투갈의 '항해왕자' 엔리케가 대표적입니다. 주앙 1세의 셋째 아들로 태어난 그는 각종 정복사업에 심혈을 기울였습니다. 1415년 북아프리카의 세우타 정복전에 직접 참전하여 싸웠으며, 이후 아프리카 서해안에 많은 탐험선을 보내어 항로를 개척하기에 주력했는데, 이렇게 하지 않으면 그가 모색할 수 있는 길은 오로지 '혼테크' 즉, 여왕이나 외동딸인 공주와의 결혼뿐이었습니다.

이런 사정은 인기 디즈니 애니메이션 '겨울왕국'에서도 잘 나타납니다. 아렌델 왕국의 여왕 엘사에게 접근하는 이웃 나라의 왕자 한스 웨스터가드는 13형제 중 막내입니다. 왕위는 고사하고 성 하나 얻기 어려웠을 그는 엘사와 결혼해 왕이 되겠다는 야망을 품고 찾아온 것이죠.

다만 조선과 유럽의 차이가 있다면, '나라 밖'에 대한 인식이었습니다. 유럽에서 나라 밖은 새로운 기회를 의미했지만, 조선에서는 '중원' 아니면 '오랑캐'였습니다. 그리고 '중원'이든 '오랑캐'든 조선인이 살 수 있는 공간은 아니었습니다. 그래서 누구도 나가서 새로운 삶을 개척할 생각을 하지 않았죠. 이것은 17세기 이후 두 세계가 극단적으로 다른 길을 걷게 된 배경이기도 했습니다.

의자왕은 정말 호남 사투리를 썼을까

10

대학 3학년 때입니다. 주말에 영화 '황산벌'을 보러 갔다가 당혹감을 느낀 적이 있습니다.

먼저 관람한 친구 A가 "신라와 백제가 각 지역 사투리를 쓰는데 재미있다"고 해서 기대가 컸는데, 웬걸. 김유신은 경상도, 계백은 전라도 사투리를 걸쭉하게 구사하더군요, 말 그대로 기대가 와르르 무너졌습니다.

충청도 출신의 '순진한' 생각이었을까요. 저는 당연히 의자왕과 계백이 충청도 사투리로 말할 줄 알았습니다. 왜냐하면 백제의 수도는 서울위례성-공주웅진-부여사비로 이동했으니까요. 백제의 수도는 단 한 차례도 금강 이남으로 내려간 적이 없는데 왕과 귀족들이 호남 사투리라니요. 월요일 강의가 끝난 뒤 "영화 재밌었지?"라고 묻는 A에게 이렇게 열변을 토했더니 "아, 부여가 충청도였어?"라는 답변이 돌아오더군요. 그렇습니다. 서울 사람들은 공주가 어딘지, 부여가 어딘지 별로 관심이 없습니다. 그저 다 똑같은 '지방'일 뿐이지요. 거기에 동서 갈등을 '신라-백제'에 환원해서 설명하는 경우가 많다 보니 어느새 '신라=영남' '백제=호남'이라는 구도가 굳어져 있습니다.

몇 해 전 이재명 더불어민주당 대표가 중앙일보와의 인터뷰에서 "한반도 5000년 역사에서 소위 백제, 호남 이쪽이 주체가 돼 한반도 전체를 통합한 예가 한 번도 없다…김대중 대통령이 처음으로 성공했는데 절반의 성공이었다. 충청과 손을 잡았다"라고 말했던 것도 이런 인식을 잘 보여줍니다. "소위 백제, 호남 이쪽"이라는 표현을 보면 '백제=호남'이라고 인식했던 것이죠.

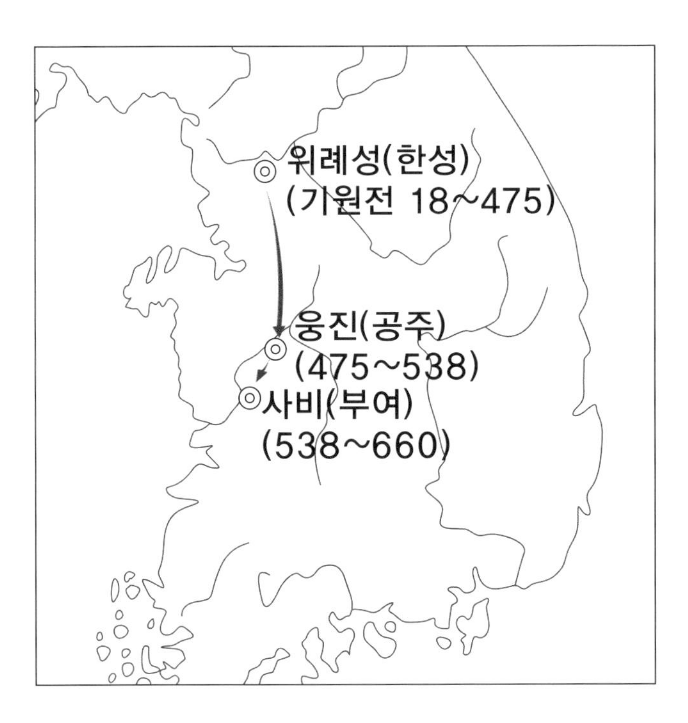

호남은 언제 백제가 됐을까

그런데 정작 역사학계에서는 호남이 백제의 영토가 된 것이 온조가 건국BC 18년한 뒤로부터 수백 년이 지난 후라고 설명합니다. 다시 말해 백제의 수도만 서울-충청에 있었던 것이 아니라 호남은 백제의 긴 역사에서 일부분만 공유하고 있다는 것이죠. 그러고보면 풍납토성, 낙화암, 무령왕릉 등 우리에게 익숙한 백제 관련 유적은 전부 서울-충청도에 있습니다. 그렇다면 호남이 백제의 영토에 들어오게 된 것은 언제쯤이었을까요.

① 4세기: 근초고왕의 정복

"비자발 · 남가라 · 탁국 · 안라 · 다라 · 탁순 · 가라의 7국을 평정하였다…이어서 군대를 옮겨 서쪽으로 돌아 남만 침미다례를 도륙하여 백제에게 하사하였다. 이에 그 왕 초고 및 왕자 귀수도 군대를 거느리고 와서 만났다. 이때 비리 · 벽중 · 포미지 · 반고의 4읍이 스스로 항복하였다."

『일본서기』 신공기神功紀 49년조의 기록입니다. 『일본서기』는 '임나일본부'설의 근거로 쓰이는 등 일본 중심적으로 윤색된 것이 적지 않아 100퍼센트 신뢰하기는 어렵습니다. 하지만 『삼국사기』나 『삼국유사』에 없는 삼국 관련 기록이 많기 때문에 고대사의 숨겨진 '퍼즐 조각'을 제공하는 측면도 있습니다. 예를 들어 우리가 교과서에서 배우는 고대사 내용 중 백제에서 왕인 등 학자들을 보내 일본에 유학을 전파했다는 사실은 『삼국사기』나 『삼국유사』 같은 우리 역사책이 아닌 『일본서기』에 나오는 내용입니다. 마찬가지로 『일본서기』 신공기 49년의 기록도 한국 사서에서 볼 수 없는 백제의 한반도 남부 진출 정보를 제공하고 있습니다.

여기 나오는 백제왕 초고는 근초고왕, 왕자 귀수는 근구수왕이라고 보는 견해가 유력합니다. 일본이 백제에 '하사'했다는 침미다례는 전남의 해남이나 강진으로 추정됩니다. 또 스스로 항복한 비리, 벽중, 포미지, 반고 등 4읍에 대해선 여러 설이 있는데 대개 전주와 김제 등 전북 일대로 보고 있습니다.[1]

다시 말해 이 기록은 백제가 근초고왕 시대4세기 중반에 비로소 호남으로 진출했다는 정보를 전달하고 있습니다. 이때 남해안을 확보한 백제는 일본과 바닷길로 이어지면서 활발한 교류를 이어가게 됩니다.

② 6세기: 사비부여 천도 이후

그런데 백제의 호남 진출이 이보다 한참 늦었을 것이라고 보는 견해도 있습니다. 근래 진행된 발굴 조사에 따르면 6세기 중엽까지도 옹관묘 등 백제와 다른 독자적 무덤양식이 영산강 일대에서 나타난다는 것이죠. 무덤 양식은 건축 양식 중에서 가장 보수적으로 바뀐다

1 최미경, 「사비시기 백제의 영산강유역 지배와 南方城」, 『한국고대사탐구』, Vol. 34, pp.467-513, 2020; 김기섭, 「4~5세기 백제의 인구와 남방영역」, 『한국고대사연구』, Vol 102, pp.237-274, 2021.

고 알려져 있습니다. 쉽게 변하거나 유행을 타지 않는 양식이죠.

이런 이유로 고고학계에서는 6세기 중반까지 전남 일대에 백제 아닌 독자적인 세력이 있었다고 추정합니다. 백제에 밀려 남쪽으로 내려간 마한 세력이라고도 봅니다. 만약 이런 견해가 맞다면 호남이 백제에 속했던 것은 불과 100년 안팎인 셈입니다.[2]

백제 왕실은 충청도 사투리로 말했을까

위에서도 언급했지만, 황산벌 전투 당시 백제의 수도는 사비부여였습니다. 475년 위례서울를 고구려 장수왕에게 빼앗긴 뒤 웅진공주으로 천도했고, 이후 백제 왕실은 충청도에 있었습니다. 그렇다면 의자왕과 계백은 충청도 사투리를 썼을까요. 그런데 언어학자들에 따르면 그렇지는 않았던 모양입니다. 백제 시대에 무슨 말을 썼는지 어떻게 아냐고요? 물론 구체적인 것은 알 수 없습니다. 다만 몇 가지 힌트는 있습니다.

중국의 역사서 『양서梁書』와 『주서周書』는 백제에 대해 "언어와 복장이 대략 고구려와 같다" "왕王의 성씨는 부여씨이고 왕의 칭호는 '어라하'라고 하는데 일반 백성들은 '건길지'라고 부른다"라고 적었습니다. 즉, 백제의 말은 고구려와 비슷한데, 지배층과 일반 민중이

2 임영진, 「마한 소멸시기 문제 재론」, 『한국고대사연구』, Vol. 116, pp.5-45, 2024.

쓰는 언어가 조금 달랐다는 것이죠.[3]

왜 이중 언어 사회가 됐을까요? 백제의 시조인 온조가 고구려를 건국한 주몽의 양아들이었던 것에 힌트가 있습니다. 온조는 원래는 압록강 일대에 살았지만, 왕위 계승전에서 밀리면서 남쪽으로 내려와 위례성에 자리를 잡았죠. 그래서 학자들은 백제의 지도층은 부여夫餘계어를, 일반인들은 한반도 남쪽에서 사용된 한韓어를 썼을 것으로 추정합니다. 여기서 부여계는 고구려와 백제가 공통의 조상으로 여겼던 부여夫餘를 가리킵니다. 그러니까 아마도 압록강 일대에서 쓰던 말과 거의 비슷했겠죠. 최근으로 치면 오히려 청나라를 건설한 만주족들이 쓰던 만주어와 비슷했을지도 모릅니다. 물론 한반도 남부로 내려온 지 수백년이 지나면서 말이 다소 달라지긴 했겠지요.

백제의 역사 678년에서 공주63년와 부여122년가 수도였던 기간은 185년에 불과합니다. 그러니 고구려에 밀려 남으로 내려가면서 현재의 충청도와 전라도 지역 출신이 늘어났겠지만, 그래도 지배층의 언어는 500년 가까이 사용한 북쪽의 부여계어에서 크게 달라지지 않았다는 것이 학계의 추측입니다. 일본 왕실도 민간과 다른 말을 쓰는 경우가 있다고 하지요.

지금으로서는 어색하게 느껴지겠지만, 옛날에는 이렇게 지배층과

---

3 정원수, 「백제어의 형성과 계통에 대하여」, 『백제연구』, Vol. 33, pp.163-181, 2001.

일반 백성들이 2개의 언어층으로 나뉘어 하나의 국가를 구성하는 것이 드문 일은 아니었습니다. 예를 들어 영국사를 볼까요. 영국도 중세 시대만 하더라도 왕족과 귀족들은 프랑스어를 쓰고 일반 백성들은 영어를 쓰는 나라였습니다. 이것도 영국 왕실의 역사와 관련이 있습니다. 프랑스 북부 노르망디 공국의 지배자였던 정복왕 윌리엄프랑스명은 기욤은 1066년 도버 해협을 건너 잉글랜드를 점령하고 노르만 왕조를 건설했습니다. 이것이 바로 현재의 영국 왕실의 시작입니다. 그래서 이때 영어는 프랑스어의 영향을 크게 받는데, 예를 들어 영어의 센터centre는 프랑스어 상트르centre에서 온 것이죠. 그래서 영국은 여전히 프랑스식대로 centre라고 쓰는 반면 미국은 center로 조금 다르게 씁니다. r과 e의 위치가 바뀌어 있죠.

백제어와 고구려어의 유사성은 유명한 살수대첩에서도 찾을 수 있습니다. 『삼국사기』에 따르면 충북 청주 인근에 있는 청천靑川의 옛 이름은 '살매薩買'입니다. 그런데 을지문덕이 수나라 대군을 물리친 살수薩水는 현재 평양 인근의 청천강靑川江이니, 고구려와 백제 모두 '푸를 청靑'이라는 의미로 '살薩'을 사용한 것으로 보입니다. 홀忽도 마찬가지입니다. 온조와 비류가 각각 근거지로 선택한 위례홀과 미추홀에서 공통적으로 나타나는 홀忽은 고구려에서 성읍을 의미하는 글자였습니다.

그러니 의자왕과 계백이 전라도 사투리로 말했을까, 충청도 사투리로 말했을까 논쟁을 벌이는 것은 무의미한 신경전일지도 모릅니다. 시계를 되돌려 황산벌 전투로 돌아가 본다면 의자왕과 계백은 모두 이북 사투리에 가깝게 말하지 않았을까요.

계백은 계씨였을까

조선 때 편찬된 『신증동국여지승람』과 『대동지지』 등에 따르면 계백은 백제의 수도인 사비부여 출신으로 성씨는 백제 왕실과 같은 부여씨夫餘氏이고 이름은 승承이라고 전합니다. 즉, 부여승 장군이었던 셈이죠. 그렇다면 왜 계백階伯으로 알려진 것일까요.

그것은 높은 계급階과 존칭伯이 합쳐진 단어일 가능성이 높습니다.

중국 역사서 『수서隨書』에 따르면 백제에 '대성8족'이라는 대귀족 집안이 있는데, 사씨沙氏 · 연씨燕氏 · 협씨劦氏 · 해씨解氏 · 정씨貞氏 · 국씨國氏 · 목씨木氏 · 진씨眞氏였다고 합니다.

그런데 계백은 백제의 16등급 관직 중 좌평1등급 다음인 달솔達率이라는 고위직을 맡고 있었습니다. 대성8족이나 왕족부여씨이 아닌 집안에서는 맡기 어려운 벼슬인 것이죠. 고대 시대에는 벼슬 등급과 가문의 위상이 밀접한 연관이 있었습니다. 그렇기에 계백이 계씨였을 가능성은 매우 낮습니다.

모피를 둘러싼 여진족과 조선의 갈등

11

"그냥 강 건너 우리 핏줄에게 돌아가요. 힘들게 잡은 모피도 다 뺏기고, 위험한 밀정 노릇까지 해주면서 언제까지 무시당하고 살 건데요."어린 아신

"폐사군 저 땅은 우리 조상들이 살던 땅이었다. 조선은 우리에게 은혜를 베풀었어. 우리는 그 은혜를 배신할 수 없다."타합

"우리의 조상에겐 그럴지 모르겠지만, 지금은 모든 걸 다시 다 빼앗아 갔어요."어린 아신

어린 아신의 애원에도 아버지 타합은 고개를 가로젓습니다. 넷플릭스에서 방영돼 해외에서도 큰 인기를 끌었던 '킹덤-아신전'의 한 장면입니다. 초반에 나오는 타합과 아신의 대화는 당시 조선과 여진족 사이의 복잡한 관계를 함축적으로 드러내고 있습니다.

조선과 여진족의 불안한 동거

조선 초기만 해도 관계는 원만했습니다. 조선 태조 이성계는 함경

도 영흥의 군벌 출신이기에 여진족과 관계가 돈독한 편이었고, 조선을 건국할 때는 그 군사력을 이용하기도 했습니다. 그의 의형제이자 건국 공신인 퉁두란이지란이 여진족 추장 출신이라는 점도 잘 알려져 있지요.

다만 태종 이후 조선이 줄기차게 압록강 · 두만강 일대로 국경을 확장하는 과정에서 그곳에서 터를 잡고 살아오던 여진족들에게는 선택지가 좁아지기 시작했습니다.

① 조선에 복종해 지도층은 관직을 받고 일정 규모의 땅과 자치권을 얻는다.
② 압록강과 두만강 일대에서 조선과 갈등을 감수하며 독립적 세력으로 남는다.

이렇게 둘 중 하나를 선택할 수밖에 없게 된 것이죠. ①을 선택한 여진족들은 성저야인城底野人이라 불렸습니다. 하지만 성저야인이 되기를 거부한 여진족은 이때부터 조선에서는 가장 골치 아픈 변방의 위협으로 자라나게 됩니다.

임진왜란 전까지만 해도 조선의 가장 민감한 국방 현안은 남쪽이 아니라 북쪽이었습니다. 이순신 · 김시민 · 신립 · 원균 등 임진왜란에서 이름을 남긴 주요 장수들이 모두 북쪽 변경을 지키던 장수라는 것도 이런 사실을 알려줍니다. 이들은 왜란 발발 가능성이 커지자 급히 남쪽으로 임지가 변경된 장수들입니다.

조선은 우세한 전력과 전술을 토대로 여진족을 압도했지만, 지리에 능숙하고 기동성이 좋았던 여진족들은 게릴라 작전으로 변경을 약탈하며 조선 정부의 골칫거리가 됐습니다. 그랬던 만큼 조선은 복속되지 않은 여진족의 동태에 많은 신경을 썼습니다. 농업이 발달하지 않았던 이들은 종종 변경을 습격해 약탈하곤 했기 때문입니다. 그리고 결국 세조는 아버지인 세종이 개척했던 여연閭延 · 우예虞芮 · 무창茂昌 · 자성慈城 등 백두산 일대 4군四郡을 모두 없애기로 합니다. 6진과 함께 북방 개척의 상징이었던 4군이 사실상 실패한 것이죠. 이후 이곳은 폐사군으로 불리게 됩니다. 이 지역은 그만큼 방비하기도 어렵고 주민들을 정착시키기 어려운 곳이었습니다.

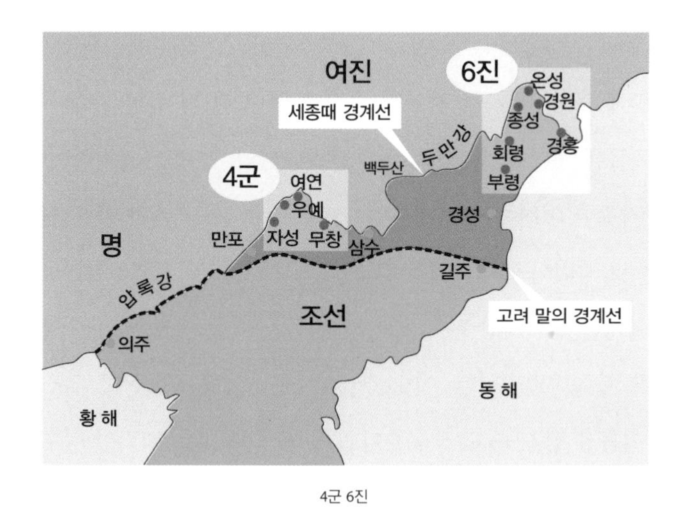

4군 6진

어린 시절 서부영화를 보면 황량한 곳에 마을 하나가 덩그러니 있고, 백인들이 모여 사는데 종종 인디언의 침략을 받으면 보안관과 카우보이들이 힘을 합쳐 물리치곤 했습니다. 나중에 4군 지역의 역사를 공부하다 보니 딱 그런 식이었을 것 같더군요. 그러니까 여진족은 인디언, 그곳에 이주했던 조선인은 백인 같은 셈이죠. 차이가 있다면 조선은 일단 그곳에서 후퇴를 하는 것이겠지만… 어쨌든 조선 정부는 폐사군 지역을 완전히 포기할 수는 없었기 때문에 이곳에 살던 성저야인들에게 일정 규모의 땅과 관직을 주고 회유하면서 국경의 동향을 주기적으로 보고하도록 했습니다.[1]

그런 성저야인이 독립성을 유지했던 다른 여진족들에게는 좋게 보였을 리가 없었겠죠. 성저야인의 처지는 조선과 다른 여진족 사이에서 샌드위치 신세가 될 수밖에 없었습니다. 훗날 아신의 아버지 타합을 '동족의 배신자'라며 다른 여진족이 감금하는 이유도 여기 있습니다.

분쟁의 근원, 모피

그런데 당초 조선에 협조적이었던 성저야인들도 점차 조선에게서 등을 돌리기 시작합니다. 조선 내에서 '2등 민족'으로 멸시받는 것이

1 한성주, 「조선의 對女眞關係와 6鎭지역 사람들」, 『한일관계사연구』, Vol. 49, pp.3-42. 2014.

나 동족인 여진족으로부터 위협을 받는 것도 원인이었지만 무엇보다 모피에 대한 압박이 가장 컸습니다.

모피, 그중에서도 초피貂皮라 불린 담비 가죽은 조선과 중국에서 매우 고급 상품에 속했습니다. 태종은 하륜 · 성석린 · 조영무 등 자신이 가장 아끼던 신하들에게 초피를 선물하기도 했고, 중종반정 때는 초피를 뇌물로 주고 공신에 임명된 사람이 있었을 정도였습니다.

> "조광조가 아뢰기를, '그중에는 초피貂皮를 뇌물로 주고서 얻은 자가 5~6인 있으니 공신을 어찌 뇌물을 써서 얻을 수 있겠습니까?' 하니, 임금이 이르기를, '뇌물을 써서 얻은 자가 누구인가?' 하매, 정광필이 아뢰기를, '이를테면 최유정崔有井이 그런 사람입니다.'"
>
> 『중종실록』 14년 11월 9일

명나라 사신도 초피를 욕심내기는 마찬가지였습니다.

태종 때 사신으로 왔던 환관 황엄은 푸른색 비단옷을 내놓으면서 그 안을 초피로 채워달라고 노골적으로 요구하는가 하면, 세조는 명나라 사신들에게 초피로 만든 옷을 선물로 주기도 했습니다. 이로도 부족해 명나라 사신들은 아예 자신들이 중국에서 가져온 비단으로 초피를 헐값에 사고 싶어 했습니다. 이것을 갖고 돌아가면 비싼 값으로 팔 수도 있고, 뇌물로 요긴하게 쓸 수 있었기 때문이죠. 그래서 조

선 조정에서는 사신들을 위해 아예 평안도와 함경도에 2000장씩 할당하기도 했습니다.[2]

이곳은 담비가 많이 서식해서 이미 고조선과 고구려에서도 주요 수출품이었을 정도입니다. 중국 남조 송나라 때 나온 『이원異苑』이라는 책에는 다음과 같은 내용이 있습니다.

"담비가 고구려에서 산출된다. 항상 어떤 짐승이 (담비와) 함께 구덩이 속에 사는데, 모습은 사람과 비슷하고 길이는 3척이다. 그 짐승은 능히 담비를 잡을 수 있다. 또 손칼을 좋아하여 다른 사람이 담비 가죽을 얻고자 하면 칼을 그 구덩이 입구에 던져 놓는다. 그 짐승이 밤에 구덩이를 나와 담비 가죽을 칼 옆에 놓아두면, 기다리던 사람이 가죽을 가져가고 그 뒤에 (짐승은) 비로소 칼을 집어 간다."

여기서 짐승은 담비를 사냥하고 그 가죽을 거래하는 읍루와 고구려 사람을 가리키는 듯 합니다.[3] 당시 귀한 철 제품과 물물 교환을 한다는 것이죠. 이렇게 당사자가 서로 대면하지 않고 이루어지는 교역을 인류학에서는 '침묵 교역'이라고 합니다. 아프리카에서도 활발하게 이런 방식으로 교역이 이뤄졌습니다.

그런데 일제 강점기부터 북한의 양강도와 자강도 일대에서는 중국 전국시대 때 화폐인 명도전明刀錢과 사용되지 않은 철제 농기구가 가득 담긴 항아리가 발견됐다고 합니다. 고고학자들은 모피를 거래

---

2 김순남, 「16세기 조선과 野人 사이의 모피 교역의 전개」, 『한국사연구』, Vol.152, pp.71-108, 2011.

3 김창석, 『한국 고대 대외교역의 형성과 전개』, 서울대학교출판문화원, 2013.

하러 온 중국 상인이 거래하고 남은 '돈'을 묻었을 것으로 추정했습니다. 남은 '돈'을 다시 중국까지 가져가면 무거우니 내년에 다시 사용하려고 묻어뒀다는 거죠. 즉, 『이원異苑』에 있는 기록이 어느 정도 맞아떨어지는 증거라고 할 수 있습니다.

모피는 좋은 보온성을 가진데다 희귀하고 아름다운 무늬 때문에 예전부터 가장 값비싼 상품으로 꼽혔습니다. 유럽에 있던 러시아가 16세기부터 아시아의 시베리아로 진출한 이유도 바로 이 모피를 노려서였다고 하죠. 때마침 이 무렵부터 유럽은 소빙기에 접어들었고 모피 수요가 폭증하던 시기였습니다.

그런데 공교롭게도 한반도에서 좋은 초피가 나는 지역은 대개 폐사군 지역이었습니다. 하지만 세조 때 이후로는 조선인은 거의 살지 않고, 여진족들의 사냥터가 돼버린 상황이었기 때문에 조선은 함경도에 초피 180장, 서피다람쥐 가죽 280장 등을 매년 세금 명목으로 부과하면서, 성저야인들에게도 일정량의 초피를 바치게 했습니다. 하지만 그냥 초피를 바치라고 하면 반발할 것이 뻔하니 그 대가로 쌀이나 콩 등 곡물을 지급했습니다. 어차피 농사가 익숙하지 않은 여진족들에게도 식량이 필요했기 때문에 나쁜 거래는 아니었던 셈입니다.

이렇게 해서 초피에 대한 공급을 어느 정도 확보하기는 했지만, 워낙 고가의 제품인만큼 정3품 당상관 이상만 착용할 수 있도록 했습니다. 하지만 사회의 안정은 곧잘 사치로 흐르곤 합니다. 조선도 건국 이후 100년간 외침이 없자 성종 때부터는 사치 풍조가 유행하기 시작합니다. "부녀자들이 초피로 만든 옷이 없으면 그 모임에 참여하는 것을 부끄럽게 여겼다"는 당시 기록은 이러한 분위기를 잘 보여줍니다.

성종 3년엔 예조에서 사치를 금하는 조목을 만들면서 '일반인은 초피로 만든 옷이나 방한 도구를 착용할 수 없다'는 조목을 따로 만들었지만 소용없었습니다. 되려 연산군 때가 되면 국왕부터 사치를 권장하면서 초피로 치마를 만들어 입는 사람들도 나타나기 시작했고, 초

러시아의 모피상인, 코사크족 모습 [자료 위키피디아]

피에 대한 수요는 가파르게 치솟았습니다. 함경도와 성저야인들이 공물로 바치는 정도로는 도저히 감당할 수 없는 상황까지 온 것이죠.

조선의 안보 불안을 불러온 초피

조선이 성저야인들을 통제할 수 있었던 중요한 수단은 식량입니다. 농사에 서툰 성저야인들은 늘 식량이 부족했고, 쌀과 콩 같은 곡물을 조선 정부를 통해 구해야 했습니다. 그래서 조선 정부는 이들에게 농사에 필요한 소나 농기구가 넘어가는 것을 엄격하게 막았습니다. 하지만 초피 열풍이 이런 관계에 균열을 가져옵니다.

조선 정부가 평안도나 함경도 수령들에게 초피를 할당하면 지방 수령들은 할당량보다 더 많은 초피를 챙기곤 했습니다. 예를 들어서 중앙 정부에서 1년에 100장을 바치라고 하면 150장을 거둬들여 50장은 자기들의 몫으로 가져갔습니다. 이렇게 뒤로 빼돌린 초피는 중앙의 고위 관료들에게 보내는 뇌물로 요긴하게 쓰였습니다. 북방에 온 수령들은 여진족에 대한 방비라는 본연의 임무보다는 오히려 '한몫' 땡기는 기회로 삼았던 것이죠.

지방 수령들은 들들 볶았지만, 초피가 어디 구하기 쉬운 물건인가요. 백성들은 결국 성저야인과 몰래 거래를 하기 시작합니다. 농사에 필요한 소나 농기구 또는 식량을 내주고 초피를 얻은 것이죠. 원래 조선인과 성저야인과의 교역은 철저히 금지되어 있었습니다. 하지만 당장 초피가 필요한 지방 수령들은 이런 불법 거래에 눈을 감거나 오히려 성저야인과의 교역을 주도하기까지 했습니다. 일부 수령은 관아에 속한 소牛를 주고, 야인들에게 초피를 구매했을 정도인데, 결국 농사를 지을 소가 부족해 사람이 논을 갈아야 하는 지경까지 이르게 됩니다.

> "함경도의 변장들은 대부분 소를 가지고 모물毛物을 환매換買하고 있으므로 장사꾼들이 소를 사가지고 오는 사람이 많아서 농우農牛가 이미 다 없어져 논을 갈 때 사람이 소가 하는 일을 대신한다고 하니 변장에게 엄히 신칙하여 매매를 억제하게 하소서."
>
> 『명종실록』 18년 8월 7일

이런 상황은 조선의 안보에 큰 위협을 안기게 됐습니다.

첫째, 성저야인들은 점차 조선 정부에 식량을 의존하지 않아도 되면서 독립화가 가능해졌습니다.

초피의 가치를 깨닫게 된 이들은 점점 초피의 가격을 올리며 협상에서 우위를 점하기 시작합니다. 1502년연산군 8 당시 초피 한 장의 값은 면포 10필이었는데 14년 뒤 1516년중종 11에는 말馬 1필로 가격이 뛰었습니다. 당시 괜찮은 말 1필 가격이 면포 40~50필 정도 했으니 10여 년 만에 초피의 가격이 4~5배 정도 오른 셈입니다.

둘째, 성저야인들의 무기 발달입니다. 이들은 초피와 교환한 농기구로 자신들의 무기를 개량했습니다.

야인들은 원래 사슴뿔로 화살촉을 만들곤 했는데, 이때 조선인들로부터 받은 철제 농기구 덕분에 쇠를 이용할 수 있게 됐습니다. 또한 초피 거래를 위해 말을 팔기도 했는데, 이로 인해 조선의 북방 군사력이 약화됩니다. 1508년중종 3 원래 1000명이던 기병의 수가 40~50명으로 줄어들었는데, 그 원인으로 연산군 때 초피를 구하느라 말을 유출한 것이 지목됩니다. 이 당시 말은 중요한 전략 물자였기 때문에 오늘날로 치면 중대한 국방 비리나 다름이 없었습니다. 결국 초피 때문에 여진족들의 무장력이 강화되는 결과로 이어진 것이죠. 이는 곧바로 국방력의 불안을 야기했고, 훗날 큰 대가를 치르게 됩니다.

이런 문제 때문에 성종 때 평안도와 함경도 등에서 초피 공납을 중단시켜야 한다는 의견이 일어났고, 실제로 면제하기도 했지만, 초피의 유혹에서 벗어나지 못한 탓에 결국 15년 뒤엔 재개됩니다.

성저여진의 복수는 생사초 아닌 초피

지방 수령 중에는 노골적으로 야인에게 초피를 요구하는 경우가 많았고, 무리한 방법도 동원됐습니다. 그러다 보니 이 과정에서 성저야인들과 갈등의 골은 깊게 패었습니다.

수령들은 백성들을 쥐어짜는 것만으로도 부족해 성저야인들로 하여금 억지로 초피를 팔게 했는데, 가격을 제대로 치르지 않고 헐값에 강매하는 경우도 많았고, 이들에게 중앙에 진상할 것이라며 과다하게 받아낸 뒤 일부만 바치고는 그 차액은 자신들이 챙겨 원망을 샀습니다.

1594년 6진 중 한 곳인 온성穩城에서 일어난 성저야인들의 반란은 바로 이런 문제가 누적되며 폭발한 사건이었습니다. 온성부사 전봉은 오래된 보리를 성저야인들에게 억지로 나누어주고 1두斗마다 초피 1장을 징수하는가 하면, 성저야인 부락에서 제때 초피를 바치지 않으면 이들을 잡아 가두고 처벌을 가하곤 했습니다. 결국 조선과 여진족 사이에서 조선의 편에 섰던 성저야인들마저도 등을 돌리는 상황까지 오게끔 자초한 셈입니다.

애당초 이들을 제대로 관리·감독했어야 할 중앙 정부의 고위 관직자들은 모의 유혹에 넘어가 되려 공생 관계가 됐습니다. 지방수령들은 일부 가구를 아예 산장한山場漢으로 지정했는데, 세금 명목으로 담비 가죽을 구하는 것을 전담시키는 것입니다. 또, 담비의 털이 좋지 못하면 추가로 세금을 거두고, 이것으로 서울의 시장에서 초피를 사오도록 했습니다. 그 결과 함경도의 많은 지역에서 백성들이 도망쳐 일부는 만주로 넘어가는 등 심각한 사회문제로 대두됐습니다.[4]

---

4 김순남, 앞의 논문.

'킹덤-아신전'에서는 아신이 죽은 사람을 좀비로 되살리는 생사초를 조선에 유통시키며 가족과 마을 사람들의 복수를 합니다. 하지만 실제로 이때 조선을 병들게 한 것은 생사초가 아니라 모피였습니다.

모피에 대한 탐욕은 성저여진의 반란을 시작으로 여진족의 철제 무기화로 이어졌으니, 훗날 정묘·병자호란의 싹은 이미 이때부터 트고 있었습니다. 그러고 보면 모피를 탐하던 조선의 공직자들이 바로 조선 사회와 백성의 고혈을 빨아 마신 좀비가 아니었을까요.

병자호란보다 무서웠던 우역

12

MBC 드라마 '연인'을 보면 병자호란 당시 강화 조건을 놓고 담판을 벌이는 후금청의 장수 용골대와 최명길이 긴장감 속에서 대화하는 장면이 나옵니다. 남한산성을 포위한 후금 진영에 마마천연두가 돌게 된 것을 알게 된 최명길은 항복을 하더라도 보다 좋은 조건을 이끌어내기 위해 상대를 압박한 것이죠. 전근대 사회에서 전염병은 하늘의 분노를 샀다는 증거로 여겨졌기 때문에 이것이 알려지는 것은 조선을 침공한 후금 측에 불리한 상황이었습니다.

동아시아 국제전이 전염병을 확산시키다

제러미 다이아몬드는 『총, 균, 쇠』에서 역사의 향방을 결정짓는 요소 중 하나로 균菌을 꼽은 적이 있습니다. 그러면서 1521년 코르테스가 수백 명에 불과한 전투병을 이끌고 아스테카 제국을 정복할 수 있었던 요인을 천연두라고 설명하죠. 애초에 코르테스가 의도했던 것은 아니지만 수천 년간 격리됐던 양 세력이 접촉하는 과정에서 벌어진 일입니다.

비록 구세계와 신세계의 만남처럼 극적이진 않았지만 16세기 후반부터 17세기 전반까지 조선과 만주도 이와 비슷한 상황이 전개됐습니다. 반세기 동안 벌어진 임진왜란1592~1598년, 정묘호란1627, 병자호란1636~1637으로 조선 · 명중원 · 후금만주 · 일본이 뒤엉켜 유례없는 국제전을 치렀습니다. 그러면서 대규모의 군사와 가축이 이동했고 이 전선戰線을 따라 전염병 병원체들도 함께 이동했습니다.

특히 만주 일대는 전염병이 들끓을 요인들이 많았습니다. 첫째 개간입니다. 여진족인 후금은 만주에서 세력을 키우는 과정에서 군량 등 식량이 필요했습니다. 그래서 대규모로 개간해 만든 경작지에는 농장을 설치해 명, 몽골, 조선에서 노획한 포로와 가축 등을 몰아넣고 집단으로 거주하게 했습니다. 후금이 병자호란 때 수많은 사람들을 끌고 간 이유이기도 합니다. 후금은 조선뿐만 아니라 명나라 변경지대도 수시로 침공해서 사람들을 포로로 데려갔는데, 예를 들어 1642년 있었던 침공 때는 산동성 일대에서 약 36만 9000명을 끌고 갔을 정도입니다.

어쨌든 이렇게 접촉한 적 없던 사람들과 동물이 한꺼번에 모여들자 다양한 병원체들이 접촉하면서 전염병이 생겨날 가능성이 커졌습니다.

둘째 후금의 대외 원정입니다. 후금의 군대는 몽골에 수차례 원정을 벌였는데, 이 과정에서 중앙아시아와 활발히 접촉하던 몽골을 통해 다양한 병원체를 함께 갖고 돌아왔습니다. 소현세자가 남긴 『심양일기瀋陽日記』에도 이런 정황이 나타납니다. 소현세자는 병자호란 후 후금의 수도였던 심양에 끌려갔다가 7년 만에 조선으로 돌아왔는데 이 기간동안 16차례에 걸쳐 전염병이 발생했다고 기록했습니다. 매년 2차례 이상 전염병이 퍼진 셈입니다.

후금이 조선을 침공하기 전에도 이들은 몽골 등을 침략한 적이 있었기 때문에 당시 다양한 전염병이 퍼진 가운데 조선에 들어왔을 가능성은 충분합니다. 그리고 1637년 1월 남한산성을 포위했던 후금군은 인조가 성에서 나와 세번 무릎을 꿇고 아홉 번 절하는 삼궤구고두례三跪九叩頭禮를 행하자 바로 철군했습니다. 천연두 때문에 서둘렀는지 목적을 달성했기 때문인지는 아직 명확하지 않습니다. 다만 이때 후금군이 철군하면서 조선에 예상치 못했던 '흔적'을 남겨놓고 갑니다. 조선이 기뻐하기는 아직 일렀습니다.

"열 마을에 한 마리의 소가 없다."

> "6월 1일, 아랫 마을에 소 역병이 생겼는데, 말로 다할 수 없다. 6월 8일, 역병이 크게 기승을 부려 소를 가진 사람들이 모두 피하여 나가

서 사람이 밭을 갈았다. 열 사람이 소 한 마리의 힘을 감당할 수 없었다. 7월 22일, 소 역병이 번져 온 나라가 모두 그러한데, 원근에 있는 소들은 이미 다 역병에 걸렸다고 한다. 다행히 역병에 걸리지 않은 소들은 먼저 농가에서 스스로 도살하여 최근에 소를 죽이는 일이 성행했다. 이 또한 변괴다. 하도와 우도에는 소 한 마리도 남은 것이 없고, 영천영주과 안동 역시 그러하니, 내년에 농사지을 일이 몹시 염려된다."

『계암일록』 인조 15년 6월, 7월

1637년 여름 경북 안동의 선비 김령은 영남 일대를 뒤덮은 우역牛疫을 바라보며 일기 『계암일록』에 꼼꼼히 기록했습니다. 약 1년 전 평안도에서 시작된 우역이 급기야 소백산맥을 넘어 조선 전역으로 퍼지자 조선 조정은 큰 혼란에 빠졌습니다. 특히 병자호란1636년 12월~1637년 1월을 막 끝낸 인조와 서인 정권으로선 자칫 정권의 존망조차 위태로워질 수 있었던 만큼 이를 극복하기 위해 필사적일 수밖에 없었습니다.

17세기 조선을 공황 상태로 몰아넣었던 1637년인조 15년의 우역은 병자호란 전후라는 점에서 후금 군사들에 의해 확산됐다는 것이 학계의 견해입니다. 조선에서는 1636년 8월 평안도에서 처음 보고됐지만 이미 이로부터 3개월 전 후금의 본거지인 심양 일대에서 우역이 시작됐기 때문입니다. 조선 중기 무인 조경남1570~1641은 『속잡록』

이라는 책에서 병자호란에서 후금 군대의 이동 경로와 우역의 확산 경로가 일치한다고 주장하기도 했습니다.

지금은 서울에서 부산으로 이어지는 경부고속도로가 국토의 대동맥 역할을 하고 있지만 조선 시대만 해도 한양에서 평양황해도을 거쳐 의주평안북도까지 이어지는 서로西路가 가장 중요한 도로였습니다. 이 도로를 통해 개성과 의주 상인들이 중국과 무역을 했고, 외교 사신들도 오갔습니다. 당시엔 중국이 외교나 경제적으로 가장 밀접하게 묶여있던 나라였던만큼 가장 많은 화폐와 인구가 오갔다고 해도 과언이 아닙니다.

하지만 다른 한편으로는 대륙에서 쳐들어오는 군용도로가 되기도 했습니다. 그런 만큼 이 도로 일대는 당시 우역의 제물이 되어 버렸습니다.

> 가장 피해가 막심했던 평안도는 "우역牛疫이 크게 번져 살아남은 소가 한 마리도 없다"『인조실록』 14년 8월 15일고 했고, 한 달 뒤엔 한양까지 퍼졌습니다. "우역牛疫이 서쪽에서 남쪽으로 번지고 한양에도 죽는 소가 줄을 이었다."
>
> 『인조실록』 14년 9월 21일

이듬해인 1637년엔 위에서 언급한 김령이 한탄했듯이 삼남충청·전라·경상 일대까지 확산해 "삼남에 우역이 크게 번져 남은 종자가 거의 없어질 정도"『야언기략』였고 최명길은 인조에게 "소 역병의 재앙이 매우 혹독하니, 하늘의 뜻이 백성의 목숨을 끊으려는 듯합니다"『인조실록』 15년 8월 29일고 호소하기도 했습니다.

『승정원일기』에는 "우역이 크게 번져, 한 마을 (소가) 한두 마리도 없다", "(임진왜란 · 병자호란 같은) 병란의 피해보다 심하다", "만고萬古에 없었던 우역" 등 당황해하는 조정의 모습이 그대로 드러납니다.

베 10~20필 수준이던 소 한 마리의 가격은 이해 11월 말이 되면 40~50필에 달할 정도로 폭등했고, 그마저도 구하기가 쉽지 않아 심지어 국가 제사에도 소고기를 마련하기가 어려웠습니다.[1]

> "양사가 제향祭享에 말린 꿩으로 중포中脯·제사에 쓰는 포를 대신하자고 계청하여 상이 대신에게 의논하도록 명하였었는데, 최명길이 아뢰기를, '꿩으로 소를 대신하는 것은 미안한 일이 될 듯하니 노루 · 사슴 · 돼지 세 가지를 그때그때 있는 대로 취하여 중포를 만들어 쓰자' 청하자, 상께서 '돼지포를 쓰기는 미안하다' 하여 노루와 사슴만을 쓰게 하였습니다."
>
> 『인조실록』 16년 5월 7일

1 김동진 · 유한상, 「병자호란 전후(1636-1638) 소의 역병(牛疫) 발생과 확산의 국제성」, 『의사학』, Vol. 22, pp.41-88, 2013.

왕실이 이런 상황이니 민간은 말할 것도 없었습니다. 혼례에도 소고기 대신 닭이나 꿩고기, 아니면 생선 등을 사용하기도 했습니다.

조선의 필사적 대응 ① 제주도의 소를 보급하다

당시 조선 사회에서 소가 사라지는 것은 단순히 먹거리의 문제가 아니었습니다. 소는 식량으로서 단백질 공급원이기도 했지만 가장 중요한 농기구이자 비료 수단이기도 했습니다. 소를 이용해 밭을 갈았고, 소똥은 거름으로 유용했습니다. 우역 때문에 소가 떼죽음을 당하자 당장 농업에 차질을 빚었습니다. 가장 중요한 국가 산업이 멈출 위기에 처한 것입니다.

> "(우부승지) 이경증이 말하기를 '우역이 크게 번져 한 마을에 (소가) 1~2마리도 없습니다. 이것은 매우 상서롭지 않은 것이니 사람의 힘으로 그것을 갈면 앞에서 5~6명이 끌고 뒤에서 한 사람이 밀어 소의 힘을 대신할 수야 있지만 다만 먹을 것만 없어질 것이 걱정입니다.' 국왕이 말하기를 '사람이 모두 땅을 디뎌 어찌 깊이 갈 수 있겠는가.' 이경증이 말하기를 '충청도는 봄보리를 심은 곳이 많다고 하지만 경기도는 한 마을에서 한 두 곳도 갈지 못했다고 합니다. 우역의 재앙은 8도가 다 같아서 가을갈이를 못 하였으니 봄 농사를 알 만합니다. 혹 사람이 대신 갈더라도 남은 힘이 이미 다하였고 철이 이

미 늦었으니 논밭을 갈아 일군 것이 얼마나 되겠습니까. 올해는 여물더라도 앞으로 이어갈 수는 없을 것입니다.'"

『승정원일기』 인조 15년 4월 27일

우역에 맞선 조정은 일단 전국 각지에 소의 도살을 엄금하는 명령을 내렸습니다. 요즘은 우역이나 돼지 열병 등이 퍼지면 일단 해당 지역의 소나 돼지를 몰살시키는 방법을 쓰지만, 이때는 전혀 달랐습니다. 현재의 병리학 개념으로 보면 이해가 가지 않지만, 당시 조선은 도살을 허가할 경우 소의 종자 자체가 끊어질 것을 우려했습니다. 이유가 있었습니다. 우역에 쓰러지기 전에 먼저 잡아먹는 게 낫다는 생각에 전국 각지에서 도살이 횡행했기 때문입니다. 그래서 우역이 발생하면 일시적으로 소값이 폭락했다가 치솟는 기현상이 벌어지곤 했습니다. 왜냐하면 우역이 퍼지는 순간 너도나도 소를 잡아버리는 통에 소고기 공급이 너무 넘쳐났던 것이죠. 그리고 그것을 모두 소비한 다음에는 소를 구할 수 없어 가격이 폭등한 것이죠.

하지만 소의 도살을 막는다고 해도 이미 우역이 퍼진 상황인만큼 그 한계가 명확했습니다. 그래서 조정은 우역에 감염되지 않은 제주도에서 소를 가져오기로 했습니다. 당시 제주도엔 약 2만 1000마리 가량의 소를 키우고 있었는데 조정은 1637년 하반기에 제주도에서 소를 가져와 경기도의 각 군현에 100마리씩 나눠줬습니다. 이때 제주도는 우역 청정지대였는데, 바다로 격리되어 있기 때문에 가능했습니다. 이때 제주도에서 가져온 소 중에서 이듬해까지 살아남은 것은 3분의 1 정도였다고 합니다. 소가 씨가 마른 상황이었으니 그나마 숨통은 트였을 것입니다.[2]

하지만 1637년 겨울이 되면 이마저도 어려워집니다. 우역이 제주도까지 확산했기 때문입니다. 제주목사의 보고에 따르면 키우던 2만 1000마리의 절반가량이 폐사했습니다. 조선으로서는 정말 암담한 상황이었을 것입니다.

조선의 필사적 대응 ② 해외로 눈을 돌리다

임진왜란 후 조선은 일본과 교역하는 것을 꺼렸습니다. 다만 대마도의 줄기찬 요청이 이어지고, 일본 조정에서도 성의를 보이자 못 이기는 척하고 부산에 왜관을 열어 제한적인 교역을 허가했습니다. 그러나 우역이 확산되던 시기에는 조선이 먼저 손을 내밀기로 합니다. 더는 체면이나 명분을 따질 겨를이 아니었던 것이죠. 비변사의 요청을 왕이 수락하면서 조정은 일본 대마도에서 소를 도입하기로 결정합니다.

2 김동진 · 유한상, 앞의 논문.

"대마도에는 소가 매우 많다고 합니다. 그래서 그 값이 몇 냥의 은자에 불과하다고 합니다. 본국의 사정을 알려 거듭 소를 무역하겠다고 하면 대마도주는 반드시 마음을 다할 것입니다. 대마도의 소가 부족하면 널리 이웃 섬에서 무역하여 부응할 것입니다."

『왜인구청등록』 인조 15년 8월 10일

하지만 이듬해 5월부터 일본 나가토국지금의 야마구치현에서 우역이 시작되면서 이 계획도 틀어집니다. 이 우역은 일본 관서지역 전체에 퍼지면서 막대한 피해를 입혔는데 연구자들은 아마도 부산-대마도-일본을 통한 무역 루트를 통해 우역이 전달된 것으로 보고 있습니다. 시기는 제주도가 우역에 감염된 1637년 겨울일 가능성이 높습니다. 그러니까 만주에서 조선으로 들어온 우역이 이제는 일본까지 건너간 셈입니다. 결국 일본도 대혼란에 빠집니다.[3]

결국 조선은 멀리 몽골로 눈을 돌립니다. 이때까지도 몽골은 우역에 걸린 소가 없는 것으로 알려져 있었습니다. 몽골은 일찍부터 초원과 다양한 접촉이 있는 지역인만큼 우역에 대한 항체가 충분히 있었을지도 모릅니다. 어쨌든 당시 원거리 항해 무역이 없었던 조선으로서는 몽골이 최후의 희망이나 다름없었습니다.

조선은 몽골에서 소를 사 오려고 했습니다. 최명길이 청나라이때는 후금의 국호가 청으로 바뀜에 파견되는 사은사로 가서 청의 허락을 받아

---

3 김동진, 「병자호란 전후 우역 발생과 농우 재분배 정책」, 『역사와 담론』, Vol. 65, pp.263-309, 2013.

오자 조선은 몽골로 소 매매 교섭단을 보냅니다. 우역 전 한양에서 소 한 마리의 가격은 면포 10필은 10냥 전후였고, 우역 때는 30~40냥을 웃돌았습니다. 역시 우역으로 큰 피해를 입은 만주의 심양도 은 30냥 정도였는데, 몽골은 20냥 정도였다고 합니다. 당시 조선은 사절단에게 약 1900냥가량을 줬으니 90~95마리 정도를 기대한 셈입니다.

성익을 대표로 하는 사절단은 1638년 2월 11일 떠나 5월 24일 한양에 당도했는데, 그들이 가져온 소는 기대치보다 두 배 많은 185마리였습니다. 우역의 피해로부터 멀리 떨어진 몽골의 가장 깊숙한 내륙지대까지 들어가 은 10냥 전후로 거래했다고 하니 정말 필사적인 노력을 기울였던 것 같습니다.[4] 역사책에서 크게 다뤄지지 않은 '소 사절단'의 활약은 조선 역사에서 손에 꼽힐 만한 무역 거래라고 생각되는데, 이는 30년 후 영의정 정태화의 회고에서도 알 수 있습니다.

> "병자년부터 정축년까지 죽은 소가 수도 없어 남아있는 종자가 거의 없었으므로 국가에서 성익을 시켜 몽골 땅에서 사 왔습니다. 지금 있는 소들은 모두 그 종자입니다."
>
> 『현종개수실록』 4년 8월 무신

당시 소의 증식률이 30% 정도였다고 하는데 185마리의 소가 모

4 김동진, 앞의 논문.

야연 [자료 국립중앙박물관]

두 살아남았다는 전제를 한다면 1663년 당시엔 1만 420마리로 늘어나 있었을 것입니다.

심지어 "정축년 난리가 있은 뒤로… 소가 많이 번식되고 나서 지금은 오히려 민간에 큰 폐단이 되고 있습니다."『현종개수실록』 1년 8월 17일라는 기록이 등장하기도 합니다. 이 무렵엔 완전히 정축년 우역의 충격에서 극복한 상태였습니다.

18세기가 되자 조선에서는 조선은 더욱 소고기에 열광했습니다. 『동국세시기』는 이 무렵에 간장 · 계란 · 파 · 마늘로 양념한 소고기를 석쇠에 구워 먹는 요리법이 유행했다고 전하며, 이를 즐기는 난로회煖爐會라는 모임도 있었다고 합니다. 정약용이 전국에서 도축되는 소가 하루 1000마리라는 기록을 남길 만큼 소고기를 즐겨 먹었습니다. 지금도 좋은 일이 있거나 횡재를 하게 되면 "소고기 먹으러 가자"고 하지만, 어쩌면 조선 시대에는 지금보다 소고기를 자주 먹었을지도 모르겠습니다.

임진왜란에서
조선군이 된
일본인은
어떻게 됐을까

13

임진왜란을 다룬 3부작 '명량', '한산', '노량'에서 인상적인 인물 중 한 명을 꼽으라면 이순신 장군의 휘하에서 싸우는 일본인 장수였습니다. 그는 구루지마 미치유키의 부관으로 준사俊沙라는 이름으로 등장합니다. 조선을 침공한 일본 측에서 싸웠지만, 마음이 바뀌어 조선 측에 투항한 뒤에는 누구보다 열심히 조선을 위해 싸우게 됩니다.

준사는 가공의 인물일까요? 아닙니다. 이순신 장군이 남긴 『난중일기』를 보면 "항왜 준사는 안골의 적진에서 투항해온 자인데, 이때 내 배 위에 타고 있다가 굽어보며 말하기를 '저기 무늬가 있는 붉은 비단옷을 입은 자가 안골 진영의 적장 마다시馬多時입니다'라고 하였다. 나는 김돌손을 시켜서 갈고리로 그 자를 뱃머리로 끌어올렸다. 즉시 목을 베었고 이에 적의 사기가 크게 꺾였다"1597년 9월 16일라는 대목이 등장합니다.

그런데 흥미로운 것은 임진왜란 때 준사처럼 조선에 투항한 일본군, 즉 항왜降倭가 한두 명이 아니라는 점입니다. 전쟁 막바지에 도원

수 권율이 조정에 올린 보고에 따르면 일본 측에서는 항왜를 1만 명으로 파악하고 있다는 내용과 함께 경상우병사 김응서가 거느린 항왜만 해도 1000명이라는 언급이 나옵니다.

일본인들은 왜 투항했나

일본은 전쟁이 시작되자마자 조총병을 앞세워 파죽지세로 밀고 올라왔습니다. 1592년 4월 13일 고니시 유키나가가 이끄는 제1군 1만 8000명이 부산포에 상륙해 불과 20일만인 5월 3일 한양에 입성합니다. 선조는 의주까지 피난을 가야 할 정도로 상황은 기울어 있었습니다. 여기까지만 보면 일본인들이 굳이 투항할 이유는 전연 없습니다.

하지만, 1592년 가을부터 상황이 반전됐습니다. 명나라 원군이 참전하고, 이순신이 이끄는 수군과 지역 의병들의 활약으로 보급로가 끊기자 일본군은 위기에 직면합니다.

여기에 한반도의 혹독한 추위도 일본군을 어렵게 만들었습니다. 홋카이도나 동북부 지역을 제외하면 일본의 겨울은 우리보다 늦게 찾아오고 따뜻한 편입니다. 게다가 임진왜란의 1 · 2군 선봉장이었던 고니시 유키나가小西行長나 가토 기요마사加藤清正를 비롯해 일본군의 주축은 규슈에서 왔습니다. 프로 야구 팬이라면 잘 알겠지만, 한국 프로 야구 선수단이 겨울에 전지훈련을 가는 대표적인 지역이 일본 가고시마인데, 이곳이 바로 규슈 남부입니다. 겨울에도 영하로 떨어지지 않는 이곳은 일본에서도 가장 따뜻한 지역에 속합니다. 그러니 당시 일본군에게 조선의 한국의 겨울 날씨는 견디기 힘들었을 것입니다. 식량 부족과 혹독한 추위로 동상 피해가 속출하자 일본군은 동요할 수밖에 없었습니다.

고니시 유키나가를 따라 왔던 포르투갈인 종군 신부 프로이스는 당시 분위기를 이렇게 묘사했습니다. "일본군의 식량과 탄약은 다 떨어졌고 관백도요토미 히데요시의 원조는 여름이 될 때까지는 가능이 없는 상태였다. 또한 명나라 군대는 예상과 달리 강대했기 때문에 공포를 느끼기 시작했다."

또, 일본군 내부 문제도 있었습니다. 전쟁이 장기화되자 일본군은 거점을 마련하기 위해 울산, 순천 등 남부 해안 지역에 대규모로 성을 쌓았는데, 노역이 가혹했던 것 같습니다. 견디지 못한 일본군 병사들이 탈출하는 사례가 속출했습니다. 이런 배경에서 1593년 봄부터 항왜들이 나타나기 시작합니다.

항왜를 둘러싼 조선과 명의 갈등

처음엔 항왜들이 모두 명나라 진영으로 갔습니다. '차마 조선군에는 투항하지 못하겠다' 이런 심리였을까요. 그러한 자존심보다는 항왜에 대한 조선과 명의 대우가 180도 달랐기 때문입니다. 명나라는 이들을 받아들였는데, 조선은 모두 처형했던 것이죠. 명나라 군대야 자기네 땅이 침략당하거나 피해를 보지 않았으니 당연히 조선과는 입장이 달랐을 것입니다. 하지만 이런 명나라의 태도에 조선은 매우 분개했습니다.

『선조실록』을 보면 선조는 "왜적 중에 중국군에게 투항한 자가 거의 1백 명에 이르고 있다"며 "저 왜적은 바로 우리와 불공대천의 원수인데 경략은 그들에게 상을 주기까지 하니…"라며 불만을 감추지 못하는 내용이 나옵니다. 경략은 명나라 원군을 이끌고 온 송응창을 가리킵니다.

이런 불만에 대해 명나라 측은 "우리는 오랑캐에 대해서 그들이 아침에 침입해 왔더라도 저녁에 와서 항복하면 받아주는데, 조선의 기상은 어찌 이리도 좁은가"라고 되려 조선을 나무랍니다.

분위기가 이렇다보니 항왜들에게는 선택의 여지가 없었을 것입니다. 모두 명나라 진영으로 갔죠. 이를 보며 불만을 삭히던 조선은 그저 바라만 봤을까요. 아닙니다. 조선도 결국 입장을 바꾸게 됩니다. 거기엔 중요한 이유가 있었습니다.

조총을 위해 생각을 바꾼 선조

> "왜노가 비록 전투에 익숙하고 날래게 진군했으나 그들이 승리를 얻은 것은 실로 이 조총 때문이다."
>
> 이수광, 『지봉유설』

날아가는 새도 잡는다고 하여 이름 붙여진 조총鳥銃은 임진왜란 당시 조선군에겐 공포의 대상이었습니다. 맞으면 즉사하는 경우가 많은 데다가 소리도 요란했기 때문에 수백 명이 연달아 조총을 쏘면 말 그대로 '혼비백산'하는 경우가 허다했다고 합니다. 조총은 일본군이 가진 '비대칭 전력'이었던 셈입니다.

전쟁에 이기려면 조총이 필요하다고 여긴 조선도 전쟁 이듬해인 1593년 2월부터 훈련도감에서 조총을 개발하기 시작합니다. 조총 쏘는 법도 가르치고 무과 과목에 조총 분야를 신설했습니다. 또 1593년 7월엔 무과 기준을 수정해 점수가 부족한 자에겐 조총 세 자루를 쏘게 하여 한 번 이상 (목표물을) 맞힌 자는 모두 선발하게 했습니다. 이렇게 국가 역량을 총동원하다시피 했지만 조총 연구는 좀처럼 진척을 보이지 않았습니다. 선조는 "우리나라에서 만든 조총은 모두 거칠게 만들어서 쓸 수가 없다"며 실망감을 보이면서"이제는 이렇게 하지 말고 왜인의 정밀한 조총을 기준으로 삼아 일체 그대로 제조하게 해야 한다."『선조실록』 26년 12월는 명을 내립니다.

즉, 일본 것을 그대로 모방해서 만들라는 말인데, 이 또한 쉽지가 않았습니다. 조총은 지금으로 치면 미국의 최첨단 스텔스 전투기 F-22 랩터 같은 하이테크 신무기였습니다. 일본도 수년간의 노력 끝에 성공한 것인데 전쟁 와중에 갑자기 '짠' 하고 만들어낼 수는 없었죠.

그러자 선조는 더 적극적인 조치를 취합니다. 투항한 왜인들에게 직접 조총과 화약의 제조법을 얻어내는 것이었습니다.

> "이번에 생포한 왜인이 염초 굽는 법을 안다고 하는데, 이 왜인은 죽여 보았자 이익이 없을 것이니 그의 목숨을 살려주어 속히 오응림, 소충한을 시켜 장인을 데리고 그 방법을 다 알아내도록 병조판서 이항복에게 은밀히 전하라."
>
> 『선조실록』 26년 3월 11일

지금으로 치면 국방부 장관인 이항복에게 밀명을 내려 적군 포로를 처형하지 말고 조총에 필요한 기술을 빼내도록 지시한 것이죠. 그리고 대우도 잘 해주고 특별히 신경쓸 것을 당부합니다. 얼마 후 선조는 신하들에게도 "중국의 장수는 사로잡은 왜적을 죽이지 않는데 우리나라 사람은 잡으면 문득 죽여 투항하는 길을 끊어버리니, 도량이 좁을 뿐 아니라 이로 인하여 다른 나라의 기술을 전습傳習할 수가 없다. 전에 영유永柔에 있을 적에 우연히 왜인 두 명을 사로잡았는데 마침 모두 길을 잃고 내려온 자들이었다. 유사有司가 죽이기를 청하였으나 내가 힘써 만류하였는데, 한 사람은 염초焰硝 굽는 법을 가르쳐주었고 한 사람은 조총 제조 기술을 가르쳐주었다"며 항왜를 죽이지 말고 회유하라는 지시를 내립니다. 항왜들에 대한 선조의 관심은 지극했습니다.

"생포한 왜인 2명 가운데 한 명은 염초를 구울 줄 알고, 한 명은 조총을 만들 줄 안다고 하니 염초를 굽는 자는 영변으로 보내 가을부터 시작하면 많은 염초를 구워낼 것이고 조총 만드는 자는 철이 생산되는 고을에 보내면 많은 조총을 만들어 낼 수 있을 것이다. 그 왜인들에게 아직도 족쇄를 채웠다고 하는데, 죽이지 않기로 작정하였다면 이와 같이 할 필요가 없으니 족쇄를 풀어주는 것이 어떻겠는가."

『선조실록』 26년 6월 16일

"이 왜인은 포수로서 쏘는 법이 귀신처럼 빨라 견줄 데가 없으며, 도창刀槍 등의 법을 꽤나 잘 이해하니, 훈련 도감에 소속시켜 급료를 주어 전습케 하되 부득이한 연후에 후속 조치를 취하는 것이 옳다. 지나치게 의심할 필요가 없다. 영웅의 수단이 어찌 이와 같은가."

『선조실록』 27년 2월 29일

"묘술을 터득할 수 있다면 적국의 기술은 곧 우리의 기술이다. 왜적이라 하여 그 기술을 싫어하고 익히는 일을 게을리 하지 말고 착실히

할 것을 비변사에 이르라"

『선조실록』 27년 7월 29일

이를 보면 선조는 악명도 높지만, 한편으로는 실리적이고 유연한 입장을 가진 정치인이었던 것 같다는 생각도 듭니다. 이때 활약한 일본인 중 대표적인 인물이 김충선입니다. 본래 가토 기요마사의 휘하 장수 사야가沙也可였던 그는 조선으로 귀화해 김충선이라는 이름을 받고 조선군에서 맹활약했다고 알려져 있습니다. 그의 아들 김경원에 따르면 "아버지김충선가 투항한 후 조정은 훈련청을 설치하고 항왜항복한 왜군 300명을 모집해 화약을 만들고 화포를 만들었다"고 합니다. 결국 조선은 조총의 자체 개발에 성공하는데 그 이면에는 일본인들의 기여가 있었습니다.

엇갈린 항왜들의 운명

임진왜란 내내 조선은 항왜들을 다양한 방식으로 활용했습니다. 앞서 말한 조총 제작은 물론이고, 일본군과의 일반 전투나 국내 반란을 진압하는 데도 이들을 투입했습니다. 일본은 임진왜란 전 백여 년에 걸쳐 전국시대를 겪었기 때문에 이들은 전투에 매우 능숙했고 전장에서는 좀처럼 물러서지 않았습니다. 선조는 "전일 투항한 왜병에 대해 의심하지 않는 이가 없었고 불평하는 말도 많았는데… 지금 항왜들이 먼저 성 위로 올라가 역전하여 적병을 많이 죽이고 심지어는 자기 몸이 부상당해도 돌아보지도 않고 있으니, 이는 항왜들만이 충성을 제대로 바치고 있는 셈"이라고 극찬할 정도였습니다. 또 당시 일본은 축성 기술이 앞서있었기 때문에 성을 쌓는 작업에도 이들을 많이 투입했습니다.

그런데 '토사구팽'이라는 단어가 있죠. 토끼 사냥이 끝나면 사냥개를 잡아먹는다는 뜻이죠. 임진왜란이 끝나자 항왜들의 처지가 미묘해졌습니다.

조선은 사실 항왜들에 대해 불안감이 있었습니다. 이들을 각 지역에 분산했는데, 무리지어 칼을 차고 다니면서 때때로 행패를 부리기도 하는 등 사회와 잘 동화되지 않고 관리가 쉽지 않다는 보고가 잇따랐습니다. 또한 만약 일본이 또 다시 침공할 경우 항왜 중 일부가 합류할 수도 있다고 우려하는 목소리도 높았습니다.

게다가 조총은 이미 자체 제작이 가능할 정도로 기술 이전이 충분히 진행된 상황이었습니다. 임진왜란 막바지인 1597년 1월 선조가 "우리 장인들도 조총을 잘 만든다"며 더이상 항왜를 투입할 필요가 없다고 언급하는 대목에서도 드러납니다.

그래서 조선 정부는 고급 기술을 갖추거나 특별히 쓸모가 있는 이들을 제외하고 나머지 항왜들을 북쪽 국경지대로 보냅니다. 여진족을 막는 데 활용하기로 한 것이죠. 이른바 조선식 '이이제이' 전략입니다. 조선 사회에서 천덕꾸러기로 전락한 이들은 이곳에서 조선 여성들과 결혼도 하고 가정도 꾸렸습니다.

제가 재미있게 보는 웹툰 중에 '칼부림'이라는 작품이 있습니다. 이괄의 난에 참여한 항왜들이 주요 등장인물로 나옵니다. 이괄은 인조반정의 공신인데, 평안도 부원수를 지내다가 반란을 일으켰습니다. 실제로 그가 1만 2000명의 군사를 이끌고 한양까지 진격했을 때, 북방에 보내졌던 항왜들이 이괄을 따라서 내려왔습니다. 이괄이 반란을 일으킨 1624년은 임진왜란으로부터 약 30년 뒤였지만 전투력은 여전히 녹슬지 않았던 모양입니다. 이괄도 무예가 출중한 데다 항왜 부대가 더해진 반란군은 기세가 대단했습니다. 이들은 한양까지 거의 무혈입성에 가깝게 진군했습니다.

이때 이들을 막기 위해 나선 장수가 있었으니 바로 김충선, 사야가입니다. 김충선은 앞에서 설명했듯이 임진왜란 때 투항한 일본인으로 많은 공을 세워 이미 정2품 정헌대부에 오른 고위인사였습니다. 이괄의 난에 참여한 항왜 중에서 서아지徐牙之라는 무예가 출중한 일본인이 있었는데, 조선군이 이를 막지 못하자 김충선이 나와서 서아지를 꾸짖은 뒤 목을 베었다고 기록은 전합니다.

노년을 바라보는 두 일본인이 고향에서 수천 리 떨어진 조선에서 서로 칼을 들고 대치했던 이 순간 어떤 심정이었을지 가끔 상상해보곤 합니다. 어쩌면 김충선으로서는 반란에 일으킨 항왜를 자신이 처리해야만 한다는 책임감이 있었을지도 모릅니다. 비록 투항했다고는 해도 조선에서 항왜로 산다는 것은 쉬운 일은 아니었습니다.

이방인에게 배타적인 조선 사회에서, 이들은 심지어 조선을 침략한 '왜놈'이었습니다. 투항한 뒤 김충선처럼 잘 된 경우는 거의 없습니다. 대개는 배에서 노를 젓는 격군이 되거나 각종 전투에 투입됐습니다. 전쟁 후 요행히 북쪽이 아니라 남쪽에서 살게 된 경우에도 정기적으로 국경 수비를 위해 북방으로 가야 했습니다. 1606년 인천에 사는 항왜 구을어시仇乙於時 등은 인천의 농민이었는데, "국경 수비를 위해 북쪽에 갔다가 1년 만에 돌아왔더니 이 기간 나라에서 아무런 대가를 주지 않아, 먹을 것이 없는 아내가 어디론가 사라졌다. 우리도 지금 당장 먹을 것이 없으니 내년에 곡식이 익을 때까지만 쌀을 빌려줘 죽는 것을 면하게 해달라"며 호소하기도 했습니다.

이괄의 난에 북쪽을 지키던 항왜들이 대거 가담했던 것은 어쩌면 이런 배경에서 연유했을지도 모릅니다. 그리고 김충선으로서는 이들의 입장은 알지만 앞으로 다른 항왜들이 차별적 대우를 받는 것을 막으려면 자신이 더욱 열심히 이들을 진압해야 한다고 생각하지 않았을까요.

이후 항왜들의 삶은 잘 알려지지 않았습니다. 이들은 차별을 염려해 조선식 성姓을 요청해 일본식 이름을 버리고 살았다고 합니다. 후손들로서도 부담스러운만큼 조상들에 대해서 대체로 숨기며 '신분세탁'을 했을 것으로 추정됩니다. 조선에 남은 항왜가 무려 1만 명이나 되는데 이들에 대한 이후 기록이 거의 없다는 점에서 그렇습니다.

일본에 끌려간 조선인 후예들에 대한 기록이나 연구는 많이 진행됐고, 이에 따라 심수관 가문처럼 대중에 알려진 경우도 많습니다. 하지만 조선에 남은 항왜들에 대한 기록이나 이야기는 너무나 적어 아쉽다는 생각이 듭니다.

조선을 위한
성녀였나,
나라를 망친
악녀였나

14

몇 년 전입니다. 명성왕후에 대한 기사를 썼다가 곤욕을 치른 적이 있습니다. 이유는 호칭. '왜 명성황후라고 안 쓰고 격을 낮춰 명성왕후라고 쓴 것이냐'는 이유였습니다. 회사로 전화를 걸어 몇 차례나 집요하게 수정을 요청했던 그 분은 나중에 '언론중재위원회에 제소하겠다'고까지 했습니다. 지금 이 글을 읽는 중에도 '명성왕후'라는 단어에 대해 불만이 있는 독자도 있을 것이라고 생각합니다. '명성황후'가 아니라 '명성왕후'라고 쓴 데는 나름의 이유가 있는데, 이것은 글의 마지막 부분에 설명하겠습니다.

뮤지컬 '잃어버린 얼굴 1895' [자료 서울예술단]

어쨌든 과거 일화를 끄집어낸 것은 그만큼 명성왕후가 우리 역사에서 논란이 뜨거운 인물 중 한 명이라는 말씀을 드리고 싶어서였습니다. 민비, 명성왕후, 명성황후 등 그녀에 대한 인식에 따라 호칭은 다양하게 달라지기도 합니다.

그녀를 다룬 뮤지컬도 두 편이 있는데, '명성황후'가 아르헨티나의 에바 페론을 다룬 '에비타'처럼 민중과 나라를 진심으로 사랑했던 비운의 여성으로 다뤄진 반면 '잃어버린 얼굴 1895'는 권력에 집착하는 표독스러운 정치가의 면모도 부각하고 있습니다.

그런데 그녀가 이토록 상반된 평가를 받게 된 것은 지금뿐만이 아닙니다. 명성왕후가 정치에 나섰던 시기는 물론 을미사변과 일제강점기까지 그녀를 둘러싼 평가는 계속해서 논쟁의 대상이었습니다. 과연 명성왕후는 조선의 발전을 가로막은 장본인일까요, 일본의 침략에 희생된 '성녀'일까요.

명성왕후는 악녀인가 영웅인가

1930년 1월 동아일보에는 흥미로운 두 편의 인터뷰가 게재됐습니다. '풍우입년風雨卄年'이라는 제목의 기사로 연재된 구한말 정치인들의 회고담입니다. 일본에 나라를 빼앗긴 지 20년이 지난 시점에서 진행된 회고담인 만큼 많은 주목을 받았습니다.

이날 인터뷰의 주인공은 갑신정변의 주역이자 개화파의 중심인물 박영효였습니다. 이날 인터뷰 기사의 주제는 '금릉위국왕의 사위라는 영화로운 지위도 뿌리치고 혁명의 길을 나가게 된 경로는 무엇인가' 였습니다. 탄탄대로가 보장된 그가 왜 갑신정변이라는 위험천만한 정치적 도박에 나섰냐는 것이죠. 박영효는 갑신정변 실패 후 역적으로 몰려 해외를 떠돌아다니다가 조선이 망한 뒤에야 돌아올 수 있었습니다.

이에 대해 박영효는 "민비가 고종을 농락해 왕실의 위신은 땅에 떨어지고 정사는 날로 해이해졌다. 그래서 민씨네를 치울 생각이 들었다"라고 말했습니다. 즉, 명성왕후와 민씨 일파를 제거해야 나라가 바로 설 수 있다고 보았죠.

그러자 보름이 지난 1월 19일 명성왕후의 집안 여흥 민씨 측에서 반박 인터뷰에 나섰습니다. 1905년 자결로써 순국한 민영환의 동생 민영찬입니다. 민영찬은 "명성왕후가 누명을 썼다"면서 "여러 민씨들이 잘못한 것을 그 어른이 대신 짊어졌다. 그리고 명성왕후는 김옥균, 박영효 등 개화파에 반대할 뜻이 없었는데, 그들이 오해해서 (민씨 세력을) 제거하려고 하니 부득이하게 민씨들을 등용한 것"이라고 반박했지요.

명성왕후에 대한 평가는 구한말에도 극과 극을 오갔습니다.

을미사변 직후인 1895년 10월 김홍집 내각은 '왕후 민씨를 서인으로 강등한다'고 발표했습니다. 고종도 "왕후 민씨가 자기의 가까운 무리들을 끌어들여 짐의 주위에 배치하고 짐의 총명을 가리며 백성을 착취했다"며 거들었지요. 여기엔 일본의 압력도 작용했습니다. 하지만 명성왕후가 시해되기 직전인 1894년 8월에도 종두법으로 유명한 지석영은 상소를 올려 명성왕후의 민씨 세력이 정사를 전횡하고 백성을 수탈한다고 비판했습니다.

그런데 1896년 고종이 일본을 피해 러시아 공사관으로 달아난 아관파천 이후 분위기는 달라집니다.

단발령에 대한 여론 악화로 김홍집 내각이 무너지자 고종은 김홍집을 역적으로 규정하고 뒤늦게 명성왕후의 국장을 엽니다. 또, 1900년에는 명성왕후를 지키다가 죽은 이들을 추모하기 위해 장충단 공원을 조성했는데, 여기엔 홍계훈, 이경호 등 을미사변과 임오군란 때 명성왕후를 지키다 죽은 사람들이 배향됐습니다. 또 일본에 대한 증오심이 커지면서 명성왕후를 안타깝게 여기는 목소리들이 속속 나오기 시작했습니다.

이렇듯 명성왕후에 대한 상반된 평가는 오늘날만큼이나 과거에도 치열했고, 세간의 관심이기도 했습니다.

명성왕후는 보잘것없는 집안 출신?

명성왕후는 너무나도 유명한 인물이지만 또 한편으로는 잘못 알려진 상식도 많습니다.

예를 들어 한미한 가문의 고아 소녀가 외척 세력을 없애려던 흥선대원군의 구상과 맞아떨어져 일약 중전으로 발탁됐다고도 하는데 사실과 다릅니다.

명성왕후는 여흥 민씨 가문 민치록의 외동딸로 1851년 태어났습니다. 여흥 민씨는 태종 이방원의 부인 원경왕후와 숙종의 부인 인현왕후 등 유명한 왕후를 배출한 노론 명문가입니다. 명성왕후의 증조부와 조부는 성균관 대사성과 이조참판을 지냈고 이런 집안 배경 덕분에 명성왕후의 부친 민치록은 음서로 벼슬을 얻어 종4품까지 올랐습니다.

또, 여흥 민씨는 조선 시대 문과 급제자 수를 많이 배출한 가문 순위에서 10위에 오르는 등 인적 기반이 탄탄한 가문이기도 합니다.

그러니까 당시 안동 김씨 정도는 아니었지만 여흥 민씨 일족은 명문가였고, 권력 욕구가 약한 집안도 아니었습니다. 고종이 직접 정치 전면에 나선 1873년 11월부터 김홍집 내각이 수립된 1894년 6월까지 고위직을 차지한 민씨 일족은 51명이나 됩니다. 다만 대원군 입장에선 자신의 어머니도, 부인도 민씨였던만큼 다른 명문가 집안 출신보다는 어느 정도 컨트롤이 가능할 것으로 기대했을 수는 있었겠지요.

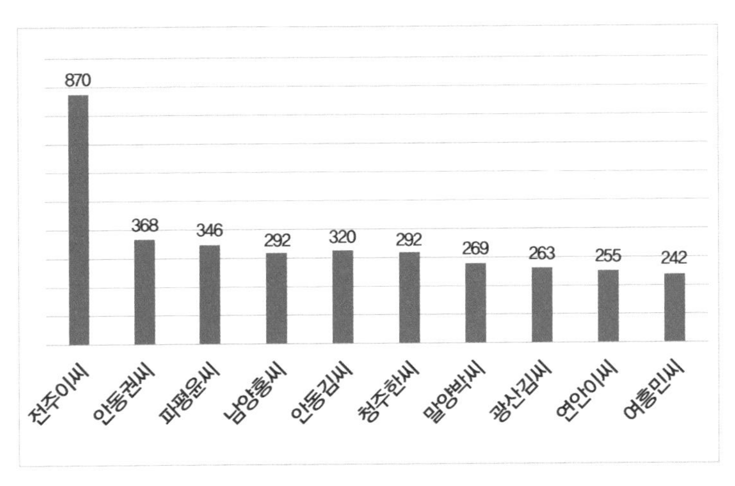

조선 시대 가문별 문과 급제자 수(명)[1]

또, 명성왕후의 이름은 민자영으로 알려져 있지만, 이는 정비석 작가의 소설에 등장한 이름이고 역사적 근거는 없습니다. 죽음을 맞이할 때 '내가 조선의 국모다'라고 발언했다는 것도 1994년 이수광이

1 한국역대인물종합정보시스템 한국학중앙연구원 참고하여 재구성.

라는 작가가 쓴 『나는 조선의 국모다』에서 비롯돼 드라마를 통해 유명해진 대사일 뿐입니다.

"호리호리한 몸매와 훌륭한 지성의 소유자"

명성황후를 접했던 서양인들의 평가는 대체로 우호적입니다. 두뇌가 명석하고 지적이라는 평가가 일치합니다.

> "중간키에 몸매는 호리호리하고 곧았다. 얼굴은 길고 이마는 높으며 코는 길고 가늘어 귀족적인데 입과 아래턱에는 결단력과 개성이 드러난다. 광대뼈는 두드러지고 귀는 작으며, 얼굴은 기름진 저지 크림색을 띠었고, 눈썹은 아치모양이며, 아몬드 형의 눈은 지적이고 예리해 보였다."
>
> 프랭크 카펜터

> "왕후는 40세가 넘는 여인으로서 몸이 가늘고 미인이었다. 검고 윤이 나는 머리카락에다 피부는 진주가루를 이용해서 창백했다. 눈은 차갑고 날카로웠는데, 그것은 그녀가 훌륭한 지성의 소유자임을 나타내 주는 것이었다."
>
> 이사벨라 비숍

특히 명성왕후와 네 차례 식사했던 영국 여행가 이사벨라 비숍은 명성왕후가 시베리아와 일본 철도의 건설비, 청일전쟁에 대한 일본의 시각 등 현안에 대해 매우 깊숙이 질문해 놀랐다는 인상도 남겼습니다.

하지만 명성왕후의 실제 모습은 지금까지 확인된 것이 없습니다. 현재 명성왕후의 모습으로 알려진 사진은 20세기 초반부터 서양 잡지와 책에서 명성왕후라고 설명한 사진입니다. 하지만 일각에선 이것이 궁녀의 사진이라고도 주장하고 있습니다.

그 외에도 이승만의 책 『독립정신』에 실린 사진 등 다양한 사진이 나왔는데요. 아직 어느 것이 '진짜'라고 확실히 단정하기는 어려운 상황입니다. 뮤지컬 '잃어버린 얼굴 1895' 역시 명성왕후의 사진을 시작점으로 삼아 이야기가 펼쳐집니다.

한편 일각에선 명성왕후가 정적에 노출되는 것을 피하려고 사진을 찍지 않았다고도 합니다. 사실 임오군란 때 군인들에 의해 목숨을 잃을 뻔한 위기가 있었고, 실제로 을미사변으로 비극적 죽음을 맞이했다는 것을 참작하면 전혀 근거 없는 이야기로 들리진 않습니다. 사실 여부를 떠나 이런 해석이 나온다는 것 자체가 그녀의 파란만장한 인생을 반영한다고 할 수는 있겠죠.

갈팡질팡 외교 전략, 친중과 친러 그리고 친일

명성왕후는 1895년 10월 8일 일본 낭인들에 의해 살해됐습니다. 조선의 친러 노선이 명확해지고, 일본 교관들이 양성한 훈련대가 해산이 결정되면서 전격적으로 벌어진 사건입니다.

당시 이 사건엔 일본 군대와 경찰뿐 아니라 조선군 훈련대도 개입했고, 명성왕후의 시아버지이자 정적이었던 대원군도 일본인들과 함께 입궐했습니다. 그래서 명성왕후 살해 사건의 배후 인물이 대원군이라는 설도 파다했는데, 대원군이 주도하지는 않았더라도 최소한 이를 방조한 것만큼은 사실로 여겨집니다.

또 당시 을미사변에 협조한 조선인 중에는 우범선이라는 인물이 있었습니다. 그는 사건 후 일본으로 가 일본 여성과 결혼해 가정을 꾸리고 아들도 태어났습니다. 그 아들은 부친의 범죄를 알게 된 뒤 평생 마음의 빚을 안고 살았다고 하는데, 바로 '씨없는 수박'으로 유명한 우장춘 박사입니다. 우장춘 박사가 훗날 이승만 대통령의 요청을 받고 한국으로 와서 농업 발전을 위해 헌신한 데도 이러한 배경이 작용했다고 알려져 있습니다.

일본이 을미사변이라는 극단적인 범죄를 저지른 것은 고종과 명성왕후가 친러 노선으로 방향을 튼 것이 계기가 됐습니다. 18세기부터 러시아의 남하에 대해 공포심을 갖고 있던 일본은 조선이 러시아 영향권에 들어가는 시나리오를 가장 두려워했습니다. 어쩌면 고종과 명성왕후도 이런 일본의 공포를 역이용해 러시아에 접근했을지도 모릅니다. 하지만 명성왕후가 을미사변이라는 비극을 맞이했을 때 러시아는 아무런 힘이 되어 주지 못했습니다.

19세기 말은 제국주의가 세계를 지배하던 시기였습니다. 고종과 명성왕후는 외세의 상호 견제를 이용해 조선의 독립과 왕실의 보존을 유지하려고 했지요. 그래서 친일-친청-친러로 수차례 노선을 바꾸며 외교 정책을 폈습니다. 다만 이러한 변화무쌍한 외교 정책은 실제로 큰 효과가 없었다는 것이 훗날 드러났습니다.

특히 동학농민운동을 막기 위해 청나라에 군대를 요청한 것은 최악의 수로 평가받고 있습니다. 갑신정변 후 청나라와 일본이 맺은 '톈진조약天津條約'에 따르면 청나라 군대가 조선에 들어오면 일본도 한반도에 군대를 파견할 수 있었습니다. 섣부르게 청나라 군대를 불러들인 결정은 결국 일본군의 주둔과 청일 전쟁으로 이어졌고, 조선은 열강의 전쟁터가 됐습니다.

이렇게 조선이 망하는 과정 속에는 외교적 패착이 여러 차례 되풀이됐습니다. 이후 고종이 단행했던 아관파천 역시 별다른 소득 없이 해프닝으로 마무리됐습니다.

또 고종이 동아시아 열강의 견제세력이 되어줄 것이라 기대했던 미국은 조선에 대한 일본의 지배적 영향력을 인정하고 물러났습니다. 당시 미국이나 영국은 러시아의 남하를 막는 데 더 관심이 많았기 때문입니다. 이들은 러시아를 막겠다고 나선 일본에 힘을 실어주는 쪽이 낫다고 여겼고, 이런 분위기를 파악한 일본은 조선을 병합하는 데 성공한 것이죠.

급변하는 국제 정세에서 청나라, 일본, 러시아, 미국 사이를 떠돌며 외교적 노력으로 자주독립국을 유지하고자 했던 고종과 명성왕후의 구상은 이렇듯 헛된 꿈에 불과했습니다.

세계가 어떻게 돌아가는지, 우리의 위치는 어디인지, 또 상대가 바라는 것이 무엇인지를 간과한 채 외교정책을 펼치면 기대한 지점과는 전혀 다른 곳에 도착한다는 것이 구한말의 역사와 명성왕후의 비극이 우리에게 주는 교훈 아닐까요.

명성왕후인가 명성황후인가

이 글을 시작할 때 언급했지만, 명성왕후 민씨의 호칭 문제는 간혹 논쟁이 되곤 합니다. 학계에서도 이 호칭이 통일되지 않은 채 명성황후와 명성왕후 모두 사용하고 있습니다.

일각에선 고종이 대한제국을 선포했으니, 황제국에 맞게 명성황후로 불러야 한다고 주장합니다. 또 실제로 명성황후로 많이 표기되고 있습니다. 이런 분위기가 조성된 데는 1990년대 중반에 제작돼 크게 성공한 뮤지컬 '명성황후'도 영향을 끼쳤습니다.

하지만 이 문제가 그리 간단치는 않습니다.

명성왕후가 사망한 을미사변은 1895년 10월, 대한제국을 선포한 날은 1897년 10월입니다. 그리고 그녀에게 '명성明成'이라는 시호가 내려진 것은 대한제국이 선포되기 전인 1897년 3월입니다. 그러니까 그녀가 사망 후 명성왕후로 불리다가 대한제국이 선포되면서 명성황후로 추존되었죠.

그런데 이때 추존된 인물은 명성황후 뿐이 아닙니다. 황제국에서 황제의 부인은 황후가 되듯이, 황제의 부친은 군君이 아니라 왕王이 되어야 합니다. 그래서 고종의 부친 이하응도 흥선대원군에서 흥선대원왕으로 추존됐습니다. 즉, 명성왕후를 명성황후로 불러야 한다면 대원군 역시 대원왕이라고 불러야 맞습니다.

고종도 이전 조선 국왕과 달리 '광무제' 혹은 '고종 황제'라고 표기해야 합니다. 뿐만 아니라 정조선황제, 순조숙황제, 헌종성황제, 철종장황제도 마찬가지입니다. 유독 명성왕후에 대해서는 명성황후로 부를 것을 강요하는 분위기는 그녀의 비극적 죽음과도 연관이 있다고 생각됩니다. 일본의 낭인들에게 비참하게 죽은 그녀를 명성황후로 부르지 않는다면 마치 그녀를 무시하고 싶어했던 일본과 뜻을 같이하는 인상을 주는 것 같죠.

하지만 역사적 인물을 사후 추존된 명칭으로 부르는 경우는 거의 없습니다. 조선 태조 이성계의 부친 이자춘은 국왕의 아버지이기 때문에 도조度祖라고 추존됐지만 우리가 이자춘을 도조라고 표기하지는 않는 것과 마찬가지입니다. 이런 기준에 따라 명성황후가 아닌 명성왕후로 표기했음을 알려드립니다.

소설가 채만식,
김유정도
눈이 돌아간
황금 열풍

15

얼마 전 한 소설가와 식사를 하는데 문득 "비트코인이 언제쯤이면 오를 것 같아요?"라고 물어봐 살짝 놀란 적이 있습니다. '돈' 같은 것은 별로 신경쓰지 않을 이미지를 가진 분이었기 때문이었습니다. 그는 비트코인이 한창 오르던 2020년에 몇 번 투자를 해서 재미를 보고 욕심이 생겨 큰돈을 투자했는데, 그 후부터 줄곧 하락하자 큰 손실을 보고 있다며 한숨을 쉬었습니다.

코로나19가 한창이던 2020~2021년에 가상 화폐가 크게 오르면서 여기저기서 코인 재벌이 나타났죠. 투자금의 몇 배가 아니라 수십 수백 배를 넘게 벌어들인 사람들의 이야기가 이곳저곳에서 쏟아졌고, 그 덕분에 30대에 회사를 그만두고 여유로운 제2의 인생을 시작했다는 이른바 '엑시트' 사례들이 언론을 장식하곤 했습니다. 코인에 투자를 하지 않으면 바보 취급을 받는 분위기마저 있었고, 남녀노소 가리지 않고 심지어 학생이나 군인까지 코인에 돈을 넣는다는 이야기들이 들려왔습니다.

그런데 지금으로부터 딱 100년 전쯤 한반도에서도 비슷한 상황이 있었습니다.

너도나도 금광으로

"초황금광시대超黃金狂時代"

1934년 1월 9일, 동아일보는 황금광 시대의 화려한 개막을 선언했습니다. 이날 기사는 신년 벽두인 1월 1일부터 함경북도 부령, 충청남도 서산, 전라남도 화순에서 새 금광이 발견된 것을 시작으로 1월 6일에는 무려 50건의 금광이 발견됐다는 소식을 전했습니다. 기사는 금광을 신고하러 온 사람들이 인산인해를 이뤄 '광산과 직원들이 눈코 뜰 새가 없었다'라는 문구로 마무리됐습니다.

1930년대는 조선의 황금광 시대였습니다. 당시 조선에는 '노다지No touch'라는 말이 유래된 것으로 유명한 평안북도 운산금광과 지금도 북한이 금을 캐는 대유동금광을 비롯해 수많은 금광이 있었습니다.

최창학은 운산이나 대유동에 비하면 구멍가게라 할 만한 평안북도 구성의 삼성금광을 6년간 운영한 뒤 일제 강점기 조선 최고의 거부추정 재산 지금 화폐로 약 3600억 원가 됐습니다. 그는 해방 후 김구에게 자신의 별장인 경교장을 사저로 제공해 눈길을 모으기도 했습니다. 동아일보 정주지사를 운영하다가 실패했던 방응모도 평안북도 삭주의 교동광산을 찾아내 조선일보를 인수할 만큼 거부가 됐습니다.

평범했던 이들의 일확천금 성공 스토리가 연일 신문 지면을 장식하자 금광을 찾아 너도나도 뛰어들었습니다. 마치 코인 열풍처럼 평범했던 사람들의 가슴에 불을 지른 것이죠. 박태원의 소설 『소설가 구보씨의 일일』에는 이런 시대적 분위기가 잘 드러나 있습니다.

"황금광 시대黃金狂時代. 저도 모를 사이에 구보의 입술에서는 행복한 웃음이 새어 나왔다. 황금을 찾아, 황금을 찾아, 그것도 역시 숨김없는 인생의, 분명히, 일면이다. …출원 등록된 광구鑛區, 조선 전토全土의 칠 할. 시시각각으로 사람들은 졸부猝富가 되고, 또 몰락해 갔다. 황금광 시대. 그들 중에는 평론가와 시인, 이러한 문인들조차 끼어 있었다. 구보는 일찍이 창작을 위해 그의 벗의 광산에 가 보고 싶다 생각하였다. 사람들의 사행심射倖心, 황금의 매력, 그러한 것들을 구보는 보고, 느끼고, 하고 싶었다."

박태원이 말한 황금광 시대에 몸을 실은 문인 중에는 김유정이나 채만식 같은 유명한 소설가도 있었습니다. 충남 예산에서 금광을 찾아 헤맸던 김유정은 1935~1936년 자신의 경험을 토대로 『금 따는 콩밭』·『금』·『노다지』라는 이른바 '금광 3부작'을 냈습니다. 『삼대』·『태평천하』 등으로 유명한 채만식도 1939년 「매일신보」에 『금의 정열』이라는 작품을 연재했습니다.

채만식은 한때 "세상 사람은 너 나 할 것 없이 돈을 부르짖는다"라고 개탄했지만, 정작 그 자신도 한몫을 잡기 위해 금광으로 갔습니다.

그는 덕대소규모 광산 운영자로 있던 형들을 따라 충남 직산의 금광에 손을 댔다가 크게 말아먹고 평생 가난으로 고생했습니다. 사망하기 한 달 전 지인에게 보낸 편지에서 원고지 20권만 보내달라며 "나는 일평생을 두고 원고지를 풍부하게 가져본 일이 없네. 이제 임종이 가깝다는 예감을 느끼게 되니 죽을 때나마 한 번 머리 옆에다 원고용지를 수북이 놓아보고 싶네"라고 썼다고 합니다.

중국에까지 소문난 '금이 나는 땅'

조선은 원래 금이 많은 나라였을까요. 이것은 확실치 않습니다. 마르코 폴로가 쓴 『동방견문록』에는 황금의 나라 지팡구일본가 소개되어 있지만, 고려에 대해서는 나와 있지 않습니다. 하지만 정작 일본에서는 금이 많이 나지 않기 때문에 마르코 폴로가 말한 '황금의 나라'는 일본이 아니라 고려였다는 설도 있습니다. 마르코 폴로가 관리로 일했던 원나라몽골에서는 일본이 아닌 고려에 금을 찾으러 관리들이 왔던 기록도 있기는 합니다.

바로 충남 직산입니다. 이곳은 이미 고려 때부터 금이 나는 땅으로 유명했습니다. 『직산현지』와 『연려실기술』에는 원나라의 관리가 금을 얻기 위해 직산에서 땅을 100군데나 팠다는 기록이 나옵니다. 고려가 원나라의 금 공물 요구에 난색을 표하자 직접 채굴에 나선 것이죠. 만족할 만한 수준의 금을 얻지는 못했지만, 원나라 관리가 직산을 '콕' 찍었다는 것은 그만큼 유명했다는 것을 알려줍니다.

그러니까 김유정과 채만식이 괜히 충남에 간 것은 아니었죠. 평안도가 유명해지기 전까지 이곳은 한반도에서 가장 잘 알려진 금맥이었습니다.

고등학교 국사 시간에 고려 시대에 향鄕·소所·부곡部曲이라고 불리는 특수 행정 구역을 배웠을 것입니다. 소는 먹, 금, 종이 같은 중요한 물품을 정부에 공급하는 특수 지역이었습니다. 그중에서도 금을 공급하는 곳을 금소金所라고 했습니다. 『세종실록지리지』나 『신증동국여지승람』의 각종 기록을 종합해보면 고려 시대에 17곳의 금소가 있었음이 확인되는데 이 중에서 절반인 8곳이 충남에 있었던 것으로 나옵니다.

이후 들어선 조선은 명나라가 금은을 공물로 요구할까 두려워 전국의 금광과 은광을 폐쇄해버렸습니다. 그래도 국내에서 필요한 수요가 있으니 소규모로 채굴이 됐겠지만, 나라에서 막은 터라 거래가 활발했을 리는 없었겠죠. 조선이 망할 때까지 골드 러시 열풍이 불지 않은 이유가 바로 이것입니다.

직산의 골드 러시

20세기가 되자 한반도에서 한몫 잡기 위해 많은 일본인들이 찾아들었습니다. 당연히 금광에 눈독을 들였고, 직산을 지나칠 리 없었습니다. 1900년에는 일본의 시부사와 에이치와 대한제국 궁내부 간에 '직산군 금광 합동 조약'이 맺어졌습니다.

시부사와 에이치는 일본인이라면 모르는 사람이 없을 정도로 유명합니다. 현재 일본의 1만 원권 지폐에 등장하는 인물로 '일본 자본주의의 아버지'로 불리는 실업가입니다. 얼마 전에는 그를 주인공으로 하는 NHK 대하드라마 '청천을 찔러라'가 방영됐을 정도입니다. 참고로 서울과 부산을 잇는 경부선 철도도 그의 주도로 설립됐습니다. 그런 정도의 인물이 노렸으니 직산의 금광 가치가 대단히 높았던 게 분명하겠죠.

직산의 대규모 금광은 일본인이 차지했지만, 규모가 작은 금광은 조선인이 경영하는 곳도 많았습니다. 또 직산뿐 아니라 인근에 있는 입장, 성환, 성거 등 현 천안시 일대에서도 금이 났습니다. 특히 비교적 수월하게 금을 채취할 수 있는 사금沙金 지대가 많았기 때문에 전국에서 사람들이 몰려들었습니다채만식도 그중 한 명이었죠. 당시 직산에는 금 캐는 인부만 2,000명이 있었고, 그중 30%가 평안도 출신이었다고 합니다. 이들은 평안도에서 활발했던 금광 채굴 경험이 있었기 때문에 이곳에서 금방 일자리를 구할 수 있었던 것이죠.

사금에서 금의 입자를 고르고 난 사토를 '버럭'이라고 합니다. 아무리 금을 잘 골라내더라도 버럭 더미 속에는 금의 입자가 남아있기 마련이죠. 그래서 이것을 전문적으로 다루는 '거랑꾼'들도 나타났습니다. 그 무렵 성환에서 천안에 이르는 들판에는 버럭 더미가 곳곳에 널려 있었다고 합니다. 거랑꾼은 이렇게 버려진 버럭 더미를 뒤져서 금을 채취했습니다.

운 좋게 금을 찾아내면 이들은 천안 사직동 시장으로 갔습니다. 당시 사직동 시장엔 이런 금을 사는 노점이 곳곳에 있었습니다. 노점에서는 거랑꾼이 창호지에 싸 온 금가루의 품질을 매겨 매수했고, 장터 곳곳은 이렇게 해서 한몫 잡은 사람들을 위한 술집이 즐비했다고 합니다. 골드 러시가 만든 풍경입니다.

일부는 금을 들고 새로운 모험을 찾아 만주로 떠났습니다. 금 밀수업자들이다. 금 반출은 금지되어 있었지만 천안을 지나는 경부선은 당시 만주까지 이어져 있어서 한탕을 노리는 모험가들을 유혹했던 것이죠.

매우 개인적인 이야기지만 저의 본적은 충남 성환인데 제가 태어나기도 전에 돌아가신 할아버지가 광산에서 일했다고 들었습니다. 자세히 듣지 못해 어렸을 때는 할아버지가 일본의 광산으로 강제 징용을 당했다고 생각했는데, 이런 금광에서 일했다는 것을 이 책을 집필하면서 알게 됐습니다. 다행히 채만식처럼 재산을 말아먹지는 않았지만, 그렇다고 노다지를 발견하지는 못했던 것 같습니다.

1930년대가 조선의 황금광 시대가 된 것은 세계 경제 체제의 변화와 맞물려있습니다. 1930년대에 세계경제가 금본위제로 전환하면서 금값이 폭등한 것이죠.

조선과 대만을 병합하고 덩치를 키우며 세계경제에 편입된 일본은 금이 필요했습니다. 게다가 만주사변을 일으키고 중국과 전쟁에 돌입하면서 금의 필요성은 더욱 절실해졌습니다. 일본 정부는 금광에 보조금시설비의 50%을 지급하고 금을 고가에 매수함으로써 금 채굴을 장려했습니다.

또 금광을 처음 신고한 사람에게 먼저 허가를 내주는 선원주의先願主義를 내세웠습니다. 발견한 사람이 임자가 되는 것이죠. 금이 나는 곳에는 돈이 흘렀고 이를 찾아 사람들이 몰려들었습니다. 직산, 성환 등 여기저기서 금이 나던 천안도 마찬가지였습니다.

1925년 8만 7806명이던 천안의 인구는 황금광 시대가 시작된 1935년에는 12만 3006명으로 무려 50%가 늘었습니다. 하지만 일제 강점기에 성황을 이뤘던 금광이 광복 후 점차 쇠퇴하자 인구도 풍선 바람 빠지듯 줄었습니다. 1966년 인구조사에서는 7만 1192명에 불과했습니다. 천안의 인구가 12만 명을 회복한 것은 1980년12만 441명입니다.

시름세, 김봉서, 한화

직산과 성환 사이에 수헐리라는 마을이 있습니다. 시름리라고도 불리는 곳이죠. 고려 태조 왕건이 이곳에서 잠시 쉬며 제사를 지내고 시름을 덜고 갔다고 해서 붙여진 이름입니다. 지금도 수헐리 부영아파트 앞에는 시름세삼거리라는 지명이 남아 있기도 합니다.

시름세는 충남 최대 금광 중 하나였습니다. 이곳에서 사금을 캐 성공한 김봉서라는 사람이 있었습니다. 그는 학교도 다니지 못할 정도로 집이 가난했지만, 금광에서 인부로 일하면서 금광에 대한 지식을 쌓았습니다. 한푼 두푼 밑천을 모은 그는 금광을 조금씩 사들였고, 세월이 흐르자 충남의 '금광왕'으로 불리게 됐습니다. 그는 그렇게 번 돈을 독차지하지 않고, 어려운 사람들을 돕거나 지역에도 기부를 많이 했습니다. 사람들은 그의 공덕을 기리기 위해 부대동 1호 국도변에 '김봉서 시혜 기념비'를 세웠는데, 지금도 남아 있습니다.

김봉서에게는 공부를 잘하는 어린 종숙이 있었다고 합니다. 혈기왕성했던 그 종숙은 경기도립상업학교에 다니다가 일본 학생과 패싸움을 해 퇴학을 당했습니다. 그를 아낀 김봉서는 가까이 지내던 원산경찰서장 고이케 쓰루이치에게 부탁해 원산공립상업학교에 다닐 수 있게 했습니다. 숙부의 도움으로 학업을 마친 그는 1942년 조선화약공판에 입사했고, 해방 후 미군정의 적산기업으로 편입된 회사를 불하받았습니다. 이것이 지금의 한화입니다.

인터미션

인정사정 볼 것 없다! 조선 왕세자 수난사

일찌감치 유교 체제를 국가의 기반으로 확립한 조선은 꽤나 체계적인 중앙집권체제를 완성했습니다. 이 덕분에 조선 왕조는 우리 역사에서 가장 강력하고 단단한 왕위계승권을 유지할 수 있었죠. 그러나 역사의 아이러니였을까요. 그 어느 때보다도 단단하게 보장된 왕위 계승권에도 불구하고 계승 1순위인 조선의 왕세자들은 온갖 수난에 휘말리며 각종 드라마의 주인공이 되는 운명을 맞이해야 했습니다.

어쩌면 '제발 누가 좀 잡아가줬으면…' 하는 바람을 가졌던 것은 아닐까 싶을 정도로 불행한 왕세자들의 사연 많은 이야기가 조선왕조실록을 채워나갔습니다.

햄릿은 상상 못할 조선 왕세자의 슬픔

셰익스피어의 4대 비극 중 가장 유명한 작품이자 덴마크 왕자의 비극적 스토리를 담은 햄릿을 조선 왕세자들이 돌려가며 읽었다면 아마도 (대단히 미안한 말이지만) 헛웃음을 쳤을지도 모릅니다. 왜냐고요? 그럴만하니까요. 만약 햄릿과 조선 왕세자들이 저승에서 만났다면 이런 대화를 나누지 않았을까 상상해봅니다.

햄릿: 왕자 모임에 참석한 여러분들 정말 감사합니다. 모두들 왕위 계승자로서 고매하신 분들이지만 아무래도 전 세계적으로 가장 높은 인지도를 갖고 영어도 능통하다보니 다소 부족하지만 제가 회장직을 역임하고 있습니다. 어쨌든 이렇게 술도 거나하게 취했으니 제 하소연이나 해볼까 합니다. 여러분, 저는 정말 억울하고 억울합니다. 어떻게 삼촌이 아버지를 살해하고 어머니와 결혼해 왕위에 오를 수 있단 말입니까.

이방번 · 방석이성계의 7, 8남: 이것 보시오. 당신은 여친이랑 키스도 하고 어지간히 누릴 건 다 누려봤겠지만 우리는 아직 인생의 꽃도 피우지 못한 10대의 나이에 왕위계승자라는 이유로 친형방원·이성계의 5남한테 죽었소. 당신의 숙부 클로디어스는 그래도 양심이라도 있으니 아무도 없는 곳에서 당신 아버지를 의문사 처리했지만 우리는 대낮에 끌려나와 칼침을 맞았다오.

햄릿: (헛기침하며) 하여간 동서양을 막론하고 왕위 앞에서는 형제가 없군요. 그나저나 (안타까움에 혀를 찬다) 10대의 나이에 죽었다고? 그것 참 안됐수다. 하지만 보시오. 내 불행은 이것뿐이 아니오. 나는 여친 오필리어의 아비 폴로니어스가 감히 나를 배신하고, 숙부한테 붙어서 장차 사위가 될지 모르는 나를 감시하고 모함했단 말이오.

사도세자: 이보시게. 나는 장인이 나를 미친놈이라고 모함한 뒤 그도 모자라 처형하라고 상소를 올렸다오. 결국 나는 개처럼 질질 끌려나와 뒤주 속에 갇혀 일주일을 울부짖다가 죽고 말았지.

햄릿: (또다시 헛기침하며) 오~ 불쌍한 오필리어. 나의 오필리어는 말이죠. 아버지의 죽음과 나의 변심으로 인한 슬픔을 이기지 못하고 미쳐버렸어요. 결국 왕자의 연인이었음에도 아무도 돌보지 않아 호수에 빠져죽었다오. 누가 나의 이 슬픔보다 더 슬프다고 말할 수 있을까.

소현세자: 그것 참 듣자듣자 하니까…. 오필리어라는 여자, 미친 채로 궁까지 들어갔는데도 살아 돌아왔다지? 심지어 국왕이 동정해주고 그러지 않았나? 당신 숙부라는 양반 참 너그럽구만. 나는 조선에 새로운 서양 문물을 받아들이자고 말했다가 아버지인조가 보낸 독을 먹고 죽었다오. 그런데 그게 끝이 아니야. 아버지에게 내 의문의 죽음을 호소하다가 미운털이 박힌 내 아내 강비姜妃와 내 아들까지 귀양을 간 뒤 독살됐단 말이오. 그동안 봐오니까 당신 말이야, 500년 동안 고작 그거 가지고 희곡 작품 하나 건져서 전 세상 사람들한테 억울하다고 징징거리던데, 만약 내가 셰익스피어를 만났으면 60부작 대하드라마가 나왔을 거요.

햄릿: 아버지를 살해한 삼촌의 얼굴을 매일 봐야 하는 그 괴로움을 당신들이 알기나 해? 감수성이 예민한 질풍노도의 시기에 겪어야 할 그 분노!! 트라우마를!! (과장된 연극톤으로) To be or not to be, that is question죽느냐 사느냐, 그것이 문제로다!

정조: (차분하게) 나는 6살 때 아버지가 뒤주 속에서 일주일간 울부짖다 죽어간 현장을 봐야했고, 아버지가 돌아가신 후에는 아버지를 대신해 왕세자가 되어 매일 할아버지를 뵈어야 했습니다. 아버지를 뒤주 속에 가둔 그 할아버지를요. 돌아가실 때까지 극진히 봉양했죠.

햄릿: (탄식하며) 일국의 왕자로서 당신은 자존심도 없단 말이오?

정조: 자존심이라고요? (잠시 침묵) 덴마크 왕자는 참 편한 자리군. 나라의 존망과 백성들의 안위가 내 어깨에 달려있는데 개인의 원한과 자존심이라는 건 너무나 사치스러운 단어 같군요. 듣자하니 당신은 원한을 풀겠다고 날뛰다가 왕실 전체를 그야말로 아작냈다던데, 아… 아… 우리 왕실에도 그런 어른이 하나 있었습니다. 어머니가 억울하게 폐비가 되어 사약을 받았다며 주변을 싹쓸어버렸죠. 성함은 이융, 우리나라에서는 연산군이라고 더 알려진 분입니다. 하지만 당신처럼 운이 좋지는 못했어요. 수백 년 동안 패륜아 취급을 받고 있다오. 그도 모자라 얼마 전에는 게이로 묘사되기도 했고요.

햄릿: 듣고 보니 당신네 나라 사람들 참 못됐군. 당신들은 그런 나라에서 뭣하러 왕자 자리에 앉아 있었소?

덜 극적이지만 역시 불행했던 왕세자들

불행했던 조선의 왕세자 리스트는 이것이 전부가 아닙니다. 사도세자, 소현세자, 방석 · 방번 형제, 정조만큼 극적인 대하드라마를 만들어내지 못했을 뿐 개인사적으로는 어지간한 아침드라마 주인공은 될 수 있는 왕세자들을 간단하게 소개해보겠습니다.

△정종2대왕: 정안대군 이방원이 일으킨 제1차 왕자의난으로 얼떨결에 왕위에 올랐다. 실세인 동생에 눌려 어찌나 스트레스를 받았는지 2년 만에 왕위를 넘겼다.

△양녕대군3대왕 태종의 장남: 방탕하고 자질이 부족하다는 이유로 세자의 자리에서 쫓겨나 건달로 일생을 마무리했다.

△임해군14대왕 선조의 장남: 역시 방탕하고 자질이 부족하다는 이유로 세자의 자리를 동생 광해군에게 빼앗겼다. 이후 사약이 내려져 사망했다.

△경종20대왕: 사약을 받은 어머니 장희빈의 발악에 휘말려 중요한 부분을 뜯겼고 이로 인해 남자구실을 못하고 병약해졌다는 설이 있다. 왕위에 오른지 4년 만에 병사했다.

△고종의 맏아들: 유아시절에 사망해 적당한 호칭도 받지 못했다. 태어났을 때 항문이 없어 수술을 받고 대원군이 특별히 조제한 약을 먹는 등 노력을 기울였으나 결국 사망했다. 명성황후 민비는 시아버지인 대원군이 약에 독을 탔다고 생각했고, 이로 인해 둘의 사이가 급속도로 냉각됐다는 설도 있다.

알고 보면
바이킹이었던
햄릿

16

"거트루드, 당신 아들은 즉시 영국으로 갈 거요. 승선 준비는 이미 다 마쳤고, 로젠그라츠와 길더스톤 편에 짐의 편지를 영국의 왕에게 보내 햄릿의 안녕과 행복을 부탁할 것이오. 다행히 영국의 날씨와 기후가 좋아서 덴마크보다는 그한테 훨씬 나을 거요. 저기 햄릿이 오는구려."

『햄릿』

윌리엄 셰익스피어의 대표작 『햄릿』의 일부입니다. 덴마크 국왕 클로디어스가 죽은 형의 부인이자 지금은 자신의 아내가 된 거트루드에게 하는 말이죠. 사망한 형을 이어 덴마크의 새 국왕으로 즉위한 클로디어스의 최대 골칫거리는 바로 자신의 조카이자 선왕의 아들인 햄릿이었습니다.

부왕의 석연치 않은 죽음에 삼촌 클로우디스가 개입돼 있다고 확신한 햄릿이 자신에게 적대감을 숨기지 않았기 때문이죠. 결국 클로디어스는 햄릿의 불안정한 심리 상태를 문제 삼으며 영국으로 보내겠다고 합니다. 그런데 왜 하필 영국을 택했을까요.

다음 대사에 힌트가 있습니다. "(햄릿이) 영국에 가면 다시는 돌아오지 못할 것이다. 햄릿의 목을 치라는 내 친서가 영국 국왕에게 갈 테니까…. 그는 친서를 보자마자 내 명에 복종하며 이유도 묻지 않고 즉시 처리하겠지."

당시 영국은 덴마크가 시키는 일이라면 묻지도 따지지도 않고 행동으로 옮기는 처지였습니다. 영국이 덴마크에 그렇게 설설 기는 비굴한 관계였다고? 의아할 수도 있지만 역사적 사실입니다.

정확히 구분을 짓자면 여기에 등장하는 영국은 잉글랜드 왕국을 가리킵니다. 현재 영국은 잉글랜드를 비롯해 스코틀랜드와 웨일즈, 북아일랜드로 구성되어 있습니다.

'라스트 킹덤'으로 본 바이킹의 영국 침략사

지난 2022년, 영국의 북부도시 요크York에 갔던 적이 있습니다. 영국에서도 역사적인 도시로 손꼽히는 이곳에서 가장 흥미로운 장소는 바이킹 박물관이었습니다. 그곳에는 바이킹들의 유적, 유물 등이 다양하게 전시되어 있었습니다. 또, 거리 곳곳에서 관광객을 상대로 한 듯한 바이킹 복장을 입은 남성과 여성들을 자주 마주칠 수 있었습니다. 뿐만 아니라 2월에는 바이킹 페스티벌이 열리는데, 요크의 가장 큰 축제라고 하더군요.

도대체 노르웨이나 스웨덴도 아닌 영국에서 왜 바이킹을 이토록 기념하는 것일까요.

그것은 요크가 중세 시대 바이킹들에 의해 점령됐던 도시였기 때문입니다. 이후 바이킹들은 요크를 중심으로 영국 북부 지역을 오랜 기간 다스렸는데, 그 흔적은 각지에서 발굴되는 유물이나 유적뿐 아니라 지명에도 여전히 남아있습니다. York라는 지명 자체가 바이킹식 이름Jórvík에서 온 것이죠.

영국은 정복할 수 없는 국가라는 이미지가 강합니다. 유럽을 지배했던 나폴레옹과 히틀러가 연이어 침공에 실패했기 때문이죠. 하지만 그런 이미지는 근대 이후에 만들어진 것입니다. 고대부터 거슬러 올라가 영국의 긴 역사를 돌아보면 '유럽의 동네북'에 가까운 신세였습니다.

로마 공화정 시절 카이사르의 정복 사업을 시작으로 6세기 앵글로·색슨족, 10세기 데인족덴마크, 11세기 노르만족 등이 차례로 영국을 정복했고, 나라의 주인도 수시로 바뀌었습니다. 지금도 영국 북부에 가면 로마 황제 하드리아누스가 세운 긴 성벽이 남아있고, 이것은 잉글랜드와 스코틀랜드를 나누는 지리적 기준이기도 합니다. 즉, 고

대부터 중세까지는 지금과 달리 '화려한' 연전연패가 영국사를 수놓고 있는 것이죠.

영국 BBC 드라마 '라스트 킹덤'은 영국의 이런 모습을 잘 반영한 작품입니다. 버나드 콘웰이 쓴 소설 『색슨 스토리즈The Saxons Stories』를 토대로 만든 이 드라마는 2015년 8월부터 2022년 3월까지 7년에 걸쳐 시즌5까지 방영되며 많은 인기를 누렸습니다. 내용은 대략 이렇습니다.

9세기 바이킹의 일파인 데인족이 영국을 침공합니다. 당시 영국은 앵글로 · 색슨족이 건설한 7왕국으로 나뉘어있었는데 대부분 데인족에 굴복하죠. 그 과정에서 색슨족의 귀족 출신 우트레드는 데인족에게 포로로 잡히고 그들 틈에서 전사로 자라게 됩니다. 그러나 데인족 간 내부 다툼에 휘말리면서 목숨의 위협을 받게 되자 영국 남부에 있던 웨식스Wessex 왕국으로 귀순해 이들을 돕습니다. 당시 영국을 위협한 데인족이 바로 지금의 덴마크입니다.

이때 데인족은 알프레드 대왕이 다스린 웨식스의 강력한 저항에 막히긴 했지만, 노섬브리아 · 이스트앵글리아 · 머시아 등 영국 북부를 획득했습니다. 이들이 다스린 영토는 데인로Danelaw라고 불렸고, 웨식스 왕국의 영토는 영국잉글랜드이 됐습니다.

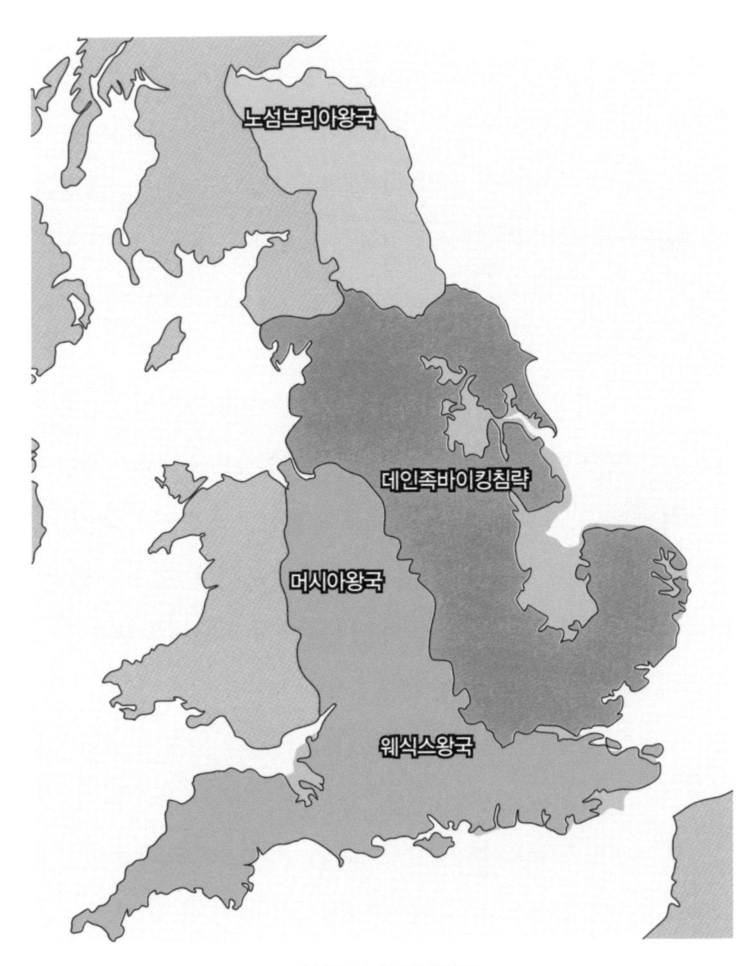

9세기 무렵 브리튼섬의 세력분포

비록 웨식스가 독립을 유지하긴 했지만, 영국에서의 역학관계는 데인족으로 넘어갔습니다. 덴마크 왕국을 건국한 데인족은 영국 남부를 수시로 침략하면서 세금데인세을 거뒀습니다.

『햄릿』은 바로 이런 역사적 배경을 토대로 만들어진 이야기입니다. 이러한 역사적 사실이 희미해진 지금 우리는 '어, 덴마크 왕이 어떻게 영국 왕을 부하 취급할 수 있지?'라고 생각할 수 있지만, 셰익스피어가 살았던 시대만 해도 이런 기억이 여전히 뚜렷하게 남아있었던 것이죠.

그런데 당시 바이킹들이 뒤집어놓은 것은 영국뿐만이 아닙니다. 9세기에는 바이킹 지도자 롤로가 프랑스 파리를 침략했고, 약탈을 멈추는 대가로 프랑스 북서부 지역을 할양받았습니다. 이 지역은 '북부 사람들의 땅'이라는 의미로 '노르망디Normandie'라는 명칭이 붙었으며, 이곳에 이주한 바이킹노르만족은 노르망디 공국을 세웠습니다. 그리고 롤로의 5대손 '정복왕 윌리엄'의 지휘 아래 영국을 완전히 정복했고1066년, 현재 영국 왕실의 시작으로 추존되고 있습니다. 즉, 영국 왕실의 시작점이 바이킹이라는 것이죠.

또 일부는 지중해까지 내려가서 시칠리아섬을 지배하던 이슬람 세력을 축출하고 시칠리아 왕국을 세웠습니다1071년. 이 시칠리아 왕국을 세운 노르만 귀족 로베스 기스카르에게는 보에몽이라는 아들이 있었는데, 그는 제1차 십자군 전쟁에서 이슬람 세력을 성지 예루살렘에서 격퇴하고, 안티오키아 공국을 건국하는 역사적인 발자취를 남겼습니다. 그러니까 바이킹의 움직임을 이해하지 않고서는 중세 유럽의 시대상을 제대로 파악하기 어렵다고 해도 과언이 아닙니다. 어쨌든 시칠리아 왕국이 건국되면서 8세기 후반부터 시작된 바이킹의 대공세가 300년 만에 대강 마무리됩니다.

어쨌든 우리에게 늘 고뇌하는 청년 지식인처럼 묘사되는 햄릿이 실은 이렇게 침략과 약탈의 대명사인 바이킹의 왕자라는 것은 참 아이러니하게 느껴지기도 합니다.

중세 온난기가 바이킹을 깨우다

그렇다면 왜 하필 이 시기에 바이킹들이 이렇게 왕성한 정복 활동을 벌였을까요.

여러 이유가 있겠지만 역사학자들이 가장 중요한 요인으로 꼽는 것은 기후의 변화입니다. 흔히 기후는 안정돼 있으며, 지금의 기후 변화는 현대 인류가 만들어낸 비정상적인 상황이라고 생각하곤 하지만 역사를 되돌려보면 기후는 늘 변화했으며, 시기에 따라 냉탕과 온탕을 오르내렸습니다.

햄릿의 조상들이 영국부터 시칠리아섬까지 유럽을 휘젓고 다니던 시기를 기후학자들은 '중세 온난기medieval warm period'라고 부릅니다.

일각에서는 지구 온난화를 심각하게 다루는 현재보다도 기온이 높았다고 주장하기도 합니다. 당시에 노르웨이나 영국에서도 포도를 재배하고 와인을 생산했기 때문이죠. 지금 와인 생산의 북방 한계선이 프랑스와 독일 중부 지역이라는 점을 감안하면 훨씬 북쪽지역에서도 와인이 나왔던 것입니다. 지금은 노르웨이산 와인이라는 것은 별로 상상이 안 되죠. 다시 말해 중세 시대에는 영국과 노르웨이 지역이 지금보다 더 따뜻했다는 이야기입니다.

지금 같은 난방 시설이 없었던 과거에는 기후가 인간의 활동 영역에 더 큰 영향을 끼쳤습니다. 날씨가 따뜻하면 외부 활동을 할 수 있고, 농업 활동이 활발해지면서 더 많은 곡물을 수확하고 더 많은 인구를 부양할 수 있었습니다. 인구가 늘어나고, 나눠가질 땅이 부족해질 때 밖으로 뛰쳐나갈 수밖에 없습니다. 인류 역사에서 여러차례 반복된 과정입니다.

바이킹의 입장에서 본다면 날씨가 추웠을 때는 꽁꽁 얼어붙은 해빙이 장거리 항해를 막았고, 농업 활동이 부진해지면서 굶게 되는 사람이 많아졌습니다. 반면 중세 온난기에는 이전보다 배불리 먹고, 많은 전사를 확보할 수 있었으며, 얼지 않은 바다를 마음껏 휘저으며 약탈 활동에 전념할 수 있었습니다.

재밌는 사실은 비슷한 상황이 지구 반대쪽에서도 벌어지고 있었다는 사실입니다. 데인족이 영국을 약탈 · 점령하고 노르만족이 시칠리아에 왕국을 세우던 시기에 중국에서는 송宋나라가 들어섰습니다. 송나라는 요거란 · 금여진 같은 유목민족 왕조에 수없이 침략당하며 국력이 쇠퇴하였고, 나중에는 화북 지역을 금나라에 내준 바람에 중국 역사에서 가장 약했던 왕조로 평가 받습니다.

물론 문치주의文治主義를 숭상했던 송나라의 분위기도 이런 결과에 한몫했다는 것을 부인할 수는 없지만, 이 시기의 유목민족 왕조는 확실히 강력했습니다. 송나라를 밀어낸 금나라는 곧바로 또 다른 유목민족에게 자리를 내줬는데, 그것은 바로 유라시아 역사상 가장 넓은 영토를 차지한 칭기즈칸의 몽골이기 때문입니다. 몽골은 강력한 기마군단을 앞세워 동아시아뿐 아니라 이슬람, 동유럽을 휩쓸며 강력한 힘을 과시했습니다. 송나라는 그래도 양쯔강 이남으로 내려가 남송을 건국한 뒤 150여 년을 버텼으니, 송나라가 꼭 약했다고만 치부하기도 어려울 듯 합니다. 아무튼 유럽의 바이킹, 아시아의 유목민족이 같은 시기에 비슷한 양상을 보였다는 점은 흥미롭지 않을 수 없습니다.

붉은 머리 에리크의 전설

바이킹의 본거지는 단연 스칸디나비아반도, 지금의 노르웨이 · 스웨덴이 붙어 있는 땅입니다. 그 바로 아래에 덴마크가 있는 유틀란트 반도가 이들에 덤비기라도 하듯 삐죽 솟아 있습니다. 이곳 역시 바이킹의 일파인 데인족의 본거지로서 바이킹 역사에서 빼놓을 수 없는 곳입니다.

그런데 여기서 바다 건너 북서쪽으로 수백*km* 떨어진 지역에 작은 섬이 하나 있습니다. 바로 아이슬란드입니다. 바이킹 시각에서 보면 변방 중의 변방인 외딴섬에 불과한 곳이죠. 그런데 여기에서도 10세기 말 걸출한 바이킹 영웅이 한 명 나타났습니다. 그의 이름은 에리크 토르발드손. 흔히 '붉은 머리 에리크Erik the Red'로 불리는 인물입니다.

살인죄로 아이슬란드에서 3년간 쫓겨난 그는 982년 서쪽으로 항해해 그린란드라는 섬에 정착합니다. 그는 이곳에서 3년을 머물다가 아이슬란드로 돌아가 사람들을 설득해 350여 명을 데리고 그린란드로 되돌아갔습니다. 일설에 따르면 사람들을 꼬드기려고 얼음투성이인 이 섬을 '그린란드'라고 이름을 붙였다고도 하네요. 그는 세 아들을 뒀는데, 그중 둘째인 레이프 에리크손은 아버지보다 더 대단한 지리상의 대발견을 이뤘습니다. 그는 서쪽으로 계속 가다 보면 '나무가

많은 땅'이 있다는 소문을 듣고 1000년경 동료 35명을 이끌고 떠났습니다. 그렇게 해서 도착한 지역은 꽤 살기가 괜찮아 보였고, 에리크는 그 땅에 빈란드Vinland라는 이름을 붙였습니다. 바이킹의 오래된 전설인 '붉은 머리 에리크의 사가Saga of Erik the Red'와 '그린란드 사가Saga of the Greenlanders'에 나오는 이야기입니다.

그저 바이킹의 전설로 치부됐던 이 이야기는 현대에 와서 재평가받고 있습니다. 1961년 스웨덴 고고학자 헬게 잉스타드가 캐나다 뉴펀들랜드 지역을 조사해 바이킹 유적 및 유물을 대거 발굴한 것이죠.

그래서 현재는 에리크손을 크리스토퍼 콜럼버스보다 약 500년 먼저 아메리카 대륙을 발견한 최초의 유럽인으로 인정하는 분위기입니다. 다만 바이킹들의 거주는 오래가지는 못했는데, 유럽을 약탈하던 그 '버릇'을 억누르지 못하고 아메리카 대륙 원주민과 충돌을 벌이다가 결국 이 땅을 포기했다고 합니다. 만약 이들이 조금 더 정착에 노력을 기울였다면 아메리카 대륙의 역사는 달라졌을지도 모르겠습니다.

당시 그린란드에 바이킹들이 집단 거주지를 건설하고, 그곳에서 계속 서쪽으로 이동해 뉴펀들랜드까지 갈 수 있었던 것도 역시 기후 덕택을 봤습니다. 만약 소빙기小氷期처럼 추웠다면 거칠고 유빙이 떠다니는 바다를 건너기가 결코 쉽지 않았을테니 말이죠. 그러나 몇 백 년 만에 찾아온 따뜻한 기후 덕분에 바다는 어느 때보다도 항해를 떠나기에 좋은 환경이었고 에리크손은 콜럼버스에 앞서 아메리카까지 도달할 수 있었습니다.

그런데 최근엔 온난화가 진행되면서 에르크 토르발드손이 정착했던 그린란드는 진정한 '그린란드', 즉 녹색의 땅으로 거듭나는 중입니다. 2022년에는 CNN 특파원이 반팔옷을 입고 리포트를 했을 정도로 온도가 올라갔죠. 그래서 그린란드 자치정부는 최근 공항을 확장하고 고급 호텔을 늘리는 등 관광객 유치에 나섰습니다. 온난화로 점차 더워지는 유럽 대륙의 관광객을 맞으려는 것이죠.

기후가 온화해지면서 이제는 감자나 딸기, 완두콩 등을 재배할 수 있게 됐고, 빙산이 녹고 해수 온도가 올라가면서 대구, 청어, 고등어 등 다양한 어종이 몰려들면서 어업 활동을 하기에도 좋아졌습니다. 원유 · 천연가스 650억t, 희토류 약 4000만t 등이 매장된 자원의 보고로도 알려져 있는데 그동안에는 얼어붙은 땅을 파기가 어려워 방치됐지만, 이제는 이를 개발하는 것도 가시권에 들어오고 있습니다.

뿐만 아니라 그린란드를 지나는 북극 항로 개척도 점차 현실화되고 있습니다. 그러면서 도널드 트럼프 대통령은 취임 직후 "그린란드를 매입하겠다"고 밝혀 큰 논란을 일으켰습니다. 날로 중요해지는 '북극 패권'을 놓고 중국과 러시아를 상대로 경쟁을 선언한 것이죠. 중국은 이미 2018년 북극 군 기지 건립 계획을 발표했습니다. 또, 이곳은 러시아와 거리가 가깝기 때문에 만약 미국이 이곳에 군사기지를 건설한다면 군사적으로 큰 위협이 될 수도 있습니다. 트럼프 대통령의 그린란드 매입 발언을 그저 '허언'으로만 치부하기 어려운 이유입니다.

그린란드의 사례는 온난화가 누군가에게는 축복이 될 수도 있다는 것을 보여줍니다. TV의 각종 다큐멘터리에서는 그린란드의 빙하가 녹아내리며 갈 곳을 잃은 북극곰을 보여주곤 하지만, 실제 그린란드 사람들은 광대가 슬며시 올라가고 있을지도 모르겠습니다.

프랑켄슈타인이 태어난 밤

17

1816년을 맞이하는 유럽인들, 특히 영국인들은 매우 희망에 부풀어 있었습니다. 그도 그럴 것이 10여 년 가까이 영국을 괴롭힌 '악몽' 같은 존재, 나폴레옹 보나파르트를 잊고 맞이하게 된 첫 새해였기 때문이죠. 1년 전인 1815년 나폴레옹은 워털루 전투에서 영국-프로이센 연합군에 패배한 뒤 대서양 남쪽 먼바다에 잇는 세인트헬레나섬으로 유배됐습니다. 그리고 이후 다시는 재기하지 못했죠.

그러나 1816년은 이런 희망과 전혀 다르게 흘러갔습니다. 그해 영국과 유럽은 유례없는 끔찍한 한파에 떨어야 했고, 그로 인해 수많은 어려움에 시달렸습니다. 하지만 그 덕분에 문화적으로는 예상하지 못한 '수확'도 거둘 수 있었습니다. 지금부터 하려는 이야기입니다.

1816년 여름 메리 고드윈은 유명한 시인 퍼시 셸리와 함께 스위스로 밀월 여행을 떠났습니다. 당시 퍼시 셸리는 24세의 유부남, 메리 고드윈은 19세의 싱글이었습니다. 불륜 관계였죠. 이들은 남들의 시선을 피할 수 있는 스위스로 도피 여행을 떠났고, 제네바 인근에서 낭만파 시인으로 이름을 날리던 조지 고든 바이런과 합류했습니다. 그런데 앞서 말했듯이 그해 여름은 날씨가 매우 괴팍했습니다. 음산할 정도로 낮은 기온이 지속됐고 종일 비가 내려 해를 볼 수 없는 날이 며칠씩 이어지기도 했습니다. 또 시도 때도 없이 천둥 · 번개를 동반한 폭풍우가 몰아쳐 여름이라고 하기엔 가혹한 날씨였죠.

기괴한 소설 『프랑켄슈타인』의 탄생

풍광이 아름다운 스위스에서 밀월을 즐기려던 메리는 실망감이 이만저만이 아니었던 모양입니다. 그녀는 의부 자매인 패니 임레이에게 다음과 같은 편지를 썼습니다. "불행하게도 우리는 이 나라에 처음 도착했을 때 우리를 환영했던 그 눈부신 하늘을 즐기지 못해요. 거의 끊임없는 비가 주로 우리를 가두고 있어요… 뇌우는 내가 이전에 본 것보다 더 웅장하고 끔찍해요. 칠흑 같은 암흑이 이어졌고 어둠 속에서 머리 위로 천둥소리가 무시무시하게 터져 나왔어요."[1]

이렇게 우중충한 날이 이어지는 가운데 이들은 6월 18일 파티를 열었습니다. 퍼시 셸리와 바이런의 만남을 축하하는 자리였죠. 그리고 이날 밤 퍼시, 바이런, 메리 그리고 메리의 여동생 클레어, 바이런

1 최동오, 「메리 셸리의 『프랑켄슈타인』: 생태비평적으로 읽기」, 『문학과 환경』, Vol. 23, No. 3, pp.211-237, 2024.

의 친구인 의사 존 폴리도리는 흥미로운 '게임'을 벌이기로 했습니다. 폭풍우와 변덕스러운 날씨로 집안에 꼼짝없이 갇혀 있던 탓이었을까요. 지루한 시간을 날려 버릴 기괴하고 섬뜩한 기담을 하나씩 만들어보기로 한 것이죠.

이날 분위기에 심취한 메리는 폭풍우가 치는 밤 한 과학자가 시체를 모은 뒤 전기의 힘으로 되살려 괴물을 만들어낸다는 스토리를 내놓았습니다. 이에 폴리도리는 사람의 피를 흡입하는 흡혈귀에 대한 착상을 소개했습니다. 이들이 보낸 기괴한 밤은 오랫동안 문학사가들의 흥미와 상상력을 자극했습니다. 혹자는 이들이 이날 어울려 마약을 했다고도 했고, 성적 쾌락을 탐했다고도 추정했습니다. 하지만 그 여부는 그다지 중요한 것 같지는 않습니다. 그보다 훨씬 중요한 사실이 있기 때문입니다. 바로 '프랑켄슈타인'과 '드라큘라'가 탄생한 밤이었다는 것이죠.

이날 바이런과 퍼시 셸리는 메리의 이야기에 큰 매력을 느꼈고, 그녀에게 소설로 쓸 것을 권했습니다. 그리고 2년 뒤인 1818년 『프랑켄슈타인』이 세상에 나왔습니다. 다만 당시에 여성이 진지한 소설을 쓴다는 것이 받아들여지기 어려웠기에 익명으로 내놓게 됐다. 폴리도리 역시 이듬해인 1819년 흡혈귀가 등장하는 최초의 소설 『뱀파이어』를 내놓았습니다. 그리고 메리 고드윈은 퍼시 셸리와 불륜 관계를 마치고 정식으로 결혼했고 메리 셸리로 불리게 됩니다.

지구 평균 기온 0.7℃ 낮아져

그런데 1816년 끔찍한 여름을 보낸 것은 스위스의 메리 셸리 일행뿐만이 아니었습니다. 훗날 연구에 따르면 이 해는 지구 평균 기온이 0.4~0.7℃ 낮아지는 심각한 기후 이상이 일어났습니다. 특히 여름 기온은 1766~2000년 사이에 기록상 가장 추웠던 해로 기록됐습니다. 그래서 1816년은 유럽 역사에서 '여름이 사라진 해Year without a summer'라고 불리게 됩니다.[2] 유럽 대부분이 이상 저온, 폭풍우, 장마, 홍수 등을 겪었습니다. 연초부터 계속된 저온 현상은 농사에 치명적인 타격을 주었고 곡물 가격이 급등하여 대규모 기근을 초래했습니다.

그해 5월 영국 이스트 앵글리아 지방에서는 무장한 노동자들이 "빵이 아니면 죽음을Bread or Blood"이 적힌 깃발을 들고 봉기를 일으켰고, 독일의 여러 도시에서도 반란이 일어났습니다. 프랑스도 계속된 장마로 곡물이 썩어버리는가 하면 와인 생산은 수백 년 만에 최저치를 기록했습니다.

메리 셸리 일행이 여름을 보낸 스위스는 상황이 더욱 나빴습니다. 내륙 국가였던 스위스는 바닷길을 통해 다른 대륙과 통상이 어려웠기 때문에 더욱 힘든 상황에 빠진 것이죠. 그해 8월엔 빵을 구하기

---

2 Jed Mayer, 「The Weird Ecologies of Mary Shelley's Frankenstein」, 『Science Fiction Studies』, Vol. 45, No. 2, pp.229-243, 2018.

가 어려운 상황이 됐고, 이듬해에는 곡물 가격이 3배 이상 치솟아 굶주린 군중들이 빵 가게를 약탈하는 일이 빈번하게 벌어졌습니다. 경제 역사가들이 수확량에 따라 1에서 6까지의 등급으로 평가했을 때, 1816년은 스위스는 최소 등급인 1이었다고 합니다. 거대한 기후 변화로 유럽 전역은 굶주림에 말라 비틀어진 기후 난민들로 가득했으며 절망적인 스위스의 주민들은 "죽은 동물의 가죽, 가축 사료, 쐐기풀잎, 멧돼지 같은 가장 역겹고 기괴한 음식들"로 기근을 해결해야 했습니다.[3] 스위스에서 이들을 목격한 퍼시 셸리와 바이런은 "정신이 나간 듯한 아이들은 모두 병에 걸린 것 같았다. 대부분 등이 굽고 목이 부어 있었다"며 당시의 재앙 같은 상황을 묘사했습니다. 이런 충격적인 모습은 『프랑켄슈타인』에 등장하는 괴물의 형상에도 반영돼 있습니다.

이런 상황은 문학뿐 아니라 미술에도 큰 영향을 남겼습니다. 영국 화가 존 컨스터블이 1816년 여름 신혼여행을 갔던 영국 남부 해안가에서 그린 '웨이머스 베이'라는 작품에는 화산재의 영향으로 하늘이 어두컴컴하게 그려졌습니다. 또한 영국이 자랑하는 화가 윌리엄 터너는 신비한 빛깔의 하늘을 많이 남긴 것으로 유명한데, 기후학자들은 탐보라 화산으로 생긴 이상기후 때문에 하늘의 빛깔이 다양하게 바뀌었고 이것이 당시 인상파 화가들에게 영향을 끼쳤을 것으로 보고 있습니다.

---

3 최동오, 앞의 논문.

당시만 해도 이것은 어디까지나 우연한 자연재해 정도로 여겨졌습니다. 하지만 약 150년가량이 지난 뒤 비밀이 풀렸습니다. 기후학자들은 지구 반대편 인도네시아 숨바와섬의 탐보라 화산을 범인으로 지목한 것이죠. 탐보라 화산의 폭발은 삼각형 모양의 산머리의 1600m 높이 부분이 통째로 날아가면서 지름 6㎞ 규모의 칼데라호를 남겼고, 용암은 주변 560㎞까지 흘러내렸습니다. 1만 2000년 이래 최대 규모의 화산 폭발로 알려져 있습니다.

유럽의 정치 · 사회 변화까지 불러와

그렇다면 탐보라 화산 폭발이 어떻게 수천 ㎞가 떨어진 유럽에 재앙을 안겼을까요.

화산이 폭발하면서 발생한 화산 분출물과 가스가 44㎞까지 치솟으면서 성층권에 도달했기 때문입니다. 이것이 에어로졸을 형성하면서 햇빛을 차단하고 지구의 기후 시스템을 교란했습니다. 기후학자들에 따르면, 이때 만들어진 화산 분출물은 50㎦에 달했는데, 이는 20세기 최대로 꼽히는 1991년 필리핀 피나투보 화산 폭발에서 만들어진 규모의 6배에 해당한다고 합니다. 이 거대한 에어로졸로 발생한 '우산효과'는 서서히 이동하며 약 3년 동안 지구를 이상저온에 시달리게 했던 것이죠.

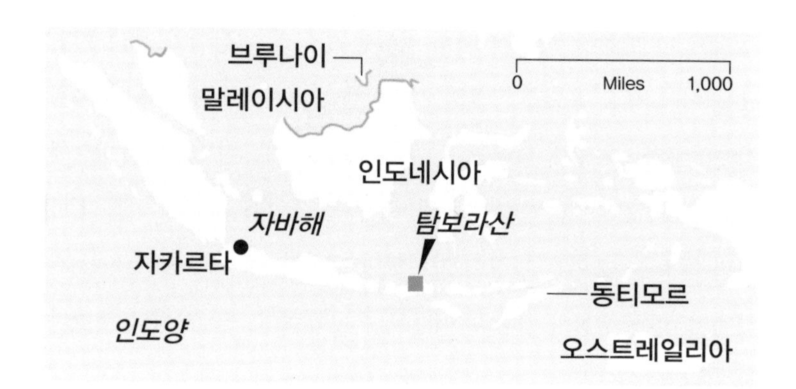

영국 주간지 「이코노미스트」2015년 4월 11일는 "만약 외계인들이 1815년 지구를 관찰했다면 워털루 전쟁에서의 대포 발사나, 빈 회의의 최종 결정 같은 것은 눈치채지도 못했을 것이다. 지금은 이런 것들이 천문 관측보다 더 크게 보이지만, 정작 당시 외계인들에겐 망원경에 보이는 행성지구에서 (화산 에어로졸의 영향으로) 더 많은 햇빛을 반사하기 시작했다는 것을 알게 됐을 것"이라고 탐보라의 위력을 설명한 적이 있습니다. 말 그래도 탐보라 폭발은 그 해 지구에서 벌어진 가장 거대한 이벤트였습니다.

탐보라 산의 위치

1991년 6월 14일 필리핀의 피나투보 화산이 폭발하면서 2000만 톤의 이산화황이 분출된 뒤 성층권을 통해 지구 전역으로 확산하면서 1~3년 동안 지구 평균 기온을 0.2~0.5℃ 냉각시켰던 예도 있습니다.

당시 이 변화를 심상치 않게 여겼던 영국의 기상학자 루크 하워드는 이상 기후 현상을 꼼꼼하게 기록했습니다. 그는 1816년 4~9월 강수일수가 130일에 달했고, 런던의 낮 평균 기온이 10℃1807~1815에서 3. 3℃1816로 무려 6. 7℃나 떨어졌음을 확인했습니다. '여름이 사라진 해'라는 표현은 과장이 아니었던 셈이죠. 이 때문에 서유럽 전역에서 곡물 생산이 급감해 예년보다 수확량이 75%가량 감소했다고 합니다.

피해를 본 곳은 유럽만이 아니었습니다. 탐보라 화산 폭발은 인도양 일대 해수의 수온과 염도에도 변화를 가져왔고 이것은 동물성 플랑크톤의 급증과 이를 숙주로 삼는 콜레라균의 확산으로 이어졌습니다. 홍수로 콜레라균으로 가득한 해수가 해안가를 덮쳤고 인도에서 시작된 콜레라는 미얀마, 태국 등 동남아로 퍼진 뒤 무역로를 따라 필리핀, 일본, 중국까지 확산했습니다.

탐보라의 영향

조선도 예외가 될 수는 없었습니다. 1821년 조선에 창궐한 괴질은 바로 이때 퍼진 콜레라가 원인으로 지목되고 있는데, 이것은 19세기 팬데믹으로 불립니다.

"평양부平壤府의 성 안팎에 지난달 그믐 사이에 갑자기 괴질怪疾이 유행하여 토사吐瀉와 관격關格을 앓아 잠깐 사이에 사망한 사람이 10일 동안에 자그마치 1000여 명이나 되었습니다. 의약도 소용없고 구제할 방법도 없으니, 목전의 광경이 매우 참담합니다…. 그 돌림병이 그칠 기미가 없고 점차로 퍼질 염려가 있어 점차 외방의 각 마을과 인접한 여러 고을로 번지고 있습니다."

『순조실록』 21년 8월 13일

사실 1810년대의 기후를 요동치게 만든 것은 탐보라뿐이 아니었습니다. 최근 연구에 따르면 탐보라에 앞서 1809년 동남아시아로 추정되는 미지의 화산, 1812년 카리브해 세인트빈센트 섬의 수프리에르 화산, 1813년 일본 류큐 제도의 스와노세지마 화산, 1814년 필리핀의 마욘 화산 연쇄적으로 폭발했다고 합니다. 7년동안 지구 곳곳에서 다섯 차례나 화산이 폭발하면서 전반적인 기온이 하락한 것이죠. 화산 폭발은 기온 저하, 홍수와 장마, 이른 서리, 추운 겨울 등을 동반하게 됩니다.

러시아의 대문호 톨스토이의 『전쟁과 평화』는 이로 인해 나폴레옹이 1812년 러시아 원정에서 겪었던 참사가 묘사되어 있습니다. 식량 공급이 어려워진 프랑스군은 모스크바를 약탈하며 근근이 버텼지만, 결국 모스크바마저 약탈이 불가능해지자 나폴레옹이 선택할 수 있는 것은 철수 명령 뿐이었습니다. 그리고 혹독한 겨울이 프랑스

군을 괴롭혔습니다. 제대로 먹지 못한 프랑스군은 정작 전투보다 퇴각 과정에서 더 많은 수가 희생됐습니다. 나폴레옹이 데려간 61만 명의 대군 중 무사히 돌아온 것은 10분의 1인 6만 명도 채 되지 않았고, 승승장구하던 나폴레옹의 신화는 러시아의 추위 앞에서 무너져 내렸습니다. 그래서 러시아의 추위는 '동장군冬將軍'이라고 불리게 됐습니다.

그런데 전략의 천재라고 불렸던 나폴레옹이 러시아로 원정을 떠나면서 '추위'라는 변수를 감안하지 않았을까요? 물론 전격적인 수도 점령으로 겨울이 오기 전 전쟁을 종결짓겠다는 구상도 있었을 것입니다. 그렇더라도 동토로 떠나는 긴 원정길인데, 추위를 전혀 고려하지 않았다고 보기는 어렵습니다. 당시 나폴레옹과 프랑스 군대가 경험한 추위는 '이상 한파'에 가까웠던 것이죠. 조선에서는 1812년 1월 평안도에서 흉흉한 민심을 등에 업고 홍경래의 난이 일어나기도 했습니다.

이어 1814년에는 장마와 가뭄이 교차하면서 전국적으로 56.7%의 농지가 세금 면제를 받을 정도로 극심한 피해가 발생하기도 했습니다.

화산 폭발이 일으킨 나비 효과는 유럽 사회의 정치 · 사회적 변화로도 이어졌습니다. 메리 셸리는 『프랑켄슈타인』 1831년판 서문에서 1816년 여름이 "습하고, 불쾌한 여름"이었다고 소개했습니다. 실제로 "천둥이 내 머리 위로 엄청난 굉음과 함께 터져 나왔지만 아랑곳하지 않았다. 우레가 살레브, 쥐라, 그리고 사부아의 알프스산맥에 메아리쳤다. 강렬한 번개 섬광에 눈이 부셨다. 훤히 밝히는 번개 불빛에 호수의 수면은 광활한 불바다가 되었다" 같은 문장은 그녀의 스위스에서 보낸 시간들이 녹여져 있습니다. 이례적으로 습하고 불쾌한 여름이 고전을 만들어낸 것이죠. 그래서 어떤 학자들은 『프랑켄슈타인』이야말로 기후 변화와 그 위기를 다룬 최초의 소설로 봐야 한다는 이야기도 나오고 있습니다.

19세기 런던엔 왜 살인마가 많았나

18

2022년 으스스한 가을의 어느 날, 영국 런던의 동부 화이트 채플이라는 동네에 일부러 시간을 내서 간 적이 있습니다. 지하철역에서 내리니 뭔가 을씨년스러운 분위기가 전해지더군요. 빅 벤이나 타워 브릿지 같은 화려한 건축물은 고사하고 곳곳이 유리창이 깨져 있는 낡은 건물들이 거리를 가득 채우고 있었습니다. 아랍이나 아프리카에서 온 이주민들을 대상으로 하는 가게들이나 거리 곳곳에서 말다툼을 벌이는 모습은 확실히 첼시나 벨그라비아 같은 세련된 주택가와는 다른 풍경이었습니다.

영국 BBC의 장수 인기 드라마 중에 '이스트 엔더스East enders'라는 작품이 있습니다. 1985년 시작돼 지금까지 이어져 온 장수드라마인데, 바로 런던 동부에 거주하는 서민들의 삶을 다룬 작품입니다. 서울은 한강 서부보다 동부가 부유한 편인데, 런던은 반대로 서부가 부유하고 동부가 열악한 편입니다. 런던이 무역항으로 발전하면서 이곳에서 일용직을 얻던 노동층이 주로 거주했기 때문이라고 합니다. 과거 조선 시대 한양도 마찬가지라서 마포 일대에 품을 파는 노동자

런던 이스트엔드 화이트채플. 잭 더 리퍼가 처음으로 살인을 한 현장이다.

들이 많이 살았습니다.

작년에 19세기 런던을 공포로 몰아넣었던 '잭 더 리퍼'라 불리던 연쇄 살인마가 처음으로 사람을 죽인 건물이 궁금하여 일부러 시간을 내 화이트 채플을 방문했습니다. 그러니까 화이트 채플이라는 동네는 '빅토리아 시대 런던 잔혹극'의 무대인 것이죠. '빅토리아 시대 런던 잔혹극'이 무엇이냐고요? 한국에서 꾸준히 롱런 중인 라이선스 뮤지컬 세 편, '지킬 앤 하이드', '잭 더 리퍼', '스위니 토드'가 모두 '영국 빅토리아 시대시대적 배경', '런던공간적 배경', '살인주요 사건'을 다루고 있어 붙인 명칭입니다.

'해가 지지 않는 제국'이라고 불린 시기에 세계의 중심이었던 이곳이 유독 한국 뮤지컬 시장에서는 음침하고 잔혹한 범죄의 소굴로 주목을 받는 것이죠. 왜 뮤지컬 속 런던은 그런 이미지로 그려질까요.

산업혁명의 빛과 그림자

빅토리아 시대는 빅토리아 여왕이 즉위한 1837년부터 서거한 1901년까지 60년이 조금 넘는 시기를 가리킵니다. 산업혁명에 성공한 영국은 경제적 번영을 일궈내는 데 성공했지만 한편으로는 그 어느 때보다도 커다란 혼란에 직면한 시기이기도 했습니다.

런던의 인구는 16세기까지만 해도 파리나 베네치아, 나폴리 등보다 적었습니다. 그러던 것이 헨리8세와 엘리자베스 1세 등이 다스린 튜더 왕조 기간동안 급성장하면서 1600년대가 되면 경쟁 도시들을 따라잡기 시작했죠.

예를 들어 1550년경 유럽에서 가장 발달한 도시였던 베네치아의 인구는 15만 8000명, 파리의 인구는 약 13만 명으로 추정되나, 런던은 7만 5000명에 불과했습니다. 하지만 1600년이 되면 베네치아는 13만 9000명, 파리는 22만 명, 런던은 20만 명으로 바뀌었고, 1650년에는 베네치아 12만 명, 파리 43만 명, 런던 40만 명이 됐습니다.

런던의 급격한 성장을 확인할 수 있죠. 그리고 1700년에는 런던 57만5000만 명, 파리 51만 명이 됩니다.

흥미로운 것은 1600~1650년 사이 런던의 중심부인 시티 지역의 인구는 거의 변하지 않았는데도 런던 전체의 인구는 두 배로 증가했다는 점입니다. 시티 지역은 런던 성벽으로 둘러싸인 핵심지구를 의미합니다. 다시 말해 런던 성밖 인구가 급성장한 것이죠.

1550년 런던 인구 7만 5000명 중 시티 인구는 6만 9000명, 시티 외는 6000명에 불과했습니다. 즉, 시티 바깥에 사는 인구는 8% 정도를 차지했죠. 1801년이 되면 시티는 12만 9000명, 시티 밖은 82만 8000명으로 86. 5%를 찍었습니다.

17세기에 런던 인구가 폭증에 가깝게 늘어났는데, 이런 현상은 세계 상업무역의 중심으로 우뚝 선 런던항의 물동량 증가와 맞물렸습니다.

1700년 무렵 영국의 해외 무역량의 75~80%가 런던항을 통해 유통되면서 부두 인근에는 하역이나 창고 건설에 투입될 노동자 수요가 급증했고, 자연스레 이들을 위한 숙박, 주점 등도 발달했습니다.

또한 (당연히) 이들을 상대할 매춘업과 또 이들을 등쳐 먹는 각종 범죄조직들도 기승을 부렸고. 결국에는 런던을 대표하는 슬럼가가 되었습니다. 경찰 공권력도 제대로 먹히지 않았고 도둑, 살인, 납치 등이 빈번하게 일어났죠.

우리에게 뮤지컬로 더 익숙해진 '지킬 앤 하이드', '스위니 토드', '잭 더 리퍼'의 주요 배경이 바로 이 지역입니다. 템스강 하류이자 런던의 동부인 이곳은 '이스트 엔드East end'로 불리게 됐고, 하류-서민층의 거주지로 자리 잡았고 산업혁명 전후 런던 인구 증가를 견인한 것이죠.

셜록 홈즈가 런던에서 나온 이유

이런 현상은 19세기가 되면서 더욱 깊어집니다. 영국의 수도 런던은 산업화에 성공한 국제무역의 중심지로서 세계에서 가장 번영을 누리는 도시였습니다.

도시가 급속도로 성장하면서 농촌에서 경제적 빈곤에 내몰린 사람들은 대거 도시로 이동했고, 여기에 감자 기근을 피해 이주한 아일랜드 이주민 등 세계 각지에서 사람들이 모여들면서 1801년 약 110만 명이던 런던 인구는 1850년대엔 250만 명, 1900년 초엔 600만 명까지 증가했는데, 당시 런던 인구의 75~80%가 노동자였다고 합니다. 이들은 저임금 노동자나 온갖 허드렛일을 맡으며 도시의 저소득층으로 편입됐습니다.

도시의 인구는 급격히 늘어났지만 이를 위한 사회적 인프라는 충분히 마련되지 못했기 때문에 치안, 위생, 교육 등의 여건은 기대하기 어려웠고, 대규모 전염병과 연쇄살인, 인신매매 등이 기승을 부렸습니다.

프리드리히 엥겔스가 쓴 『영국 노동자계급의 상태』에 따르면 런던의 하층민 중 밤을 어디에서 보내야 할지 모르는 상태로 하루를 시작하는 사람이 5000명 가량 됐으며, 1주일 단위로 내는 집세를 감당할 수 없어 하룻밤에 침대만 빌려주는 집단 숙박업소를 찾는 사람들도 다수였다고 합니다.[1]

특히 의지할 데 없는 여성은 범죄의 주요 희생 타깃이 됐습니다. '잭 더 리퍼'나 '지킬 앤 하이드'에서 희생자가 모두 가난한 매춘여성이라는 점은 시사하는 바가 있지요. 한 연구에 따르면 빅토리아 시대의 매춘은 가난한 여성들의 직업 순위 중 4위를 차지할 정도로 만연했다고도 할 정도이니까요.

이런 배경 속에서 영국을 대표하는 탐정 '셜록 홈즈'가 탄생하기도

1 최현미, 「19세기 런던의 길거리 음식과 노동자층의 식생활」, 『영국 연구』, Vol. 41, pp.211-238, 2019.

했지요. 코난 도일이 셜록 홈즈를 주인공을 내세운 첫 작품『주홍색 연구』을 발표한 것이 바로 빅토리아 시대 후반부인 1887년입니다. 연구가들에 따르면 셜록 홈즈는 1854년생, 홈즈와 왓슨의 첫 만남은 1881년이었다고 하니 이들의 활약상은 빅토리아 후반기가 배경입니다.

사회에 대한 불만과 악화된 민심은 정치사회적 개혁을 요구하는 목소리로 번지며 자본가 계급과 노동자 계급의 갈등으로 번지기도 했습니다. 보통선거를 요구하는 차티스트 운동이 벌어지기도 했죠.

독일인 마르크스가 친구인 엥겔스의 도움을 받아 영국에서『자본론』을 집필한 것도 이런 분위기가 한몫을 차지했죠. 그는 노동자 계급을 중심으로 한 혁명이 일어난다면 그 무대는 영국의 대도시라고 본 것이죠. 물론 이들의 예상이 빗나간 것은 역사가 말해주고 있지만 그만큼 당시 런던의 민심이 흉흉했던 것만큼은 분명합니다.

'빅토리아 시대 런던 잔혹극' 중에서 계급 갈등을 가장 적나라하게 보여주는 '스위니 토드'를 볼까요.

선량한 이발사 벤자민 바커는 판사에게 억울하게 가족을 빼앗긴 뒤 이발사 스위니 토드로 변신해 돌아와 복수극에 나섭니다. 무차별 살인을 저지르는 토드와 그 시체로 인육 파이를 만드는 러빗 부인은 사제, 변호사, 정치인, 판사 등의 맛을 논하면서 사제는 비계가 많다

거나, 정치인은 기름기가 많다고 노래하며 박장대소하지요.

토드 역시 '세상엔 자신의 자리에 안주한 사람들과 그들의 얼굴을 밟고 있는 사람들이 있을 뿐'이라며 상류계급에 대한 증오감을 드러냅니다.

'지킬 앤 하이드'에서도 하이드가 주교, 장군, 귀부인 등을 살해하면서 드러난 미성년자와의 성관계, 허위 공모, 물욕 등 이들과 연관된 위선을 까발리기도 합니다.

빅토리아 시대 영국 노동자 계층의 실질임금은 여전히 논쟁 중입니다. 20세기 말까지만 해도 이들의 실질임금과 생활수준이 하락했다는 연구들이 우위였지만 21세기에 들어선 이 시기에 영국 노동자의 실질 임금이 2배 상승했고, 생활수준도 높아졌다는 목소리가 힘을 얻는 분위기입니다.[2] 다만 여기서 언급된 뮤지컬은 모두 20세기에 만들어졌습니다.

'미친 과학자'들의 꿈과 좌절

이처럼 세 작품에는 산업혁명에 성공한 영국 경제의 빛과 그림자

---

2 로버트 C. 앨런, 『세계경제사』, 교유서가, 2017.

가 녹아 있습니다. 하지만 이게 전부는 아닙니다. 빅토리아 시대가 기괴하고 음산한 세 작품의 무대로 선택된 또 하나의 중요한 이유는 바로 과학입니다.

빅토리아 시대는 전례 없는 과학의 발견과 기술의 혁신이 일어난 시기였습니다. 특히 1859년 영국인 찰스 다윈이 발표한 『종의 기원』은 종교, 과학, 인간, 철학 등에 큰 영향을 끼치면서 격렬한 논쟁을 불러일으켰습니다. 진화론과 각종 과학 혁명이 맞물리면서 이 시대는 과학이 사회의 주요 테마로 급부상했고, 이는 문학과 미술 같은 예술 영역에도 깊숙하게 파고 들었습니다.

하지만 이 시기에 과학자를 바라보는 시선은 그다지 우호적이진 않았습니다. 빅토리아 시대의 과학은 어디까지나 아마추어의 세계였습니다. 옥스퍼드나 케임브리지대 같은 고급 교육기관에서 연구하는 정식 과목이 아니었고 '오타쿠' 영역으로 치부될 때도 많았습니다.

이런 이유로 빅토리아 시대의 과학자들은 열악한 경제적 상황 속에서 연구해야 했습니다.

'지킬 앤 하이드'의 초반부를 보면 지킬 박사가 병원 이사회에 자신의 새로운 실험을 열심히 설명하지만, 지원을 거절당하는 장면이 나옵니다. 훗날 하이드가 살해하는 주요 대상도 바로 이사회 멤버들인데, 그만큼 당시 과학자들의 입지는 허약했고 외부 지원이 절대적으로 필요했습니다.

실험실의 분위기는 또 어떻습니까. '지킬 앤 하이드'나 '잭 더 리퍼'의 실험실은 컴컴하고 으스스한 분위기를 연출하는 외부와 단절된 공간입니다. 현대의 병원이나 바이오 분야의 연구실 분위기와는 사뭇 다르죠.

이곳에서 '지킬 앤 하이드'의 지킬은 선과 악을 분리하는 신약을, '잭 더 리퍼'의 다니엘은 장기이식 실험을 벌입니다. 전통 사회에 균열을 일으키고, 도전을 불러오는 실험들이죠.

빅토리아 시대가 만든 이같은 '미친 과학자'의 이미지는 캐릭터에도 반영됩니다. 타인과 잘 어울리지 못한다든지, 실험에 몰두하다가 폐쇄적으로 바뀐다든지, 목적을 위해서라면 수단과 방법을 가리지 않는 면모가 그것이죠. 또한 이들의 실험이 결국 모두 실패하고 주변 사람들까지 불행하게 만든다는 플롯 역시 과학에 대한 부정적 시각이 배어 있습니다.[3]

비록 공간적 배경이 런던은 아니지만, 생명체를 창조하려는 과학

3 추재욱, 「실험실의 과학 혁명-빅토리아시대 소설에 나타난 '미친'과학자들의 실험실」, 『영어영문학』, Vol. 58, No. 2, pp.305-325, 2012.

자의 야망과 실패를 다룬 『프랑켄슈타인』의 작가 메리 셸리 역시 영국인입니다. 빅토리아 시대보다는 20년가량 앞선 1818년 발표됐으니, 이후 나올 각종 작품들의 선구자 같은 셈이지요.

이런 요인들이 결합돼 영국 런던은 한국 뮤지컬 시장에서 마치 배트맨의 '고담' 같은 잔혹 범죄와 응징의 도시가 됐습니다.

한국에서 이같은 뮤지컬이 인기를 끄는 것은 작은 뮤지컬 시장을 참작하면 다소 의외이기도 합니다. 2007년 '스위니 토드'가 처음 들어올 당시 한 뮤지컬 관계자는 "미국 같은 큰 시장에서는 동성애, 범죄, 스릴러 같은 소재도 얼마든지 가능하다. 그렇지만 한국에서 이런 뮤지컬이 얼마나 가겠느냐"고 말하기도 했습니다. 그런데 '스위니 토드'는 한국 시장에서 10년 넘게 꾸준한 인기를 얻고 있습니다.

덧붙여 한 가지 더 말하자면 역시 '스위니 토드'가 막 들어왔을 때, 공연 개막 전 리허설을 취재하러 갔다가 기겁한 적이 있습니다. 이발사인 스위니 토드가 칼로 손님의 목을 그었는데, 목에서 피가 콸콸 솟아 나왔기 때문입니다. 작은 호스를 몸에 달아 만든 특수효과였는데, 조금만 멀리서 봐도 정말 피가 뿜어져 나오는 것처럼 보였습니다.

그런데 현장 스태프에게 물어보니 정작 미국 브로드웨이에선 칼에 물감 같은 것을 묻혀 목에 빨간 줄만 그어지도록 한다더군요. 그래서 당시 연출가였던 캐나다 출신 에릭 셰퍼에게 "한국은 뮤지컬 시장이 작은데, 오히려 브로드웨이보다 더 잔인하게 피가 튀도록 한 이유가 뭐냐"고 물어봤더니 그는 의외라는 표정을 지으며 이렇게 답하더군요.

"어라, 한국인들 하드코어 좋아하는 거 아닌가요? 캐나다에 소개된 한국 영화들을 봤더니 꽤나 수위가 높던데요?"

"한국 영화요? 어떤 영화를 봤는데요?"

"'복수는 나의 것', '올드 보이', '살인의 추억'요. 그래서 나는 브로드웨이 수준으로는 만족시킬 수 없을 거라고 생각해서 일부러 신경 써서 저런 효과를 만든 거예요. 저 정도면 한국 관객들이 만족할까요?"

삼국지 시대에는
왜 인구가
줄었나

19

지금까지 통틀어 가장 많은 시간을 할애한 취미가 무엇이었느냐고 묻는다면, (많은 우리나라 남성이 그렇듯이) 단연 컴퓨터 게임을 들 것입니다. 대학생 때는 게임을 하면서 떠오르는 아침 해를 본 적도 적지 않았습니다만, 그중에서도 가장 많은 시간을 쏟은 것을 고르라면 일본 코에이光榮사가 제작한 '삼국지'입니다. 중학교 때부터 시작해 지금까지 하고 있으니 어림잡아 헤아려도 최소 3000시간 이상을 이 게임에 투자한 것 같네요.

사실 이 게임의 인기는 실로 무시무시합니다. 1985년 '삼국지 1'이 출시된 이래 2020년 '삼국지 14'까지 출시된 장수 시리즈입니다. 그렇다면 20년 넘게 충성도 높은 마니아층을 확보한 비결은 무엇일까요? 게임적 요소를 제외한다면 무엇보다 한 · 중 · 일 등 동아시아에서 공통으로 볼 수 있는 『삼국지三國志』에 대한 애정일 것입니다.

우리가 통상 『삼국지』라고 부르는 것은 나관중이 쓴 『삼국지연의』를 가리킵니다. 유비 · 손권 · 조조 세 군웅을 중심으로 후한 말부터 삼국시대2세기 말~3세기 초까지 중국 역사를 다룬 이 작품은 수백 년간 스테디셀러로 군림했습니다. 그도 그럴 것이 유비 · 손권 · 조조를 제외하고도 관우와 장비를 비롯해 100만 대군 속에서 아두를 구하는 조운조자룡, 신묘한 계책을 내놓는 제갈량, 비운의 꽃미남 책사 주유, 최후의 승리자 사마의 등 무수히 많은 매력적인 캐릭터가 등장해 장대한 서사를 펼쳐내니 이를 능가할 만한 문학작품은 없다고 해도 과언이 아니었습니다.

하지만 이야기 속에서 계략과 음모가 판을 치다 보니 도덕 정치를 지향했던 조선에서는 이를 금기시하기도 했습니다. 정조는 "나는 본래 잡된 책을 보기를 좋아하지 않는다. 『삼국지』 같은 책도 한 번도 들여다본 적이 없다"『정조실록』 23년 5월 5일고 말했을 정도이죠. 하지만 정작 그의 최측근인 홍국영조차 자신과 정조의 만남을 "소열제昭烈帝·유비와 제갈공명의 만남도 이보다 대수롭지 않다고 하겠습니다"라고 비유했을 정도로 『삼국지』의 인기는 넓게 퍼져 있었습니다.

『삼국지』 시대에 일어난 인구 절벽

그런데 최근에는 『삼국지』를 둘러싸고 또 다른 시각에서 비판하는 목소리도 있습니다. 소위 역사에서 '민중'을 강조하는 시각이 힘을 얻으면서입니다. 요약하면 이렇습니다. 『삼국지』는 많은 영웅의 삶을 낭만적으로 그렸을 뿐, 당시 수많은 전투에서 희생당한 병사들이나 피폐해진 백성들의 삶은 전혀 반영돼 있지 않다는 것이죠. 권력의 정점에 있었던 몇몇 영웅들을 제외하면 오히려 이 시대야말로 역사상 가장 비참한 시기 중 하나이며, 이들을 전쟁으로 내몬 유비 · 손권 · 조조 같은 인물을 영웅으로 그린다는 건 옳지 않다는 이야기입니다.

근거가 없는 이야기는 아닙니다. 실제로 통계를 보면 삼국시대로 접어들기 전 한漢나라의 인구는 5959만 4978명이었습니다. 이렇게 구체적으로 인구 통계를 확보하였던 한나라를 보면 매우 발달한 행정 체계를 갖고 있었던 것 같습니다.

그런데 삼국 시대 인구를 보면 위나라 443만 2000명, 오나라 253만 5000명, 촉나라 108만 2000명으로 기록되어 있습니다. 전부 합쳐도 1000만 명이 되지 않습니다. 그리고 삼국을 통일한 진晉나라의 인구는 1616만 3863명이었습니다. 삼국시대보다 조금 회복되긴 했지만, 그래도 한나라 때와 비교하면 20% 수준이죠. 이것만으로도 삼국시대의 충격이 얼마나 컸는지 짐작할 수 있습니다.

제아무리 전쟁이 잦았다고 하더라도 인구가 80% 가까이 감소했다는 것은 보통 문제가 아닙니다. 지금 대한민국 인구의 20% 정도가 서울에 살고 있는데, 서울을 제외한 나머지 지역의 사람들이 다 사라진다면 어떨까요. 이 정도면 학살에 가까운 수준이죠. 아무리 전쟁이 많았다지만 이것은 곧이곧대로 받아들이기에는 무리가 있어 보입니다.

그래서 삼국~진 시대의 통계는 실제 인구 수치라기보다는 그만큼 행정력이 붕괴돼 있었다고 봐야 한다는 학자들도 적지 않습니다. 한나라 때만큼 안정적으로 중앙 관료를 지방으로 파견해 정확한 인구를 파악하고 세금을 거둬들이기는 어려웠을 것이라는 이야기죠.[1]

그런데 여기에는 또 하나의 숨은 퍼즐이 있습니다. 기후 변화입니다. 아래 도표는 지구 북반구의 기온 편차를 나타낸 그래프입니다. 대략 3세기부터 기후가 한랭해지기 시작했음을 알 수 있습니다. 기후가 한랭해지기 시작했다는 것은 이전보다 곡물 생산량이 감소한다는 것을 의미합니다. 기온이 내려가니 농사를 지을 수 있는 땅은 부족해지고, 과거와 달라진 기후는 이전까지의 농사 경험 지식을 무용지물로 만들기 마련이죠.

그래서 이 시기는 이전보다 인구를 부양하기 어려운 시대였습니다. 먹을 것이 부족하니 자식을 낳고 키울 수가 없는 것이죠. 물론 굶어죽는 인구도 많았을테고요. 이것을 잘 보여주는 것이 『삼국지』에 등장하는 황건적입니다. 황건적이 한창 기승을 부렸을 때, 조조는 이들을

1 오카모토 다카시, 『세계사 속 중국사도감』, 이다미디어, 2021.

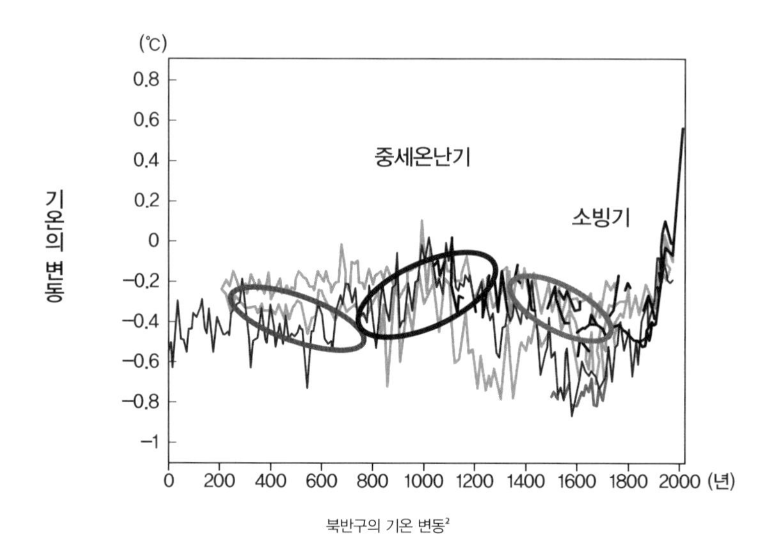

북반구의 기온 변동[2]

진압하는 과정에서 거래를 합니다. 이들에게 농사를 지을 수 있는 땅을 나눠줘 식량을 책임지는 대신 조조 휘하에 들어와서 싸우는 것이죠. 이때 황건적에 속한 100만 명 중 여성과 노약자를 제외한 30만 명이 조조의 군대로 편성됐습니다. 이들을 청주병이라고 부르는데, 조조가 패업을 일으키는 데 핵심 역할을 한 정예부대였습니다. 그만큼 이 시기는 먹고 사는 것이 그 어느 때보다도 중요한 문제였습니다.

농업 작황이 줄어들면 인구 부양이 어려워지고 정부로 들어가는 세금도 급감할 수밖에 없습니다. 자신도 먹고살기 어려운데 세금을

---

2 Fredrik Charpentier Ljungqvist, 「A new reconstruction of temperature variability in the extra-tropical northern hemisphere during the last two millennia」, 『Geografiska Annaler: Series A, Physical Geography』, Vol. 92, pp.339-351, 2010.

강제하면 반란으로 이어지기 마련입니다. 한나라 말기가 혼란했던 것은 분명 십상시 같은 간신들의 전횡도 문제였지만, 이러한 기후사적 배경을 빼놓고는 완전히 설명되기 어렵습니다. 즉, 『삼국지』 시대에 각지의 군벌들이 벌인 수많은 전쟁 때문에 인구가 급감하기도 했지만, 다른 한편으로는 기후 변화 때문이기도 했습니다.

조조 · 제갈량도 어쩌지 못한 한랭화 여파

어찌 됐든 이런 시기가 되면 살아가는 방식이 달라질 수밖에 없습니다. 중앙 정부의 통제력이 느슨해지고 제대로 된 정치와 행정을 기대하기 어려워진다면, 소규모로 블록화하고 그 안에서 자력갱생을 도모하는 수밖에 없습니다. 반정부적 종교단체인 황건적 집단이 거대 정치 공동체로 발전하면서 그 서막을 알렸으며, 이들을 물리친다는 명분으로 파견되거나 일어선 군벌들이 힘 빠진 중앙 정부를 대신해 각지에서 독자적인 세력으로 자리 잡게 된 배경입니다. 하북의 공손찬과 원소, 중원의 조조, 강동의 손책과 손권, 형주의 유표, 관중의 동탁과 마등, 그리고 서촉의 유장과 유비 등이 대표적입니다.

특히 과거에 고도로 개발된 곳일수록 군벌들의 먹잇감이 돼 전쟁터로 아수라장이 됐습니다. 그래서 전쟁이 집중된 곳은 곡창지대가 발달하고 인구가 집중된 중원과 화북이었죠. 이런 상황은 중원에 거주하던 많은 이가 지방으로 뿔뿔이 흩어지게 만드는 요인이 되기도 했습니다.

예를 들어 형주에서 유비를 만나 촉나라의 승상이 된 제갈량도 본래 고향은 서주徐州 양도현陽都縣입니다. 서주는 일찍부터 문화가 발달하고 비옥한 지역으로 유명했던 곳이죠. 그런데 조조는 아버지의 원수를 갚는다며 서주를 침공해 대대적인 약탈을 벌였습니다. 이때 제갈량은 형주로 피신해서 정착했다가 유비를 만난 것이죠. 오나라의 중신이 된 장소도 마찬가지입니다. 그 역시 서주 출신이었으나 황건적의 난을 피해 강동으로 내려갔다가 주유의 추천을 받아 손책을 섬기게 됐습니다. 하지만 제갈량이나 장소는 그나마 지식인 계급이고, 비싸게 팔아먹을 재주가 있었으니 상황이 나았습니다.

대부분의 사람은 그저 병졸이 되는 수밖에 없었습니다. 목숨을 지키고 정기적으로 밥을 먹을 수 있는 길이었기 때문이죠. 하지만 앞서 말했듯이 기후가 한랭해지고 세금을 거두기 곤란해진 이 시기에 병사를 배불리 먹일 만한 군량을 확보하기란 결코 쉬운 일이 아니었습니다. 그래서 나온 아이디어가 둔전屯田입니다. 군인들이 주둔하며 밭을 경작하는 시스템이죠. 둔전으로 아직까지 개발되지 않은 곳이나 황무지를 개발해 군량을 자급자족을 할 수 있었습니다. 한호의 건의를 받아 조조가 처음 시행한 것처럼 알려졌지만, 실은 이미 이곳저곳에서 실시되고 있었다고 합니다. 참고로 황건적이 청주병으로 전환했을 때도 둔전을 지급했습니다.

7세기부터 약해진 한랭화에 다시 통일 왕조

이 시기에 화북 지역은 한랭화와 전란이 겹치면서 이전 생산량을 회복하는 데 많은 어려움을 겪었습니다. 일각에서 제갈량의 북벌을 촉한의 국력을 갉아먹은 무리수라고 비판하기도 하지만, 제갈량은 위나라가 대부분 점령한 화북 지역의 생산성이 극도로 낮아진 이때야말로 공세를 멈추지 말아야 한다고 봤습니다. 만약 평화 공존기가 이어져 중원의 생산성이 회복되면 위와 촉의 국력 차는 걷잡을 수 없을 만큼 벌어져 중원 진출은 영영 불가능해진다는 것이 그의 생각이었죠. 결과적으로 그렇게 되기는 했습니다.

어쨌든 화북 지대가 과거만큼의 생산력을 회복하지 못한 상황에서 중국인들은 지금까지 크게 관심이 없었던 양쯔강 일대의 강남 지역을 주목하게 됩니다. 춘추전국시대 오吳 · 월越 그리고 초楚나라가 자리 잡았던 강남은 중원 입장에서는 변방 중의 변방으로 '중국'으로 받아들이는 것조차 꺼리던 지역이었습니다. 하지만 손씨 집안이 손견-손책-손권 3대에 걸쳐 이곳에 완전히 정착하고, 황건적과 조조를 피해 많은 사람이 중원에서 이주하면서 새로운 개발이 시작됐습니다. 특히 중원의 선진 농업기술로 무장한 이들은 강남의 생산력을 끌어올리는 데 큰 역할을 했습니다.

이어 삼국이 통일되고 진晉나라가 들어섰지만, 강남의 특수는 계속 이어졌습니다. '팔왕의 난' 등 내란과 각종 부패로 국력이 쇠약해진 진나라가 북방 유목 민족에게 중원을 내줬기 때문이죠.

한족들은 강남으로 이동해 진나라를 재건했는데, 중원에 있었던 진나라와 구분하기 위해 동진東晉이라고 부릅니다. 그리고 이전의 진나라는 서진西晉이라고 부르게 됩니다. 오나라 시대가 강남의 1차 개발이라면, 동진 시대는 2차 개발이었습니다. 이때는 중원에서 엘리트층이 대거 내려왔기 때문에 농업 기술은 더욱 발달했고 이에 따라 강남 개발도 촉진됐습니다.

한편 중국의 한랭기는 7세기를 기점으로 약해집니다. 수백 년 이어진 한랭기에 적응한 데다 기온도 조금씩 따뜻해지자 중앙 정부는 다시 잉여 농작물을 확보할 수 있게 됐습니다. 이에 따라 지방 통제력도 강화됐겠죠. 그렇다면 이제는 다시 통일에 나설 차례입니다. 5호16국과 남북조 시대를 거친 뒤 7세기에 들어 수 · 당이라는 강력한 통일 왕조가 들어서 확장에 나서게 된 배경입니다. 특히 당나라는 한나라 이후 한동안 멈춰있던 서역으로의 진출을 활발하게 이어가면서 강력한 정복활동을 벌였으며, 이는 한반도의 삼국고구려-백제-신라에도 거대한 파도를 일으켰습니다.

조카를 죽인 삼촌의 결말은 왜 이리 다른가

20

"Since I cannot prove a lover, To entertain these fair well-spoken days, I am determined to prove a villain···Plots have I laid, inductions dangerous."

"이 아름답고 평화로운 나날을 즐길 수 없기에 나는 악인(villain·빌런)이 되기로 굳게 마음먹었다···음모는 꾸며놓았다, 위험한 서막이지."

『리처드 3세Richard III』 1막 1장

얼마 전 세계적 명성을 얻는 연출가 토마스 오스터마이어와 실험적 시도로 유명한 장 랑베르-빌드의 '리처드 3세'가 연극으로 올려져 큰 인기를 얻었습니다. 윌리엄 셰익스피어의 작품 중 국내에서 대중적 인지도가 매우 낮다는 점을 고려하면 이례적인 일이었죠. 리처드 3세는 한국에서는 다소 생소한 국왕이지만, 영국에서는 역사를 다룰 때 빠지지 않고 등장하는 인물입니다.

왜냐고요? 랭커스터 가문의 헨리 튜더가 요크 가문의 리처드 3세를 상대로 보스워스Bosworth 전투에서 승리하면서 그 유명한 장미 전쟁이 종식됐기 때문입니다. 그러면서 영국은 훗날 헨리 8세와 엘리자베스 1세라는 걸출한 군주를 배출한 튜더Tudor 왕조를 개창하게 됐죠.

예전에 영국 중부에 있는 레스터라는 도시에 간 적이 있습니다. 약 30만 명의 인구를 가진 중소도시인 이곳은 관광으로서 그리 유명하지는 않지만, 그 역사적 전투가 벌어진 보스워스가 근처에 있어서 한 번쯤은 가볼만한 곳입니다. 이곳에 갔더니 패배자인 리처드 3세에 대한 애정이 차고 넘친다는 느낌을 받았습니다. 도시 곳곳에서 리처드 3세와 관련된 기념품이나 거리를 볼 수 있었는데 거기서 다뤄지는 모습은 셰익스피어의 작품에서 묘사된 악인이 아니라 마치 구미에서 박정희 전 대통령을 대하는 느낌이랄까요. 다른 지역이라면 몰라도 이곳에서만큼은 리처드 3세를 소중히 다루고 있다는 웅변을 하는 듯 했습니다.

마침 제가 레스터를 갔던 2022년 영국에서는 아마추어 역사학자가 영국의 유명한 국왕 리처드 3세의 유골을 찾는 '더 로스트 킹The lost king'이라는 영화를 개봉해서 더 그런 분위기가 고조됐던 것 같습니다.

참고로 리처드 3세를 비롯해 기사에 등장하는 인물들과 사건은 모두 잉글랜드 역사에 속하지만 문맥 편의상 영국으로 통일합니다.

Leicestershire
County Council

TWO KINGS ONE DAY
BOSWORTH
BATTLEFIELD HERITAGE CENTRE
AND COUNTRY PARK
Welcome
Bienvenue
Willkommen
સ્વાગત:
Bienvenidos
Open Today 10am - 5pm
1485
Tithe
Barn
CAFE

리처드 3세는 누구인가

리처드 3세는 1막 1장의 대사만큼이나 영국사에서 오랫동안 전형적 악인으로 평가받았던 인물입니다.

그는 역사의 한 페이지를 장식한 '장미 전쟁' 당시 요크 가문흰 장미 출신이었습니다. 에드워드 4세로 즉위한 형이 죽자 조카 에드워드 5세의 섭정을 맡다가, 조카를 폐위시키고 왕위에 오른 야심만만한 인물이죠.

꼽추에 추남인 그는 각종 간사한 모략을 꾸며 형제들을 이간시키고 친형과 조카를 죽음으로 몰아넣는가 하면, 왕위 찬탈을 도운 공신들이 서로 의심하고 죽이게끔 만드는 비열한 인간이었습니다. 결국 왕위에 오른 지 불과 2년 만에 튜더 가문의 리치먼드헨리 7세가 일으킨 반란군과의 싸움보스워스 전투에서 전사하며 오욕의 일생을 마쳤죠.

영국 역사를 돌아보면 대중에게 호감을 얻지 못하는 왕들이 몇몇 있습니다.

백년전쟁에서 프랑스 내 영국 영토를 완전히 잃은 -우리에겐 영화와 소설 '로빈 후드'에서 악정을 펼쳐 존재감을 알린- 존이 있고, 영국사에서 처음이자 마지막으로 단두대에 끌려 나와 목이 잘린 찰스

1세, 엘리자베스 여왕의 언니이면서 각종 피바람을 불러일으켜 '블러디 메리'라는 별명을 얻은 메리 여왕 등이 대표적이죠.

하지만 그 누구도 리처드 3세가 얻은 만큼의 오명은 누리지 못했다고 해도 과언이 아닐 것입니다. 그것은 리처드 3세를 악당 중의 악당으로 그려낸 셰익스피어의 '공로'가 결정적이었습니다.

역사는 승자의 기록

튜더 왕조는 헨리 8세, 메리 여왕블러디 메리, 엘리자베스 1세 여왕 등을 배출한 유명한 왕가입니다. 리처드 3세를 물리친 헨리 7세가 개창했죠.

그런데 셰익스피어가 누구입니까. 바로 엘리자베스 여왕이 전폭적인 후원을 했던 극작가였습니다. 그런 셰익스피어의 손에서 그려지는 튜더 왕조의 개창은 하늘의 뜻이고, 엘리자베스 여왕의 할아버지이자 튜더 왕조의 시조 헨리 7세는 정의의 실현자가 되어야 했습니다.

조선 세종이 『용비어천가龍飛御天歌』라는 서사시를 만들도록 해 조부 이성계의 역성혁명이 천명에 의해 만들어졌다고 알리는 것과 마찬가지죠.

"군주의 권력을 다루는 연극은 항상 정치적이다. 셰익스피어의 리처드 3세Richard III는 요크 왕가를 물리치고 헨리 7세로 등극하는 리치먼드의 승리를 통해 소위 '튜더 신화'를 재현한다는 평가를 받고 있는 정치적 사극이다."

김종환, 『「리처드 3세」와 권력의 연극성』[1]

'역사는 승자의 기록'이라는 말처럼 리처드 3세의 악명도 역사의 승자였던 헨리 7세 측 입장이 반영된 측면이 없지 않습니다. 배트맨이 빛나려면 조커가 필요하듯이 리처드 3세는 튜더 왕조를 위해 기꺼이 악역을 맡을 수밖에 없었습니다. 더구나 리처드 3세는 이미 죽은 사람이니 선택권은 더더욱 없었죠.

리처드 3세는 정말 악당에 불과했나

운명이 걸린 보스워스 전투Battle of Bosworth Field 당시 리처드 3세가 소집한 핵심 귀족 5명 중 4명이 불참했다는 것을 감안하면 분명 훌륭한 왕이라고 보긴 어렵습니다. 조카를 폐위시키고 왕위에 오른 과정부터도 석연치 않았죠.

하지만 남겨진 기록을 따라가 보면 리처드 3세가 셰익스피어의 묘

1 김종환, 「『리처드 3세』와 권력의 연극성」, 『한국셰익스피어학회』, Vol. 52, No. 3, pp.313-331, 2016.

사만큼이나 악당이기만 했던 건 아니었습니다.

일단 그의 짧은 치세 기간 중 발표된 공법 15조를 보면 흥미로운 대목들이 있습니다. 대표적인 것이 "왕국의 백성들은 덕세인두세를 내지 않는다1조", "모든 치안 판사는 죄수에게 조건부 석방 영장을 발부할 수 있다. 죄수가 사권私權·private rights을 박탈당할 때까지 어떤 공무원도 그의 재산을 빼앗을 수 없다3조" 등입니다. 그는 선대에서 내려진 무거운 조세 체제를 개혁하고자 했고 사법권이 보다 공평하게 처리되도록 노력을 기울였던 것 같습니다.

또한 "이탈리아 상인들의 매매행위에 대해선 외국인 규제를 가한다9조"나 "이탈리아 상인들은 포도주 1통당 10개의 좋은 활을 만들 목재를 납부한다11조" 등은 당시 최대 경제강국인 이탈리아 상권으로부터 자국 산업을 보호하고 군사력을 보강하려는 조치로 평가받습니다.

그는 심한 척추측만증을 앓고 있었지만 전쟁터에서도 두각을 나타냈다는 가설도 있습니다.

특히 자신의 형이자 선왕이었던 에드워드 4세가 랭커스터 가문의 반란으로 왕위를 잃을 위기에 처했던 바닛 전투와 튜크스베리 전투에서는 앞장서 맹활약을 펼치며 왕위를 지켜내기도 했죠.

이 때문에 학계에선 리처드 3세가 비록 정당하지 못한 방법으로 왕위를 찬탈했지만, 행정과 전투 등에서 평균 이상의 능력을 갖췄다는 쪽으로 의견을 모아가고 있습니다.

셰익스피어의 '리처드 3세'에서 보스워스 전투의 패배가 명확해진 리처드 3세는 "A horse, A horse, My Kingdom for a horse. 말을 다오, 말을! 말을 준다면 내 왕국을 넘기겠다"라고 내뱉습니다. 매우 유명한 이 대사에 대한 해석은 중의적입니다.

문학적으로 볼 때는 '말 한 필'을 구걸해야 할 정도로 고립무원에 빠진 리처드 3세의 비극적 상황을 강조하는 쪽입니다. 하지만 역사학적으로 볼 땐 그가 마지막까지 힘을 짜내 적진으로 들어가 싸우려는 의지를 내보인 것으로 풀이할 수도 있습니다.

보스워스 전투에 대한 실제 기록은 후자에 가깝습니다. 그는 전세가 불리해지자 정예 기사 100명을 모아 최전방으로 스스로 돌격해 들어갔다가 전사했다고 기록되어 있습니다. 적어도 겁쟁이가 아니었음은 분명한 것 같습니다.

600년만의 반전

영원한 '악인' 리처드 3세가 영국을 다시 뜨겁게 달군 사건이 벌어졌습니다. 2012년 9월, 영국 중부지역 레스터의 시의회 주차장 지하에서 오래된 유골이 발견됐는데 감식 결과 리처드 3세로 확인된 것입니다. 감식팀은 리처드 3세가 심각한 척추측만증을 앓고 있었지만 셰익스피어 희곡에서 묘사된 것처럼 '꼽추왕'은 아니었고, 일상생활에서도 별다른 지장이 없었을 것으로 추정했습니다. 이것은 위에서 언급한 영화 '더 로스트 킹'으로도 제작됐습니다.

애초에 주요 전투에서 전공을 세운 그가 심각한 육체적 장애를 가졌을 가능성은 크지 않았죠.

보스워스 전투에서 전사한 뒤 어딘가 방치됐다가 없어진 줄 알았던 리처드 3세의 유해가 600년 만에 나타나자, 영국 사회는 큰 관심이 쏠렸습니다. 학계에서는 리처드 3세를 재평가했고, 영국 왕실의 주도하에 성대한 장례식이 치러지기도 했죠. 40억 원가량이 든 장례 비용은 레스터 시가 부담했으며, 추모사는 리처드 3세의 먼 후손이자 BBC 드라마 '셜록'의 주인공 베네딕트 컴버배치가 맡았습니다.

죽은 직후였으면 절대로 얻지 못했을 관심과 인기를 받고 영면한 리처드 3세가 은총을 내린 것일까요. 이어 또 다른 '사건'이 벌어집니다.

불과 2년 전만 해도 2부 리그를 전전하다가 승격한 축구팀 레스터 시티가 2015~2016년 시즌에 잉글리시 프리미어 리그EPL 타이틀을 거머쥐는 대이변이 벌어진 거죠.

시즌 전 레스터 시티의 우승 가능성은 1/5000에 불과했습니다. 2000년 이후 EPL잉글랜드 프리미어 리그에서 아스날, 맨체스터 유나이티드, 첼시, 맨체스터 시티, 리버풀 등 빅클럽이 아닌 다른 팀이 우승한 건 이때가 유일합니다. 한화이글스가 한국시리즈 우승을 한 것 이상이겠죠. 만약 우리나라였다면 계룡산에 리처드 3세를 모시는 신당 하나 차리지는 않았을까요.

리처드 3세와 수양대군의 차이

조선에도 리처드 3세와 거의 흡사한 인물이 있었으니, 바로 세조가 된 수양대군입니다.

세종의 둘째 아들이었던 그는 조카 단종의 섭정 노릇을 하다가 단종을 아예 폐위시키고 자신의 형제들을 죽이며 왕위에 올랐죠. 집권 과정도 그렇고 행정과 군사 등 실무능력을 인정받은 기록을 살펴보면 리처드 3세와 세조는 상당히 비슷합니다.

하지만 세조는 리처드 3세처럼 탐욕으로 점철된 악인으로 기록되지는 않았습니다. 이러한 차이는 반란에 대한 대응과 왕위 계승의 성공 여부죠. 세조는 집권 후 이징옥의 난 등 반란군을 궤멸시켰고, 그의 아들비록 왕위에 오른 지 18개월 만에 단명했지만에게 왕위를 계승시켰습니다.

이런 전례 때문인지 정치에서는 '일단은 이기고 봐야 한다'는 전제가 작용하나 봅니다. 이긴 자에겐 영광이, 패배한 자에겐 오욕만 남을 뿐이니까요.

이런 전제가 가장 확실히 들어맞는 나라가 대한민국입니다. 박근혜 전 대통령만 해도 탄핵으로 물러난 뒤 4년 9개월을 감옥에서 보내야 했습니다. 어디 박 전 대통령뿐인가요. 역대 대통령의 수난사를 살펴보면 대부분이 불행한 은퇴 생활을 보냈습니다.

국민 직선제가 부활한 87년 체제 이후의 대통령전두환, 노태우, 김영삼, 김대중, 노무현, 이명박, 박근혜은 본인 혹은 최측근이 수사를 받아 사법 처리되거나 심지어 스스로 생을 마감하기도 했습니다. 지난 30년간 분명 경제 수준도 나아졌고 문화 수준도 높아졌는데, 과연 국민은 '악당'만 선택해 온 셈일까요.

퇴임 후 그나마 정권 계승으로 비교적 편안하게 보내던 이명박 전 대통령도 정권이 교체되자 감옥으로 갔습니다. 정권이 바뀌면 전 정권뿐만 아니라 전전 정권도 무사할 수 없다는 '교훈'이 남겨졌으니 앞으로 정치권에선 어떤 수를 써서라도 대선에 승리하려 하겠죠. '빌런'이 지배했던 나라, 대한민국. 정권이 바뀔 때마다 이런 꼬리표가 붙는 상황은 언제까지 반복될까요.

가짜 남편인 줄
알고도
모른 척 했던
그녀들의 사정

21

프랑스의 유명 배우 제라르 드파르디외가 주연한 프랑스 영화 '마틴 기어의 귀향'은 프랑스 농민 마르탱 게르1524~1560의 실화를 다룬 작품입니다. 다소 낯선 프랑스 작품인데도 흥미로운 스토리 덕분에 한국에서도 많은 인기를 얻었죠.

1548년 남프랑스의 아르티가에 살던 농민 마르탱 게르는 아내와 아이를 두고 가출합니다. 8년 만에 아이를 가질 정도로 성性생활에 어려움을 겪었던 탓인지, 완고한 부친과의 갈등 때문인지는 정확히 알 수 없습니다.

그리고 8년이 지난 뒤, 자신이 '마르탱 게르'라고 주장하는 인물이 나타납니다. 사실 그의 본명은 아르노 뒤 틸. 어떻게 정보를 얻었는지는 모르겠지만 완벽하게 마르탱 게르로 연기했고, 처음엔 반신반의했던 친척과 이웃도 그를 믿게 됩니다.

무엇보다 마르탱 게르의 아내 베르트랑드가 그를 '내 남편'이라며 받아들인 점이 결정적이었습니다. 이후 3년간 둘 사이에는 두 명의 딸도 태어났습니다. 행복한 시간이 계속 이어질 것만 같았습니다. 마르탱 게르의 삼촌 피에르 게르가 돌연 '이 녀석은 가짜다'라고 선언하며 소송을 걸기 전까지는요.

유유의 가출

마르탱 게르가 가출하고 8년 뒤, 즉 아르노 뒤 틸이 나타났던 1556년에 대구의 한 양반가에서도 매우 유사한 사건이 벌어집니다.

그의 이름은 유유柳游. 아버지는 현감, 조부는 사간, 증조부는 승지를 역임했으니 지방에서는 꽤 알아주는 가문이었습니다.

유유도 마르탱 게르처럼 부부 사이가 원만하진 않았던 모양입니다. 결혼 후 3년간 자식이 없자 그의 부친 유예원은 부부 사이를 책망했고 그래서 유유는 집을 나갔다고 합니다.

유유는 체구가 작고 수염이 없으며 음성은 여성 같았다는데 어쩌면 성性 호르몬적인 문제로 성적 결합이 어려웠을 수도 있습니다. 다만 기록에 남아있는 가출 이유는 '마음의 병'이었습니다. 가출한 그는 아버지 유예원이 사망했는데도 찾아오지 않았고, 그의 소식은 어디서도 들을 수 없었습니다.

그로부터 7년이 지난 1563년 유유가 서울에 나타납니다. 춘수라는 첩과 정백이라는 아들을 둔 채였습니다. 그는 서울에 머물며 매부 이지의 집을 드나들었고, 이지의 연락을 받은 유유의 동생 유연이 그를 찾아옵니다. 유예원은 유치-유유-유연, 세 아들을 두었는데 맏아들 유치와 그 부인은 일찍 사망했습니다. 그래서 유유가 가출한 뒤 사실상 집안을 이끌던 것은 막내아들 유연이었습니다.

7년만에 만난 반가움도 잠깐. 형 유유를 데리고 대구로 내려가던 유연은 그가 가짜라는 확신을 갖게 됩니다.

'유유'라고 주장하는 인물은 가족사를 꿰고 있었고 매부 이지도 그가 유유가 맞다고 단언했지만, 친동생인 그는 '감'이 왔던 모양입니다. 결국 유연은 대구 집에 도착하기 전 형 '유유'를 관아에 넘깁니다. 그리고 진위를 가려달라고 요청하죠.

부인의 선택–베르트랑드와 백씨

마르탱 게르와 유유, 두 재판은 모두 아내가 열쇠를 쥐고 있었습니다. 한 이불을 덮고 자는 아내는 남편의 사소한 특징까지도 모두 파악하고 있으니까요.

사실 베르트랑드는 꽤 일찍부터 진위 여부를 알고 있었을 것입니다.

훗날 『마르탱 게르의 귀향』을 쓴 나탈리 제먼 데이비스를 비롯해 이 재판에 관해 관심을 가진 많은 이들은 적어도 아르노 뒤 틸과 잠자리를 같이했을 때, 그가 가짜라는 것을 알아챘을 것이라고 파악했습니다.

그런데 그녀는 가짜 '마르탱 게르', 아르노 뒤 틸을 적극적으로 감쌌습니다. 베르트랑드와 가짜 남편은 꽤나 마음이 맞았던 게 분명합니다. 또 아르노 뒤 틸은 결혼 초기 베르트랑드와 마르탱 게르가 겪었던 (두 사람만 알고 있을 법한) 성생활의 어려움에 관해 말해 의심을 어느 정도 씻기도 했습니다.

이런 상황은 유유의 재판에서도 비슷했습니다. 아내 백씨의 확인은 중요한 근거로 작용했습니다.

> "유유는 옥중에 있으면서 진위를 밝힐 방법이 없었다. 이에 '내가 장가든 첫날 아내가 겹치마를 입었기에 억지로 벗기려 하자 지금 월경이 있다고 하였다. 이 일은 타인이 알 수 있는 일이 아니니 만일 아내

에게 물어보면 거짓인지 진실인지를 알 수 있을 것이다.' 하였다…
뒤에 그 아내에게 물었더니 유유의 말과 딱 맞았다."

『명종실록』 19년 3월 20일

그런데 이상한 점도 있었습니다. 백씨는 옥에 갇힌 유유를 만나러 가지 않았습니다. 유유가 병을 이유로 보석이 허가돼 대구부 소속 관노의 집에 머물면서 재판을 받게 되었을 때도 백씨는 찾아가지 않았습니다.

베르트랑드에 비하면 훨씬 소극적인 대응이었습니다. 물론 첩 춘수라는 존재가 부담스러웠을 수도 있었겠지요.

그러다가 사고가 발생했습니다. 유유가 감쪽같이 사라진 것이죠. 유유의 첩 춘수는 동생 유연이 그를 죽이고 시신을 강에 유기했다고 주장했고, 백씨도 그에 동조해 시동생 유연을 범인으로 지목했습니다.

당초에 유유의 진위를 가리던 이 사건은 순식간에 살인 사건으로 바뀌어 버렸습니다.

유연은 마지막까지 '형이 살아있을 수도 있으니 조금만 더 기다려 달라'고 요청했지만 받아들여지지 않았습니다. 결백을 주장하던 유연은 거듭된 고문에 허위로 자백하였고 결국 처형됐습니다.

그런데 유연이 죽고 15년이 지난 뒤 '진짜' 유유가 나타납니다. 그는 평안도에서 천유용이라는 이름으로 살고 있었습니다. 그리고 과거에 가짜 유유를 연기하고 감쪽같이 사라진 채응규라는 인물이 해주에서 살고 있다는 사실도 드러났습니다.

결국 15년 전 재판은 아무런 죄도 없는 유연을 억울하게 죽인 사법살인이라는 게 확인이 된 것이죠.

배경은 '쩐의 전쟁'

동생 유연이 형 유유를 죽였다는 혐의를 쓴 배경은 재산이었습니다. 3형제 중 맏형 유치는 이미 사망했고, 유유가 살아 돌아오지 않는다면 집안의 재산은 막내인 유연이 가져갈 수 있었죠.

당시 조선 사회는 균분 상속이 대세였습니다. 부모의 유산은 장자뿐 아니라 아들딸 가리지 않고 모두에게 고르게 분배되었습니다. 다만 부모의 제사를 위한 몫이 따로 책정되었을 뿐입니다.

이런 균분 상속의 중요한 대전제는 딸에게도 같은 분량으로 재산이 동등하게 나누어진다는 점입니다. 그래서 남자는 결혼을 하면 부인이 상속받은 재산으로 가산을 늘릴 수 있었습니다.

백사진 [자료 한국민족문화대백과사전]

다만 각자 가져온 재산에 대한 구분은 비교적 엄격했습니다.

예를 들어 부인이 자녀를 낳지 못하고 사망할 경우엔 가져온 재산이 대부분 처가로 반환됐습니다. 양쪽 집안의 비즈니스 측면도 있었던 것이죠.

이러한 '혼婚테크'로 재산을 늘린 대표적 인물이 퇴계 이황인데, 이황도 첫째 부인이 사망한 뒤 그녀가 가져온 재산의 반환 문제를 놓고 처가인 김해 허씨 집안과 소송을 벌이기도 했습니다.

하지만 유유의 집안은 사정이 조금 복잡했습니다.

첫째 아들 부부가 자녀 없이 사망했고, 그 와중에 둘째 아들 유유까지 사라졌습니다. 곤란해진 것은 유유의 아내 백씨였습니다.

백씨는 맏며느리였기 때문에 명목상으로 제사 주관과 남편의 재산 관리는 모두 총부冢婦인 백씨의 몫이자 권리였습니다.

그러나 그녀는 자녀가 없었기 때문에 제사권은 언젠가는 시동생에게 넘어갈 처지였습니다. 당시에는 장자가 죽으면 제사권이 동생에게 넘어가는 '형망제급兄亡弟及'의 원칙이 있었습니다. 더구나 시동생 유연은 아들도 있었습니다. 남편의 사망이 확인되면 실질적인 제사권뿐만 아니라 재산도 남편의 혈육인 시동생 쪽에 넘길 수밖에 없습니다.

다시 말해 백씨로서는 친정에서 가져온 약간의 재산을 제외하면 모든 것이 넘어갈 수 있는 처지였습니다.

그런 백씨의 입장에선 유유가 돌아온 것보다는 '남편'이 다시 생겼다는 것이 더 중요하지 않았을까요. 이제 그녀는 불안에 떨지 않고 재산을 유지한 채 여생을 보낼 수 있게 됐으니까요.

그러니까 채응규가 진짜 남편이든 아니든 중요하지 않았을 것입니다. 그것이 백씨가 옥에 갇힌 유유를 연기한 채응규를 굳이 만나러 가지 않으면서, 한편으로는 그가 사라지자 시동생이 남편을 죽였다며 펄펄 뛴 이유에 가까웠을 것입니다.

또 채응규가 신혼 첫날밤의 겹치마 이야기를 한 것으로 보아 백씨는 이 가짜 소동에 깊숙이 관여했을 수도 있습니다. 다만 백씨가 어디까지 관여했는지는 끝까지 드러나지 않았습니다. 체포된 채응규가 압송 도중 자결해 사건의 진상은 베일 속에 가려졌습니다.

훗날 돌아온 유유는 아내의 이런 행동을 알게 된 뒤 격분했고, 고향 대구로 돌아와 죽을 때까지 연락을 하지 않고 지냈습니다. 사실 모든 화근의 원인은 본인의 가출이었지만요….

장자 상속, 좁아진 여성의 위치

베르트랑드나 백씨가 위험천만한 도박에 협조한 배경에는 불안한 그들의 사회적 위치가 있습니다.

중세 프랑스는 조선보다 여성의 권리가 낮아 재산권은 거의 보장받지 못했습니다. 홀로 아들을 키우던 베르트랑드는 남편이라는 존재가 필요했고, 남편의 삼촌에게 맡겨야 하는 자신의 미래가 불안했을 것입니다.

여성의 균분 상속을 보장했던 조선도 점차 달라졌습니다. 사림이 정권을 잡은 선조 이후로는 장자 우대 상속이 자리를 잡아갔습니다.

실학자 정약용은 균분 상속 때문에 유력한 집안도 종가를 형성하기 어려웠다고 지적한 적이 있습니다. 균분 상속은 세대를 거듭하며 계속 나누게 되니 가문의 재산이 쪼그라들 수밖에 없다는 것이죠.

아직 개간할 땅이 많이 남아있다든지 확장이 가능한 시대라면 괜찮습니다. 균분 상속으로 받은 재산을 종잣돈으로 삼아 불릴 수 있기 때문이죠. 실제로 이황만 해도 수십 명의 노비를 물려받아 300여 명까지 늘렸습니다.

하지만 그런 방식은 서구의 제국처럼 식민지나 새로운 땅을 개척하지 않는 이상 언젠가 한계에 다다르기 마련입니다. 확장이 불가능해지는 순간 균분 상속으로는 대규모 자산을 지속해서 유지하기는 어려워지는 것이죠.

이런 위기의식을 느낀 조선 사대부들은 조선 중기부터 장자 위주 상속으로 전환하기 시작했습니다. 그렇게 해서 가문의 위세를 지켜야 한다고 생각한 것이죠.

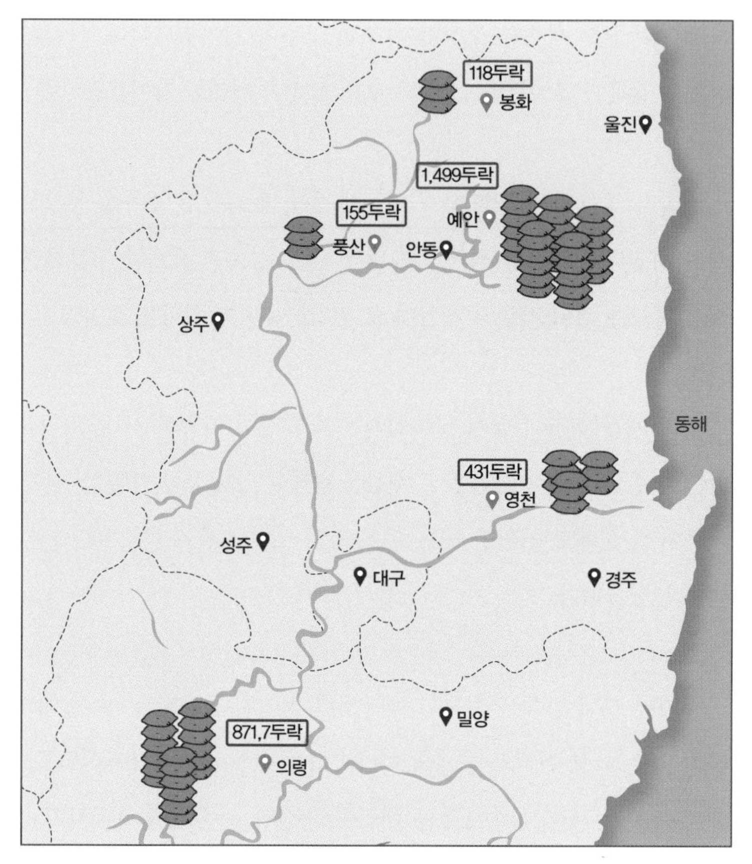

당시 이황이 가졌던 농장의 분포도

이황은 많은 농장을 가지고 있었는데 그중 풍산, 영천, 의령은 처가에서 받은 재산이었다.

퇴계 이황의 아들 이준의 분재기[2]

	밭(田)	논(畓)	노비(奴婢)
장자	415.5두락	247.5두락	97명
장녀	356두락	216.5두락	72명
2남	340.5두락	233두락	61명
2녀	354.2두락	249.5두락	64명
3남	429두락	253두락	73명
합계	1895.2두락	1199.5두락	367명
	3094.7두락		

이런 분위기 속에 여성들의 사회적 위치가 현저하게 낮아지게 됩니다. 가문에서는 더이상 결혼하는 딸들에게 재산을 나눠주지 않았습니다. 처가에서 재산을 가져오지 못하니 여성의 발언권은 약해졌고, 조선에서 대세였던 결혼 후 처가살이도 시집살이로 바뀌었습니다.

이런 장자 우대 상속제는 다시 변화를 맞고 있습니다.

오늘날 여성들이 문중을 상대로 한 재산 소송이 증가하고 있습니다. 한 자녀 가정의 증가로 딸이나 사위와의 관계가 가까운 경우가 늘어나면서 오는 자연스러운 흐름 같습니다. 역사는 돌고 도는 것일까요.

1 이수건, 「퇴계이황가문의 (退溪李滉家門) 재산유래와 그 소유형태」, 『역사교육논집』, Vol. 13, pp.641-680, 1990 참고하여 재구성.

한때 영국보다
잘 살았던
송나라는
왜 부정부패의
무대가 됐나

22

중국의 4대 기서 중 하나인 『수호지』는 무능하고 부패한 정부에 맞서는 108명의 양산박 도적 이야기를 다룬 걸작입니다. 이들의 출신은 평범한 식당 주인부터 교사, 승려까지 다양합니다만, 한 가지 눈에 띄게 많은 것이 바로 관료입니다. 주인공이라 할 수 있는 송강을 비롯해 임충, 진명, 화영, 노준의 등 상당수가 관리 출신입니다. 쉽게 말해 공무원들이 반란군의 주축을 이루고 있었다는 것이죠.

그렇다면 이 시기에는 왜 이렇게 공무원들이 중앙 정부에 칼을 들이대는 선택을 하게 됐을까, 또 『수호지』는 왜 굳이 이 시기를 택해서 쓰여졌을까, 책을 읽는 내내 궁금했지만, 좀처럼 풀리지 않는 의문이었습니다. 그러다가 대학에서 송나라 역사를 공부하면서 비로소 '왜'에 대한 해답을 나름대로 찾을 수 있었습니다.

세계사의 미스테리 송나라

> "의심할 여지없이 퀸사이Quinsai는 세계에서 가장 아름답고 고귀한 도시이다."
>
> 마르코 폴로, 『동방견문록』

퀸사이는 지금의 중국 항저우입니다. 마르코 폴로가 방문하기 30년 전 남송의 수도로서 인구 100만이 살던 대도시였습니다. 14세기 중국을 방문한 마르코 폴로는 항저우의 발달상에 감탄했습니다. 동시기 유럽에서 상업이 가장 발달한 베네치아 출신이었음에도 그의 눈에 비친 중국은 훨씬 높은 단계에 도달한 선진국이었습니다.

송나라는 역사학계에 많은 질문거리를 던져주는 '불가사의'한 시기입니다. 송은 원몽골 · 금여진 · 요거란 등에게 시달리며 돈으로 평화를 산 유약한 국가의 대명사 같은 존재죠. 그런데 내부를 들여다보면 언뜻 이해가 되질 않습니다.

북송 시대 인구는 중국 역사에서 처음으로 1억 명을 돌파했습니다. 덕분에 상비군만 100만 명 이상을 유지했죠. 당대 세계에서 어깨를 겨룰 상대가 없는 대국이 분명했습니다.

반면 송나라를 들들 볶았던 주변국을 볼까요.

요나라의 정예병은 약 10만 명이었고, 북송이 멸망했던 '정강의 변' 사건 당시 수도를 포위했던 금나라 군사는 6만 명에 불과했습니다. 몽골도 마찬가지인데요. 세력이 가장 강력했을 때 전체 인구가 약 100만~200만 명이었다고 합니다. 송나라의 50분의 1도 채 미치지 못했던 거죠.

이런 압도적 차이에도 불구하고 '대국'이 건국 시기부터 일방적으로 주변 '소국'들에게 질질 끌려다닌 유래는 세계사에서도 찾기 어려울 정도입니다.

그런데 학자들의 호기심을 더 자극한 것은 군사력보다 경제 분야입니다. 앞서 소개한 마르코 폴로의 격찬은 허풍이 아니었습니다.

송나라의 산업 발전은 당대 유럽 어느 국가도 따라잡기 어려운 수준입니다. 가령 1078년 송나라의 철강 생산량은 12만 5000t이었는데, 이는 1788년 영국 산업혁명 당시 철 생산량을 약간 밑도는 수준입니다.

송대에는 철을 단련하는 용광로와 수력 방직기, 화약과 강노, 물시계 등이 발명됐고, 건축에 아치형 다리와 받침대가 쓰였습니다. 조선업이나 항해술도 대단히 높은 수준에 도달해 나침반과 수력 터빈을 사용했죠.

이 같은 경제발전의 원동력은 강남 개발이었습니다. 송대부터 양쯔강 이남이 본격적으로 개발됐고, 수차를 발명해 계단식 논을 개간하여 쌀의 집약적 재배가 가능해졌습니다.

잉여 식량이 생산되자 상업이 발달했고, 이와 더불어 운송, 숙박 등 서비스업 등이 함께 발달을 한 거죠. 지폐와 어음도 본격적으로 사용됐습니다.

옥스포드 너필드 컬리지의 스티븐 브로드베리 교수가 지난해 발표한 논문에 따르면 송나라는 1020년에 1인당 GDP가 1000달러1990

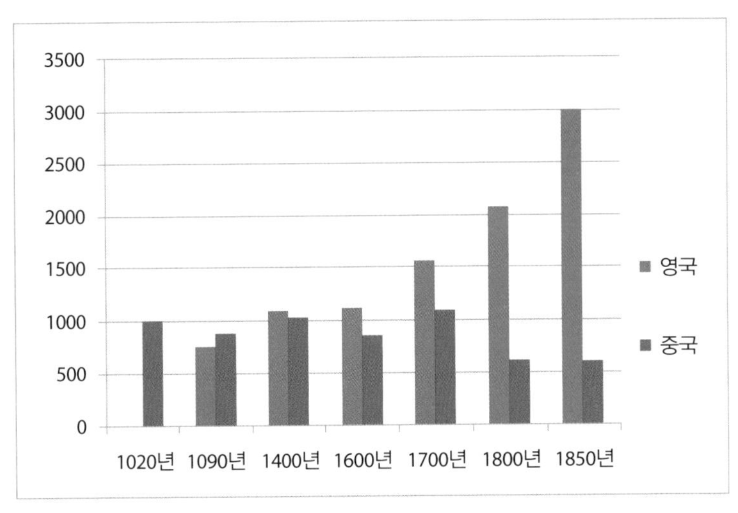

송나라와 영국의 1인당 GDP 격차[1]

1 Stephen Broadberry · Hanhui Guan · David Daokui Li, 「China, Europe, and the Great Divergence: A Study in Historical National Accounting, 980 – 1850」, 『The Journal of Economic History』, Vol. 78, p.1-46. 2018 참고하여 재구성.

년 가치 기준를 돌파했습니다. 영국이 1000달러를 돌파한 것은 이로부터 400년 가량이 지난 1400년대부터입니다.

이 때문에 많은 서양 학자는 송나라가 왜 산업혁명 목전까지 가고도, 결국 도달하지 못했는지 무척 궁금해 했습니다. 영국보다 약 500년 앞선 이때 산업혁명을 시작했다면 세계사의 흐름이 완전히 달라졌을테니까요.

과연 무엇이 송나라의 산업혁명 진입을 막았을까요?

『수호지』의 배경은 왜 송나라일까

질문에 대한 답은 고전 『수호지』에서 실마리를 찾을 수 있습니다.

시내암이 쓴 『수호지』는 사회에서 이탈한 108명의 호걸들이 양산박에 산채를 만들어 정부 관료층에 대항한다는 내용입니다. 『수호지』가 하필 중국 역사상 경제적으로 가장 풍족했던 송대를 배경으로 탄생한 배경을 볼까요.

> "중국의 법률 제도 가운데 백성들의 재부 증가를 방해하는 요소가 있다."
>
> 『국부론』

마르코 폴로가 중국을 부러워한 지 약 500년 뒤 영국의 애덤 스미스는 『국부론』에서 중국이 산업혁명에 진입하지 못하고 제자리에 멈춘 이유로 "중국의 법률 제도 가운데 백성들의 재부 증가를 방해하는 요소가 있다"고 주장했습니다. 중국이 500년 전에는 대단히 두각을 나타냈지만 이후 흐름을 지속시키지 못했다는 것이죠.

그는 산업혁명에 성공한 영국과 그렇지 못한 중국의 차이를 이렇게 비교했습니다.

> "중국은 사법정책의 집행에서 공정성과 일관성을 상실한 결과, 성장잠재력을 잃고 정체되고 말았다. 국민들이 재산의 소유에서 불안함을 느끼는 어떠한 국가에서도, 계약이 법률에 의하여 보호받지 못하는 어떠한 국가에서도, 지불할 능력을 지닌 사람들로 하여금 채무를 변제하도록 강제할 수 없는 어떠한 국가에서도 상업과 제조업이 장기적으로 번성한다는 일은 거의 발생할 수 없다. … 영국에서 선진적으로 상업의 자유와 형평성 있는 사법 집행 제도가 정착됨으로써 경제적 측면에서 경제 주체들에 의한 근면과 생산적 자원개발 노력을 자극할 수 있었으며, 이 점이 유럽국가 중에서 가장 빠른 경제성장의 토대로 작용했다."
>
> 『국부론』

도학적 관료들에게 발목이 잡히다

송대에는 후세에 영향을 끼친 많은 사상가들이 배출됐습니다. 주희를 비롯해 주돈이 · 정이 · 정호 등이 대표적입니다. 당시 송나라에선 이들을 도학가라고 불렀습니다.

이들은 당시의 정치, 사회, 경제 문제를 도덕적인 방법으로 해결하고자 했고, 도덕으로 법률을 대신하려는 경향을 확립했습니다.

사유재산 보호 같은 민법을 발달시키기보다는 천리와 인욕, 선과 악 등으로 모든 것을 구별했기 때문에, 실제 현실 문제는 제대로 해결하지 못했습니다.

가령 명나라 때 명신名臣으로 추앙받는 해서조차 "무릇 소송 중에 의심할 만한 것이 있으면 그의 형을 패소시키기보다는 그의 동생을 패소시키고, 그의 숙부나 백부를 패소시키기보다는 그의 조카를 패소시켜라"는 글을 남겼을 정도였습니다.

"상인들이 관리가 될 수 없도록 한 것은 탐욕스럽고 비루한 풍속을 방지하고 진실한 기풍을 북돋우기 위한 것『염철론』"이라는 관념은 오랫동안 중국 관료 사회를 지배했습니다. 사익 추구는 경계됐으며 최대한 억제하는 분위기였습니다. 경제 정책은 정확한 규정이나 법령에 의해 좌우된 것이 아니라 당대 정권의 도덕적 기준에 맞춰 재단됐습니다.

가령 남송 멸망 직전엔 재상이었던 가사도는 일정 면적 이상을 보유한 계층의 토지를 사실상 몰수해 국방비로 전용하는 정책을 추진했습니다. 듣기엔 달콤하고 명분도 그럴듯했지만, 지속가능한 정책은 아니었죠. 사유 재산을 뺏긴 민심도 급격히 악화됐습니다.

결국 남송 정부는 가사도를 유배 보내고 정책을 되돌렸지만, 이렇게 우왕좌왕하느라 국력이 약화돼 5년도 버티지 못하고 몽골에 무릎을 꿇었습니다.

가사도는 지금까지 남송 멸망에 결정적 원인을 제공했다는 이유로 송대의 3대 간신 중 한 명으로 평가받고 있습니다.

송나라판 친서민대책 '희녕변법熙寧變法'

송나라도 나름 애를 쓰지 않았던 것은 아닙니다. 희녕 2년1069년, 신종이 왕안석을 부재상격인 참지정사參知政事로 발탁하면서 중국에서 가장 유명하면서도 논란이 많은 왕안석의 희녕변법熙寧變法이 시작됐습니다.

희녕변법이 당대에 많은 반향을 가져왔던 것은 그 내용이 매우 파격적인 친서민정책이었기 때문입니다. 법안 상당수가 국민 다수를 차지하고 있던 농민을 비롯해 도시 경제를 지탱하는 중소상인을 지원하는 내용을 담고 있었습니다.

희녕변법의 대표적 법안들을 간단히 소개해보겠습니다.

청묘법靑苗法은 정부가 상평창常平倉에 보관하던 곡식을 춘궁기에 낮은 이자로 빌려준 뒤 가을에 새 곡식이 수확될 무렵 되돌려 받는 방식입니다. 그동안 농민들이 지주들에게 높은 이자를 지불하며 빈곤층으로 전락하는 폐단을 막기 위한 방지책인 셈입니다.

시역법市易法은 상평시역사常平市易司라는 국영 유통업체를 두고, 물가가 하락하면 상품을 고가로 매수하고 물가가 상승하면 저가로 되파는 방식으로 물가를 안정시키는 방안입니다. 또한 상인들에게 연 2할로 돈을 빌려줬습니다. 균수법均輸法은 세제 개혁안입니다. 중국은 전통적으로 각 지역마다 현물을 납부하는 제도가 있었습니다.

문제는 지역마다 사정이 다른데 중앙 정부가 이를 고려하지 않고 일괄적으로 거뒀다는 점입니다. 이 때문에 해당 물품을 구하기 어려운 지역에서는 멀리 다른 지방까지 가서 이를 구매하기도 하고 이 과정에서 중간 상인들이 이익을 가로채기도 했습니다. 신법을 내놓은 취지는 분명 정부와 백성을 이롭게 하기 위해서였습니다.

기대와 다르게 흘러간 변법의 좌초

하지만 변법이 시행된 지 3년째, 위계종이라는 사람이 다음과 같은 상소를 조정에 올립니다. "온갖 재화들이 수도의 창고에만 쌓여가고 시중 물가는 수시로 출렁이고 있습니다. 오히려 대지주와 간사한 상인들은 가격 통제를 구실 삼아 폭리를 취하고 있어 백성들만 고스란히 피해를 떠안고 있습니다."

2년 뒤엔 정협이라는 관리가 기근에 떠도는 백성들의 처참한 모습을 그린 유민도流民圖라는 그림을 황제에게 올려 파장이 일었습니다. 민생을 탄탄하게 해줄 진흥책으로 여겨졌던 희녕변법이 기대와 다른 방향으로 굴러가고 있다는 경고음이 곳곳에서 날아오기 시작했습니다. 왜 이런 일이 벌어졌을까요?

희녕변법이 좌초한 데는 대지주 등 기득권층의 반발과 저항도 분명히 작용했습니다. 하지만 변법의 허점과 신법당의 미숙한 추진도 큰 몫을 차지했습니다.

청묘법부터 보겠습니다. 당초 대지주로부터 영세농을 보호하겠다고 만든 제도였지만 막상 현장에선 부작용이 적지 않았습니다. 과거엔 농민이 대지주와 구두로 가격 협상을 벌여 즉석에서 대출을 받았습니다. 하지만 국가에서 이를 주관하자 신청하고 재가를 받는 복잡한 절차를 거치게 됐습니다. 신청절차를 하나씩 밟을 때마다 탐관오리들에게 뇌물을 찔러줘야 하는 상황이 벌어졌고, 이는 오히려 부자들에게 높은 이자를 뜯길 때보다 못한 상황으로 치달았습니다.

특히 새로운 제도를 빨리 정착시키겠다는 과욕이 사태를 악화시켰습니다. 전국 각지의 주현에 매년 의무적으로 지켜야 하는 대출 하한 규정이 내려온 것입니다. 결국 가난한 농민들은 물론 중산층이나 부농까지 억지로 곡식을 빌려 이자를 납부해야 하는 코미디 같은 상황이 속출했습니다.

시역법도 마찬가지입니다. 시역사는 시장 가격을 안정시키기 위한 기구였지만 본래 취지와 달리 투기거래상으로 변질됐습니다. 비싸고 잘 팔리는 품목만 집중적으로 사들이는 데 바빴습니다. 그래야 정부에서 하달한 이윤 지표를 달성하고, 일부를 자기 주머니에 넣을 수 있었기 때문입니다.

중국의 유명 역사학자 이중톈은 왕안석의 개혁을 놓고 "부패를 도운 변법의 아이러니"라며 "탐관오리들이 개혁을 두려워한다는 것은 근거 없는 속설이다. 그들은 개혁을 두려워하지 않는다. 오히려 아무런 일이 없는 상태를 두려워한다. 재물을 착취할 이유도 방법도 없어지기 때문이다. 조정이 병사를 모집하면 군사비를 징수했고, 조정에서 학교를 운영하면 운영비를 받아냈고, 조정에서 도적을 소탕해주면 치안유지비를 징수했다. 상부에서 명령이 떨어지기만 하면 그들은 기회를 틈타 날아가는 기러기 털도 뽑을 태세로 제 잇속만 챙겼다."는 말을 남겼습니다.[2]

무능한 관료에 맞서 양산박에서 활동한 108명의 호걸을 다룬 『수호지』가 송대를 배경으로 쓰여진 건 결코 우연의 산물이 아닙니다.

경제는 유사 이래 가장 비약적으로 발전했는데, 서민들의 삶은 갈수록 피폐해졌습니다.

왕안석의 변법 실패 등 의욕이 앞선 개혁안이 좌초돼 혼란을 가중시켰고, 그럴듯한 명분을 앞세울 뿐 현실 정책에선 무기력한 정부에 대한 불신이 극도로 커졌습니다.

중국의 유명한 역사학자 레이 황은 송나라의 쇠퇴를 놓고 "도학가들의 사상은 좁게는 군자와 소인의 구분을 강조했고, 개인의 사적인 이익과 관련된 개념을 말살했다. 오늘날 중국의 민법 발달이 미진하고 도덕관념으로 법률을 대신하는 경향을 보이는 건 송대의 유학자들과 무관할 수 없다"고 지적했습니다.

---

2 이중톈, 『제국의 슬픔』, 라의눈, 2015.

송나라 이후 중국은 약 700년간 같은 수준을 맴돌았습니다. 앞의 그래프에서 보듯이 1인당 GDP는 오히려 뒤로 후퇴하지요. 그만큼 송나라의 도학 발달이 민생에 남긴 후유증은 컸습니다. 이렇듯 국가 정책이 도덕적 이상론에 발목이 잡혀 현실 문제에 눈을 감다가 어찌 되는지는, 송나라 이래 중국의 역사가 좋은 본보기가 아닐까 합니다. 이런 '역사의 경고'를 잊지 않았으면 합니다. 남송 멸망 무렵 주밀은 도학가들의 책임을 추궁하며 "도학가들은 자신이 과거에 외우고 익힌 시서詩書의 신념들을 증명하려는 것에 불과했다."고 평했습니다.[3]

3 이중톈, 앞의 책.

임진왜란에
왜 흑인 용병이
왔을까

23

몇 년 전, 이화여대 학생들이 김활란 초대 총장 동상 앞에 '친일파 부끄럽다'는 팻말을 세워 논란이 됐습니다. 동상은 유지됐지만, 논란은 여전합니다.

이와 비슷한 일이 미국에서도 있었습니다. 2021년 미국 버지니아주의 주도 리치몬드에 세워진 전설적인 군인 로버트 리 장군의 동상이 철거됐습니다. 그는 남북전쟁 당시 남군의 총사령관이었는데, 훌륭한 인품과 탁월한 지도로 남부뿐 아니라 북부에서도 존경받는 인물이었습니다. 하지만 '흑인 생명도 소중하다Black lives matter' 운동이 힘을 얻으면서 흑인 노예 존속을 위해 싸운 장군의 동상을 그대로 둘 수 없다는 목소리가 커졌고, 결국 사라지게 된 것이죠.

영원한 고전으로 평가받는 영화 '바람과 함께 사라지다'도 남북전쟁 당시 미국 남부 사람들을 주인공으로 내세워 시선이 곱지 않습니다. 남북전쟁이 끝나고 노예해방이 이뤄진지도 150여 년 가까이 지나고 있지만 흑인 문제는 여전히 미국 사회에서 갈등의 뇌관으로 자리하고 있습니다.

그렇다면 미국에서 흑인 노예는 언제부터 들어오게 됐을까요. 이것을 알아보기에 앞서 조선에 왔었던 흑인 용병의 이야기부터 다뤄보려고 합니다. 흑인 노예의 역사를 파악하는 데 좋은 실마리를 제공하기 때문이죠.

1598년 5월 명나라 장수 팽유격이 선조를 찾아옵니다. 정유재란을 돕기 위해 찾아온 그는 전쟁은 끝났지만, 전후 처리 문제 때문에 여전히 조선에 주둔하고 있었습니다. 그 자리에서 팽유격은 '얼굴 모습이 다른 신병神兵이 있다'며 함께 온 병사를 소개합니다. 팽유격이 소개한 병사는 아프리카에서 온 흑인 용병이었습니다. 흑인 용병이 어떻게 멀고 먼 조선의 전쟁터까지 왔을까요.

"머리카락은 양털처럼 짧고 곱슬인데, 온몸이 모두 검다."

흑인 병사를 본 선조와 사관들은 깊은 인상을 받았습니다. 『조선왕조실록』은 이렇게 묘사하고 있습니다.

> "일명은 해귀海鬼이다. 노란 눈동자에 얼굴빛은 검고 사지와 온몸도 모두 검다. 턱수염과 머리카락은 곱슬머리이고 검은 양모羊毛처럼 짧

게 꼬부라졌다. 이마는 대머리가 벗겨졌는데 한 필이나 되는 누른 비단을 반도蟠桃의 형상처럼 서려 머리 위에 올려놓았다. 바다 밑에 잠수하여 적선賊船을 공격할 수가 있고 또 수일 동안 물속에 있으면서 수족水族을 잡아먹을 줄 안다. 중원 사람도 보기가 쉽지 않다."

『조선왕조실록』 선조 31년 5월 26일

천조장사전별도 [자료 한국국학진흥원]

선조가 "어느 지방 사람이며 무슨 기술을 가졌소이까?"라고 묻자 팽유격은 이렇게 답했습니다. "호광湖廣의 극남極南에 있는 파랑국波浪國 사람입니다. 바다 셋을 건너야 이르는데, 조선과의 거리는 15만여 리나 됩니다. 그 사람은 조총鳥銃을 잘 쏘고 여러 가지 무예武藝를 지녔습니다."

이 말을 들은 선조는 팽유격에게 "소방조선은 치우치게 해외海外에 있으니 어떻게 이런 신병을 보았겠소이까. 지금 대인의 덕택으로 보게 되었으니 황은皇恩이 아닐 수 없소이다. 이제 흉적일본군을 섬멸하는 것은 날을 꼽아 기대할 수 있겠소이다"라고 답할 정도로 만족스러워 했습니다.

풍산김씨 오미동파가 소장했던 '천조장사전별도(天朝將士餞別圖)' 속 해귀 모습이 보인다. 현재는 한국국학진흥원이 보관 중이다.

다만 이후 일본의 추가 도발은 일어나지 않아서 이 흑인 용병의 활약상을 찾아볼 수는 없게 됐습니다.

미국보다 많았던 이슬람의 흑인 노예

그렇다면 이 흑인은 어디서 왔을까요. 팽유격이 말한 '파랑국'은 포르투갈을 가리킵니다. 그가 15만 여리나 떨어진 곳에서 왔다고 했는데, 15만리는 약 6만㎞입니다. 그러니 뱃길로 따졌을 때 지구 반대편에서 왔다는 것을 팽유격도 어느 정도는 파악했던 것 같습니다.

하지만 학계에서는 그 흑인 용병이 설령 포르투갈 출신일지라 하더라도 마카오에서 왔을 것으로 추정합니다. 당시 무역에 종사하는 프로투갈인이 마카오에 집단 거주하였는데, 이들이 고용한 흑인들이 있었기 때문입니다.

흔히 흑인 노예라고 하면 영화 '바람과 함께 사라지다'에 나오는 것처럼 미국 남부의 넓은 목화밭에서 일하는 모습을 떠올리지만 흑인 노예의 역사는 이보다 한참 이전으로 거슬러 올라갑니다. 아프리카에서 흑인 노예가 팔려가는 경로는 크게 세 가지로 나뉘었습니다.

① 북쪽지중해 루트: 사하라 사막을 건너 북쪽 아프리카 및 오스만 투르크

② 동쪽인도양 루트: 인도양과 홍해를 넘어 아라비아 반도, 이란, 인도 등

③ 서쪽대서양 루트: 대서양을 건너 중남미 국가 및 미국 등지

미국에 끌려간 노예 못지않게 이슬람 국가 등으로 팔려간 노예 숫자가 더 많았습니다. 그것은 이슬람의 노예무역 역사가 오래됐기 때문입니다. 이미 7세기부터 이슬람 상인들이 주도해 사하라 사막을 넘어 북아프리카의 이슬람 국가와 오스만 투르크 등에 흑인 노예들을 보내고 있었지요. 7세기이면 아직 고구려 · 백제 · 신라가 있었을 때이니 얼마나 오래전인지 대략 짐작이 가지요. 노예 무역의 권위자인 미국 역사학자 필립 커틴에 따르면 19세기까지 약 950만 명의 흑인 노예들이 이 경로를 통해 팔려갔다고 합니다.[1]

또 15~19세기 홍해나 인도양을 통해 아라비아 반도, 서남아시아의 이슬람 국가, 또는 인도 등으로 약 500만 명의 노예가 보내졌습니다.

그런데 대항해시대가 한창이던 16세기 인도에는 고아Goa 등 포르투갈이 지배하는 상업 도시들이 있었습니다. 또, 인도에 끌려온 흑인들은 상당수가 군인으로 편성됐습니다. 이들을 합쉬Habshi라고 불

1 필립 커틴, 『경제인류학으로 본 세계 무역의 역사』, 모티브북, 2007.

렸는데, 조선에 온 흑인 병사도 동아프리카에서 인도, 마카오를 거쳐 명나라 군대에 채용된 것으로 추정됩니다.

우리에게 잘 알려진 미국의 흑인 노예들은 세 번째 루트로 19세기 노예무역이 금지될 때까지 이동했습니다. 미국 등 북미 지역으로 간 흑인은 50~60만 명 정도였고, 브라질에는 약 380~500만 명이 팔려 간 것으로 추정됩니다.

미국 노예의 시작은 흑인 아닌 영국인

미국보다 브라질에 흑인 노예가 많이 팔려간 것은 이곳에서 16세기부터 사탕수수 농장을 대규모로 운영했기 때문입니다. 역사 시간에 '플랜테이션 농업'이라고 배우는 그것입니다. 상품 작물을 키우기 위해 넓은 농장에 대규모의 노동력을 투입하는 방식입니다. 16~17세기만 하더라도 미국보다는 카리브해나 남아메리카에서 이런 농업이 발달했기 때문에 주로 이 지역으로 흑인 노예들이 가게 된 것이죠.

미국은 이보다 늦은 18세기부터 면화 · 담배 농장이 본격화했습니다.

그랬기 때문에 대규모 노동력이 필요하지 않았던 초창기 미국에선 흑인보다는 영국에서 온 하층민들이 '계약직 노예'로 일했습니다. 일정 기간 일하고 나면 자립할 수 있도록 토지나 돈을 마련해 해주는 것이 조건이었습니다.

그러면 영국에서는 왜 굳이 자신들의 나라보다 발달이 덜 된, 이때만 해도 식민지였던 미국으로 가서 노예 생활을 하는 사람들이 생겨난 것일까요.

그것은 자본주의 역사와 관련이 있습니다. 중세 말 양모 가격이 급등하자 영국에서는 15세기부터 귀족과 지주들이 양을 키울 수 있는 목초지를 만드는 데 관심이 많아졌습니다. 그래서 농지를 목초지로 만들고 공유지에 울타리를 쳤고, 소작농으로 일하던 농민들은 졸지에 일터를 잃게 된 것이죠. 이들은 별다른 기술이 없었기 때문에 차라리 신대륙으로 가서 새로운 출발을 하는 것이 낫겠다고 판단한 사람들이 있었습니다. 그래서 영국인들이 미국인들의 노예가 되기 위해 신대륙으로 가는 일이 벌어지게 됩니다.

1656년만 해도 미국에는 약 1만 2000명에 달하는 영국인 노예가 있었던 것으로 추정됩니다. 이때만 해도 흑인 노예라는 개념은 발달하지 않았고, 재산을 모을 기회가 공평하게 주어졌기 때문에 자산을 가진 흑인들도 적지않게 살고 있었습니다. 오히려 남북전쟁 때의 모습과는 다른 풍경이었죠.

하지만 영국에서 온 '노예'들은 열악한 환경을 견디지 못했고, 미국 노예주들도 약속을 지키지 않는 경우가 많아지면서 영국에서 미국으로 오려는 희망자는 급감했습니다.

거기에다가 미국 남부에서도 플렌테이션 농업이 확산하면서 결국 아프리카 흑인으로 눈을 돌리게 됩니다. 이렇게 흑인 노예 제도가 미국에 뿌리를 내렸고, 이는 미국의 흑백갈등의 씨앗이 됐습니다.

참고로 미국이 건국할 당시에도 이 문제를 두고 남부와 북부의 의견 차이는 매우 컸습니다. 상공업이 발달하고, 네덜란드 사람들과 영국의 청교도들이 많이 자리 잡은 북부는 상대적으로 자유롭고 진보적인 분위기였습니다. 그래서 이들은 이때부터 이미 남부의 흑인 노예 제도에 매우 비판적이었습니다.

반면에 영국의 지주층과 왕실 옹호파, 국교도 등이 많았던 남부에서는 플랜테이션 농업 발달과 맞물려 노예제에 대해서 절대적으로 옹호하는 편이었죠. 건국 당시엔 13개 주가 연합하는 수준이었고 각 주의 독립적 권리를 많이 존중했기 때문에 이러한 차이를 어느 정도는 극복할 수 있었습니다. 그래도 미국 건국 초기만 해도 이 문제는 큰 논란은 아니었습니다. 일단은 신생 국가의 통합이 우선시 됐기 때문에, 건국 당시 각 주는 노예제에 대한 입장의 차이를 존중하자는 분위기가 강했던 것이죠. 그래서 헌법도 노예제를 인정했으며, 각 주는 노예제를 인정하는 '노예주Slave state'와 금지하는 '자유주Free state'를 정할 수 있도록 했습니다. 그렇게 해서 버지니아 · 조지아 · 플로리다 등은 노예주로, 펜실베이니아 · 뉴욕 · 메사추세츠 등은 자유주가 됐습니다. 이후 미국이 영토를 늘리면서 북위 36도를 기준으로 이북은 노예제 금지, 이남은 노예제 유지1820년 미주리 타협하도록 했다가 갈등이 심화하자 새로 편입되는 주가 투표로 정할 수 있도록 했습니다.1854년 캔자스-네브래스카법

그리고 새로운 주가 탄생할 때마다 노예제 여부가 미국의 정치적 이슈로 떠오르곤 했습니다. 북부와 남부 각각 자기 쪽으로 끌어들이고 싶었던 것이죠. 여기엔 경제 문제도 크게 작용했습니다. 19세기부터 미국 북부 지역에서 상공업이 발달하고 더 많은 노동자가 필요해지면서 남부의 노예를 풀어야 한다는 목소리가 커진 것이죠. 물론 북부에선 건국 초기부터 인권 문제를 지적했지만, 이런 경제적 배경을 무시할 수는 없습니다. 결국 양측의 갈등은 새로 미국에 합류하는 캔자스주의 선택을 놓고 폭발했습니다. 양측 세력이 몰려들어 유혈사태1854~1859가 벌이진 것이죠. 결국 캔자스는 자유주로 연방에 가입1861됐지만, 이는 남북전쟁1861~1865의 도화선으로 작용했습니다. 미국이 건국된 지 약 1세기 후 일어난 남북전쟁1861~1865에는 이런 배경이 있습니다.

남북전쟁으로 노예는 해방되었지만 당시 노동력을 제공하고도 제대로 된 대가를 받지 못했었기에 흑인들은 돈이 없어 제대로 된 교육이나 사업의 기회를 갖기 어려웠습니다. 열악한 사회적 계급이 대물림되는 구조였던 것이죠.

지난 2020년에 발생한 플로이드의 죽음을 계기로 미국 전역으로 번진 시위에서 콜럼버스와 리 장군의 동상이 끌어내려지고, 영화 '바람과 함께 사라지다'에 불똥이 튄 것은 이런 배경 때문입니다.

따라서 흑백갈등을 해소하려면 흑인과 백인 사이의 정치 · 사회 · 경제적 격차를 줄여야 하고, 이를 위해선 과거 부당하게 착취당한 흑인에 대해 보상이 이뤄져야 한다는 목소리도 나오고 있습니다. 하지만 실질적 효과에 대해 의문을 제기하는 목소리도 만만치 않고, 실행에 따르는 현실적인 어려움 때문에 실현될 가능성은 적어 보입니다. 그런 점에서 미국의 흑백갈등은 역사가 남긴 풀기 힘든 숙제인 셈입니다.

『모비 딕』의 포경업은 왜 쇠퇴했을까

24

한국 땅을 처음으로 밟은 미국인은 누구일까요. 1866년 통상을 요구하며 대동강을 따라 평양까지 들어왔던 제너럴셔먼호의 선원들일까요? 아니면 1871년 강화도에 쳐들어왔던 미국 해군의 병사들일까요? 의외로 잘 알려지지 않은 사실 중 하나인데, 그 주인공은 1명이 아닌 4명입니다. 이름도 분명히 기록되어 있습니다. 멜빌 켈시, 토마스 맥과이어, 데이비드 반즈, 에드워드 브레일리로 모두 20대 전후의 젊은 청년들이었습니다. 이들이 함경남도 원산 인근에 나타난 것은 1855년 6월 26일. 이들은 조선의 한 마을에서 한 달 가까이 융숭한 대접을 받고 중국 상하이의 미국 영사관으로 돌아갑니다. 이들은 이때 왜 조선에 나타나게 된 것일까요.

신생국 미국을 먹여살리던 포경업

지금 전 세계 주요 산업을 주도하는 초강대국 미국이지만, 200~300년 전만 해도 산업 후진국에 불과했습니다. 당시의 주력 산업이라고 할 수 있는 철강이나 해운은 영국에 한참 밀리는 처지였고, 미국이 기댈 수 있는 것은 면화나 포경捕鯨 같은 농수산업에 불과했습니다. 그중 고래를 잡는 포경업은 영국과의 무역에서 발생하는 거대한 무역 적자를 메워주는 중요한 산업이었습니다.

당시 포경업은 지금으로 치면 석유 산업과 비슷한 위치에 있었습니다. 고래와 석유가 어떻게 같냐고요? 이렇게 비교할 수 있는 근거는 바로 고래기름입니다. 고래기름은 당시 각 가정과 밤거리를 밝히는 램프의 연료로 쓰였을 뿐 아니라 양초, 비누, 윤활유 등 산업적 용도로 다양하게 사용되고 있었습니다. 특히 산업혁명이 시작되면서 기계를 돌리기 위한 윤활유의 수요가 크게 늘어났기 때문에 고래기름의 가치는 점점 뛰었습니다.

그러니 허먼 멜빌이 쓴 『모비 딕』을 보면 주인공 이슈메일이 "세상 사람들은 우리 고래잡이들을 업신여기면서도 사실은 자기도 모르게 깊은 경의를 바치고 있다. 실로 어마어마한 흠모를! 지구 전역에서 타오르는 심지와 들불과 촛불은 수많은 신전 앞에서 타오르는 불빛처럼 우리에게 감사하며 타오르고 있기 때문이다"라고 자부심을 드러낸 것도 허세는 아닙니다. 고래기름이 없다면 산업혁명의 사회는 제대로 돌아갈 수 없는 상황이었으니 말입니다. 여기에 더해 고래의 입 속에 수염처럼 돋아나 있는 고래뼈는 열처리를 통해 모양을 변형시킬 수 있어서 마치 오늘날의 플라스틱처럼 활용됐습니다. 그러니 석유에서 각종 연료와 플라스틱을 얻는 지금과 비교해도 전혀 다르지 않은 쓰임새였죠. 또 고래의 복부에서 발견되는 용연향은 고급 향수 원료로 사용됐는데 같은 무게의 금보다 비싸게 팔렸습니다. 반면 고래기름과 용연향이 아닌 포경할 때 얻는 고래고기는 가치가 매우 낮았고, 심지어 버려지는 경우도 많았다고 합니다. 그러니 넓은 바다와 해안선을 확보하고 있었던 미국이 이 황금 산업에 뛰어들지 않을 이유가 없었던 것이죠.

미국 북동부의 대서양 연안에서 미국의 포경업이 출발하였습니다. 세계 경제의 중심지 미국 뉴욕의 맨해튼도 이때는 고래 사냥에 나선 뱃사람들이 모이는 작은 항구에 불과했습니다. 또, 포경업이 시작된 매사추세츠주의 낸터킷Nantucket 이후 새로운 중심지가 된 뉴베드퍼드New Bedford 등이 유명한 포경선의 집결지였습니다. 뉴베드퍼드의 경우 1830년 3000명에 불과했던 인구가 불과 20년 뒤인 1850년에는 2만 명으로 성장했으며, 포경업에 종사하는 선원이 1만 명이었을 정도였습니다.

『모비 딕』의 이슈메일이 "마지막으로 우리 미국의 고래잡이들은 왜 오늘날 전 세계의 고래잡이들을 모두 합한 것보다 더 수가 많아졌을까? 미국의 포경선은 700척이 넘고, 포경선을 타는 사람은 1만 8000명에 이르고 해마다 400만 달러를 소비하고 출항할 때 2000만 달러의 가치르 갖는 배가 해마다 700만 달러의 수익을 가지고 돌아오는 것은 어찌된 일인가. 단언하거니와 지난 60년 동안 이 넓은 세계에 이 고상하고 강력한 포경업만큼 큰 잠재력을 가진 것은 없다"고 말했을만큼 미국에서 포경업은 자본과 노동력을 빨아들이는 가장 강력한 산업이었습니다.

따라서 신생 국가 시절 미국에게 위협적인 요인은 포경업에 타격을 입는 일이었습니다. 실제로 미국 독립혁명기 당시 세계 최강이던 영국 해군은 미국 포경선을 집중 공격하였는데 바로 미국의 '돈줄'을 묶기 위해서였죠.

고갈 위기에 빠진 고래

하지만 이런 산업이 대개 그렇듯이 시간이 지나자 '고갈'이라는 문제와 마주하게 됐습니다. 고래기름에 대한 수요가 폭증한 데다 오랜 기간동안 남획이 거듭되다 보니 더이상 대서양에서 잡는 고래만으로는 감당할 수 없는 지경에 이르렀습니다. 그래서 이들은 미국 서부에 펼쳐진 태평양으로 눈을 돌리게 됩니다.

처음에는 안전한 항해를 위해 남아프리카 희망봉을 경유해 인도양을 거쳐 태평양으로 가는 방식을 택했습니다. 예컨대 1791년 처음 태평양으로 갔던 포경선 7척이 이런 방식을 택해서 낸터킷과 뉴베드퍼드로 돌아왔습니다. 하지만 지도에서 그어보면 알겠지만, 지구의 3분의 2 정도를 돌아가는 굉장히 먼 바닷길입니다. 그래서 이후 항해술이 발달한 뒤로는 남아메리카의 케이프 혼Cape Horn을 돌아 남태평양으로 갑니다. 거리가 훨씬 단축됐겠죠.

먼 바다로 가야 하니 포경선의 크기도 대폭 확대됩니다. 이전에는 30톤 정도였는데 이제는 10배가량 커진 300톤 규모가 됐고, 4척 정도의 포경용 보트를 탑재했습니다. 이 무렵부터 고래고기가 버려지기 시작했습니다. 기름이 있는 지방층보다는 가치가 낮기도 했고 워낙 먼 바다로 떠나다보니 고기를 보관할 방법이 마땅치 않았던 것이죠.

그렇다면 이렇게 먼 바다까지 대규모 선단을 몰고 갈 가치는 있었을까요.

당시 큰 북극고래 한 마리에서는 275배럴의 기름과 3500파운드의 고래뼈를 얻을 수 있었는데 가치는 약 5000달러였다고 합니다. 당시 1달러는 현재의 40달러가량의 가치가 있었다고 하니, 지금의 20만 달러한화 약 2억 6000만 원 정도 되는 셈이죠. 참고로 향유고래 한 마리는 약 3500달러 정도, 참고래는 약 3000달러 수준의 가치가 있었다고 합니다. 당시 한 기록에 따르면 미국에 매년 포경업으로 들어오는 기름은 40만 배럴에 달했고, 매년 500만 달러가량의 수익을 올렸다고 합니다. 한 번 뉴베드퍼드나 낸터킷을 떠난 포경선들이 다시 돌아오는

데는 보통 3~4년, 길게는 6~7년의 시간이 걸리기도 했습니다.[1]

그렇기에 그 사이에 포경선이 머무르면서 장비를 정비하고, 필요한 물품을 구할 수 있는 중간 어업기지의 필요성이 대두하였고 그렇게 해서 하와이의 호놀룰루Hnolulu가 주목받게 됩니다. 포경선의 선원들은 항해 중 이곳에 들러 집으로 편지를 보내기도 하고, 그동안 항해에서 얻은 고래기름을 미국으로 운반선에 실어 보내기도 했습니다. 태평양의 한가운데 가진 이 섬을 통하면 미국은 태평양 전 지역으로 포경선을 보낼 수 있었습니다. 그러니까 미국이 하와이의 가치에 주목하게 된 것은 국가 산업인 포경업의 발달과 안전 측면이었던 것이죠. 19세기 중반 포경업은 미국 산업 규모에서 5번째였고, 종사자만 7만 명에 달하는 거대 산업이었습니다. 매년 하와이에 정박하는 포경선만 해도 600척에 달했습니다.

『모비 딕』에서는 "오랫동안 포경선은 지구에서 가장 덜 알려진 외진 곳을 찾아내는 개척자였다. 포경선은 쿡이나 밴쿠버도 항해한 적이 없고 해도에도 실려있지 않은 바다와 군도를 탐험했다. 지구 반대쪽의 아메리카 대륙이라고 할 수 있는 오스트레일리아가 문명 세계에 알려진 것도 고래잡이의 공적이다. 어떤 네덜란드 선박이 실수로 그 대륙을 처음 발견한 뒤, 다른 배들은 모두 오스트레일리아 해안을 전염병이 만연하는 미개지로 생각하여 오랫동나 접근조치 하지 않

---

1 김남균, 「19세기 미국의 포경업, 태평양, 그리고 아시아」, 『미국학논집』, Vol. 45, No. 1, pp.5-30, 2012.

았는데 포경선만은 그곳 해안에 닿았던 것이다."라며 포경선의 지리적 업적을 설명하고 있습니다.

실제로 그랬습니다. 18세기 후반 태평양으로 진출한 미국의 포경선들은 고래를 찾아다니며 바다를 동서남북으로 헤집고 다니면서 탐험가나 해군을 대신해 지도에 없는 섬들을 발견했고 이것을 통해 새로운 항로를 개척했습니다. 포경선 덕분에 광대한 미지의 세계였던 태평양이 인류에게 그 모습을 온전히 드러내게 된 것입니다. 이들이 발견된 대표적인 섬들을 꼽자면 스타벅, 캐롤라인, 보스톡, 피지, 솔로몬 군도 등인데 아마도 커피를 좋아하는 사람이라면 눈에 번쩍 띄는 이름이 있을 것입니다. 바로 스타벅Starbuk입니다. 전 세계적으로 가장 인기있는 커피 브랜드 중 하나인 스타벅스는 『모비 딕』에 등장하는 선원 스타벅에서 따왔다고 하는데, 소설 속 이름 또한 포경선이 발견한 섬에서 가져온 이름입니다. 그리고 실제로 19세기 포경업의 고장인 낸터킷에는 스타벅이라는 성을 가진 사람들이 꽤 있었다고 합니다.

그리고 이렇게 고래를 찾아 태평양을 구석구석 찾아다니던 미국의 포경선은 어느덧 태평양 서쪽 끝에 있는 동해에 도착했습니다. 1819년 포경선 마고Margo가 처음으로 일본 근해에서 고래를 잡아 기름을 싣고 낸터킷으로 돌아왔습니다.[2]

---

2 박구병, 「미국 포경선원의 한국영토 상륙과 한국인과의 접촉에 관한 연구」, 『아세아연구』, Vol. 94,

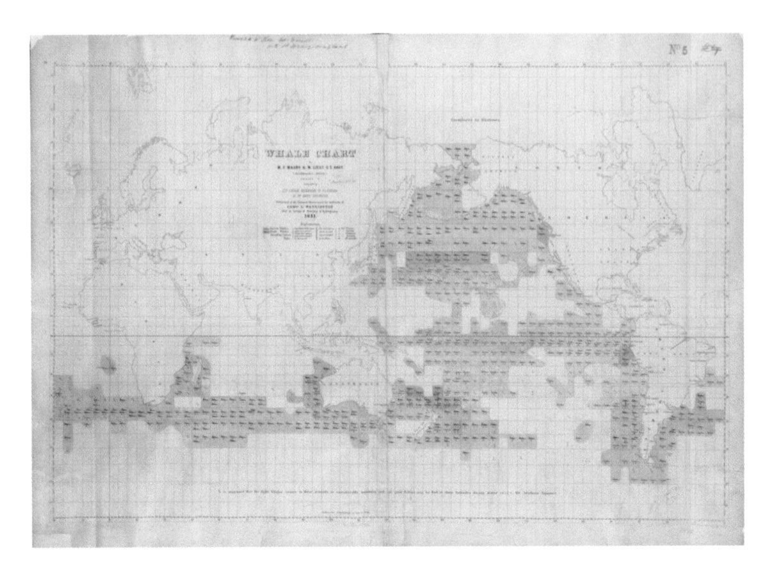

19세기 미국 해양학자이자 해군장교 매튜 폰테인 모리가 제작한 포경지도
[자료 Norman B. Leventhal Map & Education Center at the Boston Public Library]

예로부터 동해는 고래가 많이 발견되고 비교적 쉽게 잡을 수 있는 바다였습니다. 신석기시대 새겨진 것으로 알려진 울산 반구대 암각화에도 고래사냥이 그려져 있었을 정도니까요.[3] 그래서 『송사宋史』를 비롯한 많은 문헌들이 동해를 고래의 바다를 의미하는 경해鯨海로 표기하기도 했습니다. 또, 조선에서 14년간 억류생활을 했던 네덜란드인 하멜은 그의 저서『하멜표류기』에서 "조선의 동북쪽에는 넓은 바다가 있다. 이 바다에서는 매년 프랑스와 네덜란드의 작살이 꽂힌 고래가 많이 발견된다"라고도 썼습니다. 학자들은 하멜의 기록에 대해 그가

pp.123-162, 1995.

3 정인철, 「프랑스 포경선 리앙쿠르호의 독도 발견에 관한 연구」, 『영토해양연구』, Vol. 7, pp.146-179, 2014.

실제로 겪은 일인지 다소 의심하기도 하지만, 어쨌든 서양 국가들이 동해를 주목하게 만든 요인 중 하나라는 데는 동의합니다. 그러니 미국의 포경선들이 이곳을 주목한 것도 당연한 일이었습니다. 또한 일본은 지리적으로 북서 태평양에서 포경 활동을 하던 배들이 급작스러운 사태가 닥쳤을 때 도움을 얻기에도 좋은 위치에 있었습니다. 하지만 일본은 이 당시에 조선 못지않은 강력한 쇄국정책을 택하고 있었기 때문에 간혹 조난을 당한 미국 포경선원들이 일본 땅에 닿아도 별다른 도움을 얻지 못했습니다. 미국 정부가 일본과 정식으로 국교 수립에 나서야겠다고 결정한 것도 이런 배경이었습니다. 1853년 '흑선'을 타고 온 페리 제독이 일본 조정에 전달한 밀라드 필모어 미 대통령의 서한에는 조난당한 포경선이 도움을 받을 수 있도록 조치해 달라는 요청이 담겨 있었습니다. 그리고 당시 "다음에는 더 많은 군함을 끌고 올 수도 있다"는 페리 제독의 윽박에 질린 일본 조정은 결국 1854년 3월 가나가와 조약을 맺고 시모다와 하코다테를 개항하기로 결정합니다. 이 사건은 일본의 역사에 큰 변화를 가져옵니다.

이 무렵, 조선에서도 서양 포경선의 존재를 인식하고 있었습니다. 그것은 "금년 여름 · 가을 이래 이양선이 5도의 바다에 출몰하는데…하선하여 급수하고, 혹은 고래를 잡아서 양식으로 삼는데 그 수를 거의 헤아리지 못한다"『헌종실록』 14년 12월는 기록에 잘 드러납니다. 1848년 4월에는 '일라이저 애덤스'라는 포경선에 탔던 선원들이 울릉도에 잠시 상륙한 기록이 있습니다. 이들은 동해에서 80여일간 조업하며 20마리의 긴수염고래를 잡은 것으로 되어 있는데, 당시 꽤 나 '짭짤한' 수익을 남길만한 결과였습니다. 그래서였을까요. 이듬해 인 1849년 미국 항해일지를 조사한 연구에 따르면 무려 130척의 미국 포경선이 동해 바다에 고래를 잡으러 왔다고 합니다. 참고로 미국 배는 아니었지만, 독도에 '리앙쿠르Liancourt'라는 이름을 붙인 것도 이 해에 동해를 찾은 프랑스 포경선입니다.

1850년대엔 기록이 조금 더 다양해집니다. 1853년 1월말 미국의 포경선이 부산 인근에 잠시 정박한 일도 있었습니다. 당시 그 배에 오른 두모포만호 정순민의 보고에 따르면 "배의 모양은 극히 사치스러웠고, 사람들의 두발은 고슴도치 털 같았는데, 코가 높고 수염은 없었으며 신체에는 간혹 문신을 하고 있었다"고 합니다. 또, "배에는 20여세의 여성 1명을 포함, 43명이 타고 있었는데 우리(조선인 관원)들을 보고 꺼리는 기색이 없었으며, 즐거워하고 웃으며 영접해줬습니다. 다만 말을 알아듣지 못해 글을 써서 국호와 목적지를 물어봤지만 역시 소용이 없었고, 그들에게 글을 써 달라고 하니 구름이나 그림 같은 것을 내보였는데 몽골어도 아니고 한글도 아니어서 전혀 알아볼 수 없었습니다. 다만, 그들의 선박과 몸을 가리키며 '弥里界며리계'라고 말했다"고 전했습니다. 다행히 배에 동승한 일본인이 있어 포경선이라는 것을 나중에 확인하게 됩니다. '며리계'는 '아메리카'에서 악센트 상 '메리카'가 강조되어 들린 탓이었겠죠. 다만 이들은 조선 땅에 내려서 머무르지는 않고, 다시 떠났습니다.

1855년 6월 위에서 언급한 네 명의 포경선원 청년들이 조난을 당해 원산항 인근의 마을에서 구조되는 일이 벌어집니다. 훗날 미 정부의 조사에 따르면 이들은 '투 브라더스Two brothers'라는 배를 타고 동해에 왔는데, 선장인 존 차일드의 가혹한 대우에 견디지 못하고 탈출한 것으로 드러났습니다. 어쨌든 포경선원들이 한 달간이나 조선에 머물렀지만 자세한 기록이 거의 남아있지 않은 것은 아쉬운 일입니다.

석유가 고래를 살리다

이렇듯 미친듯이 확산하던 포경업을 멈춰 세운 것은 금과 석유였습니다.

전 세계 포경업을 이끌던 미국은 1850년을 정점으로 차츰 쇠락하기 시작합니다. 바로 1849년부터 미국 서부를 강타한 골드 러시Gold rush의 열풍입니다. 미국 캘리포니아에서 금광이 발견되면서 미 전역에서 금맥을 찾아온 노동자들이 서부로 몰려들었습니다. 포경선을 타던 젊은이들도 위험할 뿐만 아니라 짧게는 수개월에서 길게는 수년간 육지와 단절되는 포경업보다 금광으로 가는 편이 나았을 것입니다. 배를 탈 사람이 줄어들자 임금을 올릴 수밖에 없었고, 결국 포경업 운영이 악화되는 결과를 가져왔습니다.

여기에 석유화학의 발달은 포경업에 가장 강력한 브레이크를 걸게 됩니다. 19세기 중반 스코틀랜드의 화학자 제임스 영이 석유를 정제하는 방법을 발견해 등유와 가스, 나프타 등을 생산할 수 있게 됐습니다. 고래기름이 없어도 석유를 이용해 등불이나 가로등을 밝힐 수 있게 됐고, 나프타에서 얻는 화합물은 플라스틱이나 합성 섬유의 원료가 됐습니다. 고래를 완벽하게 대체할 물질을 찾은 것이죠. 공장에서도 가격이 싼 등유를 선호하게 됐습니다. 1850년대 고래기름은 갤런당 1. 3~2. 5달러 수준이었으나 석유에서 추출한 석유는 60센트로 2~4배가량 저렴했습니다. 비싼 가격이었지만 고래기름을 사용한 등은 등유처럼 냄새가 나지도 않고 그을음도 없으며 빛도 밝았기 때문에 여전히 찾는 수요가 있어 포경도 계속됐습니다. 하지만 고래의 수량은 한정되어 있었고 이미 품귀현상이 벌어지고 있었기에 인류가 석유에 주목하는 것은 시간문제였습니다. 특히 185년 독일의 기술자 G. 다임러와 C. F. 벤츠가 내연기관을 발명하면서 획기적인 전환을 맞이합니다. 자동차 내연기관에 석유가 연료로 쓰이면서 석유의 시대가 본격화된 것입니다. 지금은 탄소 발생으로 환경 파괴의 주범처럼 꼽히고 있는 화석연료의 대표격인 석유가 고래를 구원했으니 모순적이기도 합니다. 고래 입장에서는 인간이 계속 석유를 사용해주길 바라지 않을까요.

(단위 : 파운드)

	1860년	1865년	1870년	1875년
석유 소비량	517000	1724000	1896000	1896000

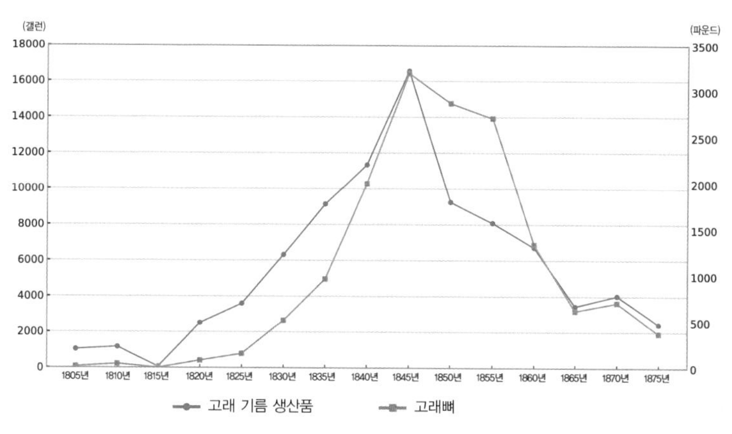

고래 기름 생산품–고래뼈–석유 소비량의 상관관계[4]

멸종 위기에 있는 고래를 보호하기 위해 현재 포경업은 미국을 비롯해 대부분의 국가에서 금지되어 있습니다. 그리고 미국의 압력에 떠밀려 강제로 나라 문을 열었던 일본이 금지되었던 상업적 포경을 재개하면서 미국을 대신해 세계 최대 규모의 포경업을 지속하는 나라에 올랐습니다. 이전까지 포경업의 가치에 대해서 크게 주목하지 않았던 일본이 이때 비로소 눈을 뜨게 된 것이죠. 이것 또한 역사의 아이러니라 하지 않을 수 없네요.

---

4 U.S Energy Information Administration, Monthly Energy Review July 2018. Ugo Bardi, 「Crude Oil: how high can it go? (19th century whaling as a model for oil depletion and price volatility)」, The Oil Drum, May 2018 참고하여 재구성

신라에 왔던
처용은
신드바드였을까

25

7세기 중엽 사산조 페르시아가 이슬람 제국의 침공으로 멸망합니다. 페르시아의 마지막 왕자 아비틴은 중국 당나라로 망명해 저항세력을 이끌죠. 하지만 얼마 후 당나라마저 극심한 정치적 혼란에 빠지자 아비틴은 고민에 빠집니다. 이때 한 서역 지역 왕이 "바실라신라는 파라다이스처럼 아름다운 곳이며, 침략으로부터 안전하다"는 편지와 함께 신라로 가는 뱃길을 알려줍니다.

천신만고 끝에 신라를 찾아간 아비틴 일행은 신라왕 타르후르로부터 큰 환대를 받았습니다. 아비틴은 신라 왕자 가람과 둘도 없는 친구가 됐고, 신라 공주 프라랑과 결혼해 아들 파리둔도 얻게 됩니다. 신라는 그야말로 약속의 땅이었던 셈이죠.

이란에 전해져 내려온 중세 서사시 『쿠쉬나메』의 주요 내용입니다. 『쿠쉬나메』는 수백 년 동안 현실성 없는 '판타지'로 취급받다가, 20세기 후반부터 재조명을 받게 됩니다. 이 서사시의 비밀을 벗길 동방의 한 설화가 알려졌기 때문입니다.

『쿠쉬나메』와 『삼국유사』의 만남

> "왕이 개운포開雲浦, 지금의 울산항에서 놀고 있는데 갑자기 구름과 안개가 자욱하게 깔려 길을 잃고 말았다. 일관日官의 조언에 따라 절을 세우도록 하자 구름과 안개가 걷혔다. 동해의 용이 기뻐하며 일곱 아들을 거느리고 왕 앞에 나타나 기이한 춤을 추고 음악을 연주하였다. 그중 한 아들이 왕을 따라 서라벌로 들어와 정사를 도우니, 이름은 처용處容이라 하였다."
>
> 『삼국유사』

> "왕은 나라의 동쪽 지방의 주 군에 행차하였다. 이때 알지 못하는 사람 4명이 어전에 나타나서 노래하고 춤추는데 그 모양이 괴이하고 의관도 다르므로 사람들이 말하기를 '산해山海의 정령精靈'이라 하였다."
>
> 『삼국사기』

『삼국유사』에 의하면 처용은 헌강왕 때 뱃길을 따라 울산항에 들어온 외국인입니다. 몇 년 전 국립중앙박물관에서 진행했던 '새보물 납시었네'라는 특별전시에는 국보 제325호로 지정된 '기사계첩'이 소개됐습니다. '기사계첩'은 숙종이 노년의 신하들을 예우하기 위해 열었던 행사 이모저모를 담은 그림으로 한쪽에는 재미있는 장면이 담겨 있습니다. 까만 피부에 턱이 툭 튀어나온 탈을 쓴 무리의 춤사위, 바로 처용무處容舞입니다. 처용무는 무려 신라시대부터 시작되어

기사계첩 속 처용무 [자료 한국학중앙연구원]

고려, 조선을 거쳐 지금까지 전해진 무용입니다. 역사에 기록된 처용무를 살펴 보면 처용은 얼굴이 검고 눈이 깊으며 매부리코를 가진 모습으로 오래전부터 서역인이라는 가설이 제기되어 왔습니다.

그런데 처용이 신라에 나타난 시기879년가 흥미롭습니다.

이 시기는 당나라에서 황소의 난875~884이 한창이던 때입니다. 특히 879년엔 황소가 이끄는 반란군이 최대 무역도시 광저우를 점령해 약탈과 살육을 벌였습니다. 당시 기록에 따르면 광저우에서 10만 명의 외국인이 살해됐는데 이곳에 집단 공동체를 형성한 아랍-페르시아계 무슬림들이 대거 희생됐다고 합니다. 다행히 광저우는 항구도시였고 많은 무역선들이 정박해 있었기 때문에 일부 외국인들은 도시가 함락되기 전 배를 타고 빠져나올 수 있었습니다. 『쿠쉬나메』에서 페르시아 왕자 아비틴 일행이 황급히 신라로 피신하게 된 계기도 이슬람 상인들의 뇌리 속에 각인된 황소의 난을 피해 온 것으로 추정됩니다.[1]

이렇게 페르시아와 신라의 두 설화가 결합하면서 퍼즐이 조금씩 맞춰지기 시작했습니다.

사실 페르시아의 멸망과 황소의 난은 시간대가 딱 들어맞지는 않습니다. 사산조 페르시아의 멸망과 황소의 난은 무려 200년의 차이가 있습니다. 하지만 사산조 페르시아의 마지막 왕자 피루즈가 중국으로 망명해 항쟁을 지휘했던 것은 역사적 사실입니다. 그래서 일각에서는 『쿠쉬나메』가 12세기에 완성되다 보니 여러 시기에 걸쳐 벌어진 사건들이 압축돼 섞였을 것으로 봅니다.

지금까지 알려진 여러가지 정황을 고려해보면 처용은 ① 페르시아의 마지막 왕자를 따라 중국에 정착했다가 ② 황소의 난 때문에 신라로 난민 온 한 인물로 추정됩니다.

---

1 김창석, 「8~10세기 이슬람 제종족의 신라 來往과 그 배경」, 『한국고대사연구』, Vol. 44, pp.93-126, 2006.

그렇다면 처용은 어떤 인물이었을까요. 일단, 왕자를 따라 망명한 일행이라면 페르시아 지도층에 속했을 가능성이 높습니다. 또한 『삼국유사』에서 "왕은 (처용에게) 예쁜 여성을 아내로 삼게 하고, 급간級干 관직도 주었다"고 하는데 급간은 신라에서 성골 · 진골 다음으로 높은 계급인 6두품만이 받을 수 있는 관직입니다.

뱃길을 통해 울산항에 도착한 이슬람교도?

몇 년 전 오만의 문화부 장관이 한국 관료들을 만난 자리에서 "처용은 오만 사람이다"라고 주장했다는 것이 알려지면서 화제가 되기도 했습니다. 처용을 서역, 그러니까 이슬람 문화에서 온 외국인으로 추정하는 데는 이유가 있습니다. 당시 이슬람인들이 남긴 기록에는 "신라로 간 외국인들은 아무도 그곳을 떠나려 하지 않는다"든지 "여러 가지 이점 때문에 이슬람교도들은 신라에 와서 영구정착했다"와 같은 내용을 어렵지 않게 발견할 수 있기 때문입니다. 왜 신라에 정착했을까요.

건조하고 사막으로 둘러싸인 환경에서 살아온 그들에게 신라는 낙원처럼 보였던 것 같습니다. 실제 각종 기록에도 신라에 대한 아름다운 묘사가 남아있습니다.

> "그곳 백성들은 병들지 않는다. 주민들의 모습도 매우 아름답고 건강하다. 환자는 아주 드물게 발견된다."
>
> 『제국諸國 유적기Athar al-bilad』

> "매우 아름다운 곳이다. 신선한 공기, 맛있는 물 같은 완벽한 위생 덕분에 백성들은 병들지 않고 건강하며 집집마다 호박 향내가 난다"
>
> 『대왕들의 업적과 경이의 요약』[2]

최근에 알려진 이란의 중세 서사시 『쿠쉬나메』의 내용은 더욱 재미있습니다. 7세기 중엽 멸망한 페르시아의 마지막 왕자 아비틴이 중국 당나라를 거쳐 신라로 도망간 뒤 신라의 공주와 결혼해 정착한다는 내용입니다. 두 사람 사이엔 파리둔이라는 아이가 태어났고 훗날 파리둔은 신라의 도움을 받아 나라를 되찾습니다. 어쩌면 처용은 이 왕족 아비틴의 일행이었던 것은 아닐까요.

참고로 우리에게 친숙한 '알라딘'은 이슬람 배경으로 많이 알려져 있고, 또 실제로 그렇게 그려지고 있습니다만, 원전에서는 중국이 배경입니다. '천일야화아라비안나이트'를 보면 알라딘은 중국에서 옷을 만드는 아버지를 둔 소년이며, 어느 날 아프리카에서 한 마법사가 중국에 찾아와 알라딘을 꼬드겨 램프를 찾는 것으로 이야기가 진행됩니다.

---

2 김창석, 앞의 논문.

경주 신라 원성왕릉과 주변 석상 [자료 한국민족문화대백과사전]

당시 중동에서는 중국이나 한국신라 같은 동아시아가 굉장히 호기심을 자극하는 신비스러운 공간이었던 모양입니다.

처용은 어떻게 파격적 대우를 받았을까

잘 알려져 있다시피 신라는 철저한 계급사회였습니다. 그러니까 박 · 석 · 김 등 왕족을 제외하고는 가장 높은 계급인 6두품으로 대우받았던 처용이 그저 길을 잃은 외국인이 아니라 비범한 능력을 갖추고 있었다는 점을 암시합니다. 과연 무엇이었을까요.

헌강왕 때 서라벌에는 큰 전염병이 돌았습니다. 처용이 어느 날 집에 돌아와 보니 아내와 함께 있는 역신을 보고 밖에서 춤을 춰 내쫓았다고 하죠. 처용이 역병에 걸린 신라인 아내를 치료한 사실을 설화적으로 남긴 것이라는 해석도 있습니다.

아마도 신라는 이전에 없었던 전염병에 큰 혼란에 빠졌고, 처용의 대처는 당황한 신라인들 사이에서 깊은 인상을 남겼던 모양입니다. 이후 신라 사람들이 처용의 형상을 그려 문에 붙여서 역병 등 나쁜 기운을 물리치려 했다는 점에서도 알 수 있습니다. 그랬기 때문에 국왕도 처용에게 급간이라는 벼슬을 주었죠.

처용은 어떻게 전염병에 대처할 수 있었을까요. 중국이나 한반도의 역사를 보면 천연두와 홍역 같은 전염병이 주로 중앙아시아나 중동 지역과 접촉하는 과정에서 전파되곤 했습니다. 그래서 페스트나 천연두 사례를 전하는 중국 사서를 보면 '서쪽에서 들어왔다'는 표현이 많습니다. 특히 외국인과 빈번히 교류하는 항구는 그런 위험에 늘 노출되는 곳입니다. 예를 들어 642년 중국의 큰 항구인 광저우에는 페스트가 퍼졌지만 내륙 지역은 피해가 없었다는 기록도 남아있습니다.[3]

이슬람 의술이 신라를 구하다

한편 신라는 8~9세기에 외국과의 교역을 활발히 벌였습니다.

흥덕왕 9년834 사치 풍조를 막기 위해 내린 교서를 보면 에메랄드瑟瑟, 비취모翡翠毛, 공작의 꼬리孔雀尾 등의 사용을 제한한다는 내용이 있을 정도입니다. 모두 국내에서 나지 않는 수입품이죠. 또, 신라의 수입품목에는 약재도 있었는데 주로 아랍과 페르시아에서 들어왔습니다.[4] 이 무렵 이슬람 사회는 세계에서 가장 높은 수준의 의학 지식을 갖고 있었습니다.

---

3 윌리엄 맥닐, 『전염병의 세계사』, 이산, 2005.

4 박남수, 『한국 고대 목면과 향료의 바닷길』, 경인문화사, 2016.

특히 무역에 종사하면서 이곳저곳을 다녔던 서역인들은 역병에 대한 대처법을 잘 알고 있었을 것입니다. 어쩌면 처용은 무역을 하러 왔다가 눌러앉은 약재상이었을지도 모르죠. 처용설화의 주요 무대였던 울산항은 당시 경주와 연결되는 가장 가까운 항구였습니다.

처용이 앞서 소개한 『쿠쉬나메』 속 아비틴 왕자의 일행이었는지, 아니면 약재를 팔러 신라에 온 페르시아의 약재상이었는지는 정확히 알 수는 없습니다. 다만 신라에 큰 전염병이 돌 때 등장한 처용이 전염병 치료와 예방에 큰 도움을 줬을 거란 추측은 무리가 없어 보입니다. 역시 '천일야화' 중 하나입니다다만 온갖 기이한 모험을 하는 뱃사람 신드바드Sindbad처럼 당시 아랍 상인들은 세계 이곳저곳을 다니며 무역을 했던 것은 분명해 보입니다.

한 가지 안타까운 것은 신라에 정착했다는 아랍인들이 어떻게 지냈는지는 전연 기록이 남아있지 않다는 점입니다. 이들은 신라에서 무엇을 했을까요. 서라벌의 핫플레이스에 좋은 집을 짓고 파티를 열었을까요. 아니면 후삼국의 혼란에 휘말려 또 다시 일본이나 동남아시아 등으로 피신했을까요. 아직까지는 그저 경주 괘릉에 남은 서역인 형상의 무인석을 보면서 이런저런 상상의 나래를 펴는 수밖에 없습니다.

『다빈치 코드』의 템플기사단이 대항해시대를 열다

26

서구에서 음모론을 다룰 때 약방의 감초처럼 쓰이는 소재가 템플기사단Knights Templar입니다. 동명의 영화로도 만들어진 댄 브라운의 소설 『다빈치 코드』를 통해서 잘 알려졌지만, 사실 서구에서는 이탈리아 소설가 움베르토 에코의 『푸코의 진자』를 통해 이미 1980년대부터 사람들의 흥미를 자극했던 소재입니다. 할리우드 모험극의 대표격인 영화 '인디아나 존스' 시리즈에서도 3편에 해당하는 '인디아나 존스: 최후의 성전'에도 템플기사단이 등장했고 이들을 다룬 '나이트폴: 신의 기사단'이라는 드라마가 넷플릭스에서 방영되기도 했습니다. 또 게임 덕후라면 모를 수 없는 '어쌔신 크리드' 역시 템플기사단이 주요 소재로 다뤄졌고, 국민 게임이라 불렸던 '스타 크래프트'에서는 프로토스 종족에 나이트 템플러가 등장하지요. 수백 년 전 일개 기사단에 불과했던 이들이 여전히 사람들의 뇌리 속에서 잊혀지지 않고 온갖 대중문화 속에서 여전히 선택받는 이유는 무엇일까요.

SVRREXIT IMP

십자군 원정의 총아 템플기사단

중세 유럽을 들끓게 만들었던 십자군 원정1095~1271은 성지 예루살렘을 이슬람 세력으로부터 회복하고 지키겠다는 열망으로 무려 200여 년 동안이나 유럽인들을 열광시킨 대사건이었습니다. 종교적 사명감뿐 아니라 부와 명예를 얻고자 하는 세속적 기대감이 더해지면서 신분 고하를 막론하고 많은 이들이 이 전쟁에 기꺼이 참여했습니다. 이 시기 활약한 여러 세력 가운데 가장 막강한 힘을 가진 기사단이 바로 템플기사단이었습니다.

엄격한 규율과 강력한 정예 중갑기병 부대를 갖춘 이들은 이슬람 세력에게 공포의 대상이었습니다. 1177년 몽기사르 전투에서 500여 명이 살라딘의 2만 6000명을 격파하며 명성을 떨치기도 했죠. 교황 인노첸시오 2세는 칙서를 발표해 세속 법률로부터 면책해 주는 특혜를 내려 자체적으로 세금을 부과할 수 있도록 했습니다.

템플기사단의 명성이 높아지면서 유럽의 명망 높은 귀족 가문에서 지원자도 속속 늘어났습니다. 기사단으로 활동하는 동안 재산을 기사단에 맡겨야 했는데, 이는 세속과의 인연을 끊고 전투에 전념토록 한다는 명분도 있었지만 실은 기사단의 유지 활동 재원을 막대한 재산으로 마련해야 했던 것이죠. 숭고하고 거창한 명분으로 일어난 집단이라도 그 수면 아래서는 유지비를 마련하기 위해 온갖 머리를 쥐어 짜내지 않으면 안 됩니다.

템플기사단은 이슬람으로부터 성지를 회복한 뒤 이곳을 찾는 유럽인 순례자들이 급증하자 신용장도 발행하기 시작합니다. 고향에 있는 기사단 지부에 재산 일부를 맡기고 예루살렘에 도착하면 해당 가치만큼을 여비로 받는 식입니다. 십자군 원정 후반에는 유럽 각지에 템플기사단의 지부가 세워져 이를 뒷받침했습니다. 즉, 성지에 본점이 있고 유럽 각지에 지점을 둔 메가뱅크가 된 셈입니다. 실제로 역사학자들은 템플기사단을 근대 금융업의 시초로 보기도 합니다. 이런 배경들로 인해 기사단은 본래 목적과는 무관하게 큰 부를 축적할 수 있었습니다.

그런데 200여 년간 무려 일곱 차례의 십자군 원정이 있었던 것으로 알 수 있듯이, 이 원정은 성지를 탈환하고 주변을 정복한 1차를 제외하면 그리 성공적이지는 못했습니다. 결국 1303년 마지막 보루였던 아르와드섬을 이집트의 맘루크 왕조에 빼앗기고 유럽으로 철수하게 됩니다. 그리고 기사단의 위기가 시작됩니다.

13일의 금요일, 템플 기사단의 몰락

목적을 상실한 단체는 힘이 빠질 수밖에 없습니다. 십자군 원정이

실패로 마무리되자 이를 위해 결성됐던 각 기사단들도 존립의 위협을 겪게 됩니다. 템플기사단도 마찬가지였습니다. 더 이상 성지를 지킬 수 없는 템플기사단에 과거와 같은 환호가 쏟아질 수 없었습니다. 또, 기사단의 안정적인 유지와 활동을 위해 시작한 각종 금융업이 오히려 독이 되어 버렸습니다.

유럽 각지에 막대한 토지와 함께 현금, 귀금속 등을 보유한 이들에게 유럽 각국의 왕들이 거대한 채무를 졌기 때문이죠. 도저히 갚을 여력이 없었던 국왕들은 다른 생각을 하게 됩니다. 1307년 10월 13일 프랑스 국왕 필리프 4세가 템플기사단장 자크 드 몰레를 비롯한 기사단원들에 대한 전격적인 체포령을 내립니다. 이들에게는 우상숭배, 동성애, 반란, 비밀결사 등 각종 혐의가 적용됐습니다. 당시에도 누명이라는 시각이 많았지만, 채무를 이행하지 않아도 되는 국왕들로서는 매력적인 선택지였습니다. 이웃 잉글랜드에서도 똑같은 일이 벌어지는데 기사단을 보호했어야 할 교황 클레멘스 5세도 이러한 템플기사단 말살 작업에 동의했습니다. 클레멘스 5세가 필리프 4세의 협박에 굴복한 것이라는 설도 있고, 템플기사단의 성장이 교황에게 그리 달갑지 않았을 것이라는 설도 있습니다. 어쨌든 이때 템플기사단 다수가 이단 재판소에서 갖은 고문을 당해 혐의를 자백했고, 기사단의 간부 대부분이 화형에 처해집니다. 이렇게 십자군의 영웅 템플기사단은 비참하게 해체됐습니다.[1]

---

1 안상준, 「템플기사단 해체와 필리프 4세」, 『프랑스사 연구』, Vol. 28, pp.5-28, 2013.

프랑스 혁명은 템플 기사단의 숨겨진 후예인 프리메이슨이 배후에서 조종했다는 음모론도 있습니다. 그래서 1793년 루이 16세가 단두대에서 처형됐을 때 프리메이슨 한 명이 "자크 드 몰레, 당신의 원수를 갚았다Jacques de Molay, you are avenged"고 외쳤다는 전설도 전해집니다. 사실인지는 확인되지 않았습니다만….

대항해시대를 이끈 템플기사단

그렇지만 모든 템플기사단이 형장의 이슬로 사라지지는 않았습니다. 그렇게 하기엔 기사단의 수도 적잖았고 그 많은 지역을 샅샅이 뒤져서 기사들을 제거한다는 것도 쉬운 일은 아닙니다. 무엇보다도 애초에 프랑스 국왕은 기사단의 막대한 재산을 노렸기 때문에 일단 막대한 재산을 확보한 뒤엔 살육을 지속할 필요도 없었던 것이죠.

이때 가까스로 목숨을 건진 템플기사단 중 일부는 이베리아 반도로 넘어갔는데 당시 이베리아 반도의 정세는 크리스트교 국가들과 이슬람 국가 사이에 일진일퇴가 벌어지고 있었습니다. 8세기 이후 유럽까지 확장한 이슬람 세력이 이베리아 반도를 점령한 가운데 크리스트교 세력은 '레콩키스타'라고 불리는 또 하나의 십자군 운동이 벌어지고 있었던 것이죠. 프랑스나 잉글랜드야 어땠을지 몰라도 스페인과 포르투갈이 있는 이베리아 반도에서는 기사단의 전쟁

경험이나 전투력이 정말로 소중했기 때문에 이들은 큰 환영을 받았습니다.

특히 이베리아 반도에 스페인과 함께 자리 잡고 있던 포르투갈 왕국은 1319년 템플기사단의 단원들을 주축으로 '그리스도 기사단Order of Christ'을 세웠습니다. 사실상 템플기사단을 재건한 포르투갈 조직으로 볼 수 있었죠.[2]

1492년 이슬람 최후의 교두보였던 그라나다 왕국이 무너지면서 레콩키스타가 완성됐습니다. 수 백년만에 이슬람 세력을 몰아낸만큼 이베리아 전역이 기쁨에 넘쳤겠지만 템플기사단의 악몽을 떠올려본다면 그리스도 기사단은 마냥 기뻐할 수만은 없었을지 모릅니다. '토사구팽'의 위기가 찾아올 타이밍인 것이죠. 그리고 이들은 레콩키스타를 대체할 훌륭한 대안을 마련합니다. 그것은 바로 대항해시대입니다.

포르투갈 국왕은 교황의 허가를 받고 그리스도 기사단을 만들었을 때 포르투갈은 왕자를 그리스도 기사단의 단장으로 임명하는 '안전장치'를 마련했습니다. 군사력과 돈을 쥔 조직을 그냥 둔다는 것은 군주 입장에서는 위험한 일이죠. 그래서 그리스도 기사단은 이전 템플기사단과는 달리 철저하게 포르투갈 국왕의 신종으로서 포르투갈

2 Becky Gillespie, 「The History of the Knights Templar in Portugal」, https://www.portugal.com.

과 국왕의 국익을 위해 활동하는 기사단으로 성격이 바뀌었습니다.

포르투갈 기사단장 중 가장 유명한 인물이 바로 15세기에 활약한 엔리케Henrique입니다. 포르투갈 국왕 주앙 1세의 셋째 아들이었던 그는 기사단장으로 임명된 뒤 1415년 북아프리카의 중요 거점 항구인 세우타 정복을 성공시키며 두각을 드러냈습니다. 이후 그는 아프리카 연안 및 대서양 탐사에 나섰는데, 그리스도 기사단의 재정을 여기에 쏟아붓는 한편 기사단도 여기에 합류시켰습니다. 한때 말을 타고 이슬람 군대로 돌진하던 기사들은 이제 말을 버리고 배에 올라탔습니다.

덕분에 포르투갈은 1419년 대서양 연안 탐험에 핵심 거점인 마데이라 제도를 발견했고, 이어 1434년 북위 26도 선에 있는 보자도르 곶에 도달했습니다 . 이전까지 보자도르 곶은 바닷물이 펄펄 끓고 괴물이 살아 절대로 살아돌아올 수 없다는 '죽음의 곶'이라 불리었습니다. 그가 사망한 후에도 희망봉 발견과 인도 항로 발견이 이어지면서 포르투갈은 대항해시대를 주도할 수 있게 됐습니다. 참고로 포르투갈의 숙원이었던 인도 항로를 개척한 바스코 다 가마 역시 그리스도 기사단의 멤버였습니다. 포르투갈은 이런 성과 덕분에 인도와의 무역을 독점하면서 큰 부를 쌓게 됩니다. 또한 이를 가능케 했던 엔리케는 '항해왕자'라는 명예로운 별칭이 붙여졌습니다.

과거 지중해 연안 성지 순례 보호에서 금융업을 발전시킨 템플 기사단의 후예들이 활동 무대를 포르투갈과 대서양으로 옮겨 세계 무역을 탄생시켰으니 서구인들이 수백 년 넘게 이들에게 관심과 흥미를 가지는 일은 당연합니다.

결핍이 혁신을 만든다

그런데 사실 새로운 항로를 개척하는 일은 어마어마한 자금이 필요한 사업입니다. 예를 들어 바스코 다 가마만 하더라도 인도로 갔다가 돌아왔을 당시 함선 4척 중 2척만 돌아왔으며 선원도 170명 중 55명만 귀환했습니다. 어떤 사업이든 초기비용과 리스크가 많이 들지만 항로 개척은 그 정도로 설명되기 어려울만큼 많은 자금 부담이 있습니다.

그래서 엔리케도 기사단의 재원만으로는 부족해 국고에 손을 빌려야 했고, 이에 반대하는 여론이 들끓자 결국 두아르테 1세엔리케의 형, 주앙 1세 이후 포르투갈의 국왕의 아들, 즉 자신의 조카인 페르난도에게 공작 작위를 상속한다는 유언장을 작성했습니다. 유언장 덕분에 국왕 두아르테 1세로부터 후원을 받을 수 있었죠.

어쨌든 포르투갈이 성공 가능성이 낮은 엔리케의 모험을 지원한 배경에는 그만한 사정이 있었습니다. 고대 그리스 시대부터 세계 무역의 심장은 지중해였습니다. 지중해를 통해 동서양의 물자를 교환하면서 이익이 발생했고, 덕분에 양쪽을 연결하던 콘스탄티노플이나 베네치아 같은 도시들이 큰 호황을 누렸던 것은 잘 알려져 있습니다.

그런데 이베리아 반도 서쪽에 자리해 지중해와 연결되지 않은 포르투갈은 이에 참여할 방법이 없었습니다. 지리적 위치도 그렇지만 이제 막 이슬람을 몰아내고 나라를 세운만큼 기존 강국들과 경쟁할 여력이 없었죠. 그래서 이들은 대서양으로 눈을 돌렸습니다. 특히 그동안 이슬람을 거쳐서 얻을 수 있었던 아시아의 물자들을 직접 확보할 수 있다면 지금까지의 무역 질서를 단번에 뒤집을 수 있었던 것이죠.

다시 말해 포르투갈 입장에서는 절박했습니다. 영원히 2등 국가로 머물러 있느냐, 아니면 1등 국가로 올라설 가능성을 도모해보느냐의 갈림길이었습니다. 물론 모험이 실패하면 안 그래도 가난한 나라인데 무리한 국고 소모로 왕국 자체가 흔들려 2등 국가커녕 3등 국가로 밀려날 수도 있는 도박과도 같았습니다. 결과는 인도 직항로와 브라질 발견, 일본과의 독점 무역과 인도네시아 향료 제도 확보 등 꽤나 달콤했습니다. '하이 리스크, 하이 리턴High Risk, High Return'은 아마도 이때의 포르투갈을 위해 만들어진 말이 아닐까 싶을 정도네요.

대항해시대를 연 또 한 명의 주역 크리스토퍼 콜럼버스도 마찬가지입니다. 사실 콜럼버스는 인도로 가는 방법을 찾기 위해 항해를 떠났습니다. (여기서도 알 수 있듯이 당시 인도와의 직거래는 누구나 탐내던 사업이었습니다.) 그런데 콜럼버스는 포르투갈 세력과는 정반대의 방향으로 갑니다. 포르투갈이 아프리카를 빙 돌아 인도로 가는 항로를 택한 반면 콜럼버스는 대서양을 횡단하여 서쪽으로 직행하는 방법을 선택했죠. 미친 짓 아니냐고요? 맞습니다. 미친 짓이었습니다. 그런데 그가 이 방식을 택한 나름의 이유가 있었습니다. 콜럼버스는 지구가 실제 크기보다 25% 정도 더 작다고 상정했고, 그의 계산 방식에 따르면 아시아는 스페인에서 서쪽으로 2500마일약 4000km 정도 항해하면 나오는 땅이었습니다. 하지만 실제로는 8000마일1만2874km 가량 떨어져 있으니 그 사이에 아메리카 대륙이 없었더라면 콜럼버스는 망망대해를 떠돌았겠죠.[3]

하지만 인도를 향해 가던 서쪽 항로에서 (그의 지리관에서는 존재하지 않았던) 아메리카 대륙이 중간에 '뿅' 하고 나타나준 덕분에 결과적으로 그의 항해는 놀라운 발견이 되고 그의 인생도 활짝 피게 됐습니다.

어쨌든 스페인이든 포르투갈이든 기존 지중해 무역에서 낄 자리가 없었다는 결핍이 결국 대항해시대를 낳은 것은 분명합니다. 또 그로 인해 대서양 시대가 열리고 이들은 그 주역이 됐습니다. 1494년 스페인과 포르투갈은 토르데시야스 조약을 맺고 아프리카 서쪽 앞

3 주경철, 『크리스토퍼 콜럼버스-종말론적 신비주의자』, 서울대학교출판문화원, 2013.

바다에 있는 카보베르데 섬에서 약 1,500km 떨어진 지점을 기준으로 서쪽은 스페인령, 동쪽은 포르투갈령으로 구분하게 됩니다. 이에 따라 브라질과 아프리카, 인도네시아 등은 포르투갈, 브라질을 제외한 신대륙은 스페인의 소유가 됐습니다. 물론 정작 거기에 사는 사람들은 전연 모르는, 어찌보면 우스운 조약이지만 이것으로 두 나라가 적어도 무역 등에서 독점적 권리를 확보하며 크게 발전한 것만은 사실입니다.

약간 시선을 돌리면 K-POP도 마찬가지입니다. 한국의 인구는 5000만 명 정도이고, 음반보다는 각종 사이트를 통해 불법 유통되는 디지털 음원을 듣는 문화가 강했습니다. 국내에서 수입을 내기 어려운 상황이었기에 2000년대 중반 소녀시대나 동방신기 같은 아이돌은 애초에 일본 등 세계 시장을 염두에 두고 만들어졌습니다.

당시로서는 획기적으로 어학 연수도 보냈고, 일본 아이돌은 따라올 수 없는 혹독한 훈련으로 칼군무가 가능한, 그러면서도 가창력도 우수한 팀을 만든 것이죠. 또, 북미나 유럽 시장 진출을 위해 스웨덴 등 유럽의 뮤지션들과 협업해 곡을 받아오기도 했습니다. 그리고 당시에 막 자리 잡기 시작한 유튜브를 통해 뮤직비디오 등을 공짜로 볼 수 있도록 했습니다.

반면 일본은 1억 3000만 명에 달하는 인구 덕분에 시장도 거대한 데다 애초부터 음반을 돈 주고 구입하는 문화가 탄탄하다보니 굳이 한국 아이돌처럼 할 이유가 없었습니다. 계속 자국 시장에서 먹히는 '귀여운' '성장하는' 아이돌 컨셉트를 밀고 갔습니다.

그 차이가 지금의 K-POP과 J-POP의 아이돌의 차이를 만들었습니다. 만약 한국 시장이 충분히 거대하고 탄탄했다면 K-POP이 그토록 혁신할 필요는 없었겠죠. 때로는 약간의 부족함이 발전을 이끄는 데 유리할 때가 있습니다.

‘반딧불이의 묘’는 왜 반전 영화가 아니었을까

27

2008년 베이징 올림픽 때였습니다. 한국과 일본이 야구 4강전에서 만나게 됐지요. 한일전이라는 특수성에 더해 양국을 대표하는 인기 종목인 야구로 맞붙다 보니 두 나라 모두 관심이 대단했습니다. 기대감에 걸맞게 치열했던 양국의 접전은 8회말 이승엽 선수의 2점 홈런에 힘입어 한국의 승리로 끝났습니다. 그때 일본의 G. G 사토본명은 사토 다카히코라는 외야수가 한국 고영민 선수의 플라이 타구를 잡다가 떨어뜨린 포구 실책이 패배의 원인으로 지목되기도 했습니다. 당연히 일본에서는 성토가 쏟아졌죠. 각종 커뮤니티 사이트에서는 그를 비난하는 글들이 줄을 이었습니다. 나중에 알아보니 사토 선수는 이로 인해 큰 충격을 받아 귀국 후 심리치료를 받았다고 하더군요.

그런데 당시 분개한 일본인들이 그를 "전범戰犯"이라 부르며 맹비난을 했다는 점이 흥미로웠습니다. '전범'은 한자 그대로 전쟁을 저지른 범죄자죠. 그것도 '잘못된 전쟁을 일으킨 범죄자'라는 비난의 의미를 담고 있어 '전범'이 일본에서 아주 나쁜 의미로 쓰였기 때문에 더욱 눈길을 끌었습니다. 저는 그때까지 일본은 태평양전쟁을 일으킨 제국 시절 일본의 군인들을 존경하거나 적어도 우호적으로 생각하고, 또 그렇게 교육받은 줄 알았거든요. 그런데 중요한 경기를 망친 선수에게 '전범'이라는 표현을 쓰는 모습을 보니 제가 알고 있는 것과는 다를 수도 있겠다는 생각을 하게 됐습니다.

참고로 한국에서는 비슷한 상황에서 '역적'이라는 단어를 쓰곤 합니다. 반란을 일으키거나 왕의 눈과 귀를 가리고 전횡을 저지르는 신하를 지칭하는 단어죠. 이 또한 양국의 문화나 역사의 차이가 아닌가 싶습니다.

반딧불이의 묘

저는 한 편의 애니메이션을 보고 난 후 이런 의문이 어느 정도 풀렸습니다. 바로 '반딧불이의 묘'라는 영화입니다. 우리에게도 널리 알려진 스튜디오 지브리에서 1988년 제작했습니다. 스튜디오 지브리는 '이웃집 토토로', '원령공주', '센과 치히로의 행방불명', '하울의 움직이는 성' 등 너무도 많은 유명 애니메이션을 만들어낸 제작사이지요. 그런데 스튜디어 지브리에서 내놓은 작품 중 국내에서 유독 인기를 얻지 못한 작품이 바로 '반딧불이의 묘'입니다. 뛰어난 작품성과 완성도에도 불구하고 기대만큼의 성적은 올리지 못했다고 하네요.

이 작품은 태평양 전쟁의 당시 일본 고베에 미국의 폭격기로 인해 대공습이 일어나면서 시작됩니다. 14살 소년인 세이타는 부모님을 잃은 채 4살짜리 어린 여동생 세츠코와 함께 먼 친척 아주머니의 집에 의탁하게 됩니다. 그러나 친척 집에서 냉대를 받게 되자 결국 세이타는 짐을 챙겨 세츠코와 함께 산속 외딴 방공호로 거처를 옮깁니다.

일본의 많은 애니메이션이 그렇지만, 이 작품은 성인을 대상으로 만든 작품이 아닐까 싶을 정도로 전쟁의 잔혹성에 대해 상세히 묘사하고 있습니다. 두 남매의 어머니인 요시코는 폭격으로 인한 화상 때문에 눈, 코, 입을 제외한 온몸에 붕대를 감고 있는데, 결국 제대로 된 치료를 받지 못해 사망합니다. 상처가 썩어들어가고 파리떼와 구더기가 들끓는 장면은 어지간해서는 그대로 보기가 힘들 정도입니다. 해군 대위인 아버지는 전사했고, 이들을 맡아주기로 한 친척 아주머니는 어머니 요시코가 남긴 옷을 몰래 팔아서 자신의 가족에게 쌀밥을 먹이고 남매에게는 죽을 주는 등 전쟁으로 인해 각박해진 인심을 보여줍니다. 결국 남매는 사회와 친척들의 냉대와 외면 속에 영양 실조 등으로 서서히 죽어갑니다. 어린이에게 보여주기에는 확실히 선뜻 내키지는 않는 부분입니다.

'반딧불이의 묘'는 1967년 발간된 소설이 원작입니다. 일본에서 권위 있는 문학상인 나오키상을 수상한 작품이기도 하지요. 본인의 자전적 이야기라고 하네요. 이런 작품이 큰 상을 받고 스튜디오 지브리에서 애니메이션을 만드는 것을 보면 태평양 전쟁에서의 비참한 기억은 일본인의 뇌리 속에 깊이 각인되어 있는 것 같습니다. 그렇다면 당시 일본의 상황은 어땠을까요.

일본인들은 왜 전쟁의 피해자라고 여길까

태평양 전쟁 초기에 일본의 기세는 대단했습니다. 1942년을 기준으로 일본은 조선과 대만뿐 아니라 만주, 베이징과 상하이를 포함한 중국 일부, 필리핀, 인도네시아, 말레이시아, 미얀마, 파푸아뉴기니 등 동아시아 대부분을 장악하고 있었습니다. 하지만, 미드웨이 해전을 기점으로 차츰 밀리기 시작하면서 1945년으로 넘어왔을 때는 굉장히 어려운 상황에 놓입니다.

일본의 언론인 한도 가즈토시는 『쇼와사』에서 "1945년에는 이미 말세가 된 것 같았다 … 세 끼의 식사를 제대로 한 것은 전년도 10월 정도였다"며 "1944년 말부터 근로동원에 투입돼 중학교 2학년이었던 나도 군수공장에서 일을 했다. '우리가 지고 있다'는 말을 하면 헌병대에 끌려 갔다"며 당시 분위기를 회고 했습니다.

물가가 폭등하고 일상 생활에 지장을 받는 것은 어느 정도 감수할 희생이라고 할 수 있겠지만, 그 다음이 문제였습니다.

1945년 3월 26일 도쿄에서 약 1200㎞ 떨어진 이오섬에서 미 해병대 7만 5000명과 일본군 2만 9000명의 전투가 벌어졌는데, 격전이었습니다. 미군 사상자는 2만 5851명. 해병대원 3명 중 1명이 전사나 부상을 당한 셈이죠. 일본군도 거의 대부분이라 할 수 있는 1만 9900명이 전사했습니다. 미국으로서는 작은 섬 하나에서 이런 희생을 당했으니 만약 본토로 진격할 경우 어떤 일이 벌어질까를 염려하지 않을 수 없었죠. 그래서 독일 공습 당시 크게 활약했던 커티스 르메이 중장이 야간 저공비행을 통해 소이탄으로 일본의 주요 도시를 폭격하는 전략을 내세웁니다. 그는 "일본의 가옥은 나무와 종이로 만들어졌다. 소이탄으로 충분히 효과를 얻을 수 있다"고 자신만만했습니다. 실제로 그랬습니다. 목재로 된 일본의 가옥은 미군의 폭격기에서 쏟아지는 소이탄에 모두 잿더미로 변해버린 것이죠. 그는 미국은 "일본의 민가는 군수공장과 마찬가지다. 일본 국민은 민중이 아니라 전사"라며 이런 폭격을 정당화했다고 합니다.[1]

소이탄이 내뿜는 엄청난 열과 화염으로 불바다가 된 도시에서 많은 자국민이 죽어가는 모습은 일본에게 큰 충격을 안겼습니다. 히로히토 천황도 "도쿄가 초토화가 됐다. 관동대지진 이후보다 처참하다"며 말을 잃었다고 합니다.[2]

---

1 말콤 글래드웰, 『어떤 선택의 재검토-최상을 꿈꾸던 일은 어떻게 최악이 되었는가』, 김영사, 2022.

2 존 다우어, 『패배를 껴안고』, 김영사, 2009.

그런데 전후 일본 정부는 커티스 르메이에게 1등 훈장을 수여했으니, 패전국의 지위는 역시 비참하다는 생각이 듭니다.

'반딧불이의 묘'를 제작한 것은 스튜디오 지브리에서 미야자키 하야오와 함께 동업했던 다카하타 이사오입니다. 우리에게 친숙한 '빨강머리 앤', '엄마 찾아 삼만리', '바람 계곡의 나우시카' 등이 대표작이죠. 다카하타 이사오는 여섯 살 때 오카야마에서 미군 대공습을 경험했습니다. 이때의 충격이 '반딧불이의 묘'에 녹아 들어갔다고 합니다.

그래서 일본인들, 특히 전쟁을 경험한 세대의 전쟁 혐오와 평화에 대한 바람은 꽤 강력합니다. 몇 년 전 8월 중순 일본에 갔었는데, 일본의 톱배우인 아야세 하루카가 히로시마에 가서 원폭 피해자들을 만나는 다큐멘터리였습니다. 아야세 하루카는 매년 일본의 '가장 결혼하고 싶은 여자 연예인' 여론조사에서 수년간 1위를 했을 정도로 인기 배우입니다. 히로시마 원폭 투하를 다룬 다큐멘터리에 인기 배우가 나오는 장면을 보고 일본인들이 전쟁을 바라보는 태도가 단호하다고 생각했습니다. 다시는 그런 비참한 경험을 하고 싶지 않다는 것이죠. 그리고 일본을 전쟁으로 끌고 간 전범들, 그러니까 당시 일본의 군 지도자들에 대한 원망과 비난은 여전히 유효합니다. 교육도 나름 철저했습니다. 그러니 '전범'이라는 단어가 경기를 망친 선수들에게 지금도 쓰이는 것이겠죠.

그런데 바로 이 지점에서 일본인과 다른 아시아 국가의 국민들 사이에 위화감이 발생합니다. 일본인들은 전쟁을 일으킨 주범은 군부들이고 자신들은 억울하게 휩쓸린 피해자라는 인식이 강합니다. 그렇기 때문에 전쟁에서 겪는 비참함은 철저하게 교육받지만, 전쟁을 주도했던 정치인들을 막지 못했다는 비판에 대해서는 목소리가 작아지는 것이죠.

'바람이 분다'가 논란이 된 이유

역시 스튜디오 지브리가 내놓은 미야자키 하야오의 '바람이 분다'가 국내에서 논쟁을 불러온 핵심도 바로 이 지점입니다. 이 작품은 1930년대 전쟁을 준비하던 일본을 배경으로 제로기를 설계한 호리코시 지로의 이야기를 다루고 있습니다. 여기서 일본이 전쟁을 일으킨 책임보다 한 과학자의 꿈과 사랑 그리고 좌절에 포커스를 맞춰 전쟁 협력자를 미화했다는 비난을 받았습니다.

이런 문제에 대해서 '반딧불이의 묘'를 제작했던 다카하타 이사오는 한 강연에서 이렇게 회고한 적이 있습니다. 조금 길지만 인용해보겠습니다.

"2005년 한국에서 예정됐던 '반딧불이의 묘' 개봉이 갑작스럽게 취소된 적이 있었습니다. 당시 시마네島根현이 '다케시마竹島의 날'을 지정하면서 한국에서는 반일 감정이 격화됐습니다. 그러던 차에 이 영화가 인터넷에서 일부 사람들에게 공격 대상이 되자, 배급사 측에서 우려한 것이죠.

그런데 한국인들은 이 영화에 대해 왜 반발했을까요? 그것은 '일본인을 전쟁의 피해자로 묘사한다'는 이유 때문입니다. 확실히 이 영화의 주인공인 두 아이들은 전쟁의 피해자이자 희생자이며 일본인입니다.

'그게 무슨 문제라도 되나?'라고 생각하실지 모릅니다. 하지만 저는 이미 홍콩의 젊은 세대들로부터 '반딧불이의 묘'가 일본의 가해자적 측면에 대해선 그리지 않았다는 비난을 받은 적이 있었기 때문에 놀라지 않았습니다. 그만큼 침략을 당하고 지배를 받은 데 따른 상처가 깊다는 것을 마음 속 깊이 새기고 있습니다…'반딧불이의 묘'라는, 일본에서 단순히 '반전 영화'로 치부되는 영화를 놓고 해외에서는 이처럼 복잡한 반응이 나올 수 있는 것입니다… 아무래도 우리는 가해자로서의 일본에 대해서는 제대로 의식하지 못하고 있다고 생각합니다."[3]

하지만 우리도 역지사지의 측면에서 생각해볼 부분이 있습니다.

2007년 개봉한 '님은 먼 곳에'라는 영화를 보면서 들었던 생각입

---

3 다카하타 이사오, 『당신이 전쟁을 원하지 않는다면』, 마르코폴로, 2022.

니다. 이 영화는 월남전 때 베트남으로 파병된 남편을 찾아 떠난 순이의 이야기입니다. 우리에게는 애틋한 순애보로 받아들여질 작품이지만, 이 영화를 보는 베트남 국민들은 어떤 생각이 들까요. 우리가 '바람이 분다'에 대해 가했던 비판이 그대로 돌아올 수 있지는 않을까요.

우리 입장에서는 당시 미국을 돕기 위해 갔을 뿐이라고 말할 수도 있겠지만, 베트남 국민들 입장에서는 미군이든 한국군이든 마찬가지였을 것입니다.

20세기는 제국주의의 팽창이 동아시아까지 확산되면서 많은 나라들이 식민지라는 굴욕적인 상황에 처해졌습니다. 또한 독립 이후에는 이념으로 갈라져 전쟁을 불사하는 갈등을 겪어야 했습니다. 이런 과정에서 이곳저곳에 많은 생채기가 남았습니다. 여전히 그 상처가 제대로 아물지 않다 보니 대중문화에서도 여러 가지를 고려할 수밖에 없는 상황입니다.

‘시카고’의 미국보다 먼저였던 러시아의 금주령

28

미국 영화나 드라마를 보면 1920년대를 다루는 작품이 많아 보입니다. 당장 떠오르는 작품 몇 개 살펴볼까요. 할리우드 영화의 고전으로 꼽히는 '원스 어폰 어 타임 인 아메리카'를 비롯해 '위대한 개츠비', '가을의 전설', '언터쳐블', 그리고 연극과 뮤지컬로도 만들어져 한국에서 흥행한 '시카고'도 있죠. 그렇다면 미국인들은 왜 1920년대에 이처럼 관심이 많을까요. 바로 이 시기가 주는 특별한 분위기 때문인 것 같습니다.

예를 들어 뮤지컬 '시카고'에서 막을 열며 사회자는 이렇게 말합니다.

"신사 숙녀 여러분! 환영합니다. 오늘 여러분은 살인과 탐욕, 부패, 폭력, 사기, 불륜, 그리고 배신이 가득 담긴 얘기를 감상하시게 될 겁니다. 바로 우리 모두가 매우 소중하게 여기는 그런 것들이죠. 감사합니다!"

그렇습니다. 1920년대는 탐욕과 욕망이 활활 타오르던 광란의 미국을 만끽하려던 사람들의 시대였습니다. 제1차 세계대전의 승리라는 달콤함과 함께 호황이 이어지면서 이런 분위기에 불을 질렀고, 한편으로는 금주법이 시행되면서 욕망을 억누르려는 모순된 시대였습니다. 특히 1919~1933년은 아예 '금주법 시대Prohibition Era'라고 불릴 정도로 금주법은 미국 사회에 여러모로 큰 영향을 남겼습니다. 앞에서 예로 든 모든 작품도 금주법을 배경으로 하고 있죠. 술을 마시지 못하게 한다고 해서 제대로 지켜졌겠습니까. 유명한 미국 작가 빌 브라이슨은 "역사상 이보다 더 기만적인 법도, 이보다 더 위선적인 법도 없었다. 사람들은 그 어느 때보다도 더 많은 술을 마셨다"라고 썼을 정도이니까요.[1] 불법 유통되는 술을 팔아 막대한 이윤을 남기던 마피아나 갱스터들이 전성기를 누렸고, 범죄가 판을 쳤으며, 그런 가운데 온갖 향락과 사치가 시대를 화려하게 수놓았습니다.

물론 빌 브라이슨의 냉소처럼 이 법은 철저하게 실패했습니다. 다시는 재도입되지 않았죠. 그런데 만약 미국이 러시아의 사례를 충분히 연구했더라면 1919년에 이 법을 통과시키는 데 주저했을지도 모릅니다. 왜냐고요? 미국보다 러시아가 먼저 금주정책을 도입했기 때문입니다.

---

1 빌 브라이슨, 『여름, 1927, 미국-꿈과 황금시대』, 까치, 2014.

금주법의 원조는 러시아

오스트리아-헝가리 제국이 세르비아에 전쟁을 선포하며 촉발된 제1차 세계대전은 이어 영국, 프랑스, 독일, 이탈리아 등이 차례로 뛰어들면서 유럽 전역으로 확대됐습니다. 영국, 프랑스 측과 손잡은 러시아도 1914년 7월 17일 총동원령을 발표하면서 술 판매를 금지했습니다. 술을 왜 금지했을까요. 거기엔 10년전 러일 전쟁의 끔찍한 악몽을 되풀이하지 않기 위해서였습니다.

러시아의 알콜 중독에 가까운 술 소비는 어제 오늘의 일이 아닐 정도로 유래가 깊고 유명합니다. 심지어 20세기 초 러시아 국가 세수의 4분의 1이 주세, 즉 술에 매긴 세금으로 거뒀다고 정도입니다.

그런데 전쟁에서도 결국 이 문제가 발목을 잡았습니다. 러일전쟁 당시 러시아는 9차례에 걸쳐 징병을 실시했는데 알콜 중독을 이유로 징병을 피한 사례가 속출했죠. 도시 젊은이들의 징병이 원활하게 진행되지 않자 결국 시골에서 중년 남성들도 징집했는데, 이들 역시 술에 쩔어 있었던 것은 매한가지라 농민 징집병 소집은 취객들의 폭동으로 확산되기 일쑤였고, 부대에서 규율도 지키지 않아 엉망진창이었죠.

심지어 무기 등을 넣어야 할 군 보급상자에 보드카를 넣는 일도 벌어졌다는데, 이런 분위기에서 일본에게 패배했던 결과는 어쩌면 당연했을지도 모르겠습니다. 당시 오스트리아의 한 언론은 "일본이 정복한 것이 아니라 술이 승리했다"고 조롱했을 정도였죠.[2]

이런 아픔 때문에 러시아의 차르였던 니콜라이 2세는 제1차 세계대전을 앞두고 금주령을 전격 실시했습니다. 물론 이 외에도 전쟁 시기에는 군수 식량의 보급이 중요하기 때문에 술을 만드는 데 곡물을 아껴야 했던 측면도 있었습니다. 어쨌든 이렇게 실시된 금주령은 초반에는 제법 효과를 발휘했습니다. 징집 과정에서 술꾼들의 폭동도 현저하게 줄었고, 신속한 징집 덕분에 초반 전투에서 오스트리아-헝가리 군을 상대로 승리를 거두기도 했죠. 이에 러시아 국민들도 환호했고, 차르는 아주 만족스러움을 표하면서 이후 금주령을 영구히 지속하겠다는 의사를 표명합니다. 간혹 사회생활을 하다보면 '적당히'가 중요하다고 느끼곤 하는데, 이때 차르 니콜라이 2세에게도 예외는 아니었습니다. 그야말로 초반 성과에 너무 취해있었던 것이죠.

영구적인 금주령에 러시아 사회가 당황하기 시작합니다. 일단 정부차원에서는 거대한 수입원이 사라진다는 것을 의미했습니다. 앞서도 언급했지만 러시아에서 보드카 등 술에서 거두는 세수는 전체 세금수입의 4분의 1, 많게는 3분의 1까지 차지하기도 했습니다. 그런

2 박상철, 「제1차 세계대전 러시아 금주법의 도입」, 『역사학연구』, Vol. 72, pp.31-341, 2018.

데 하루아침에 막대한 세수를 포기해야 했죠. 그것도 돈이 막대하게 들어가는 전쟁을 치르는 중인데요. 그런데 차르가 원한다는데 도리가 있나요. 1915년 입법부 재무위원회 위원장은 "인류 역사가 시작된 이래 전쟁 중에 주요 수입원을 포기한 나라는 단 한 곳도 없었다"고 자랑하기 바빴습니다. 관료들은 경제가 멀쩡한 것처럼 열심히 보고서를 조작하면서, 구멍 난 예산을 메우기 위해 화폐를 대량으로 찍어낼 수밖에 없었고요. 이 결과는 뻔합니다. 초인플레이션이라는 물가 폭등이죠.

게다가 러시아의 인구의 90% 이상을 차지하는 농촌 사회에서 술은 필수품에 가까웠습니다. 결혼, 생일을 비롯해 각종 축제, 종교 축일 등에 음주는 하나의 의례로서 진행됐습니다. 이런 때 이웃들과 곤드레만드레 취하여 삶의 낙을 찾던 농민들에게 갑자기 이 모든 게 사라진다고 하니 여론이 점차 바뀌기 시작한 거죠.[3]

승전보도 점차 줄어들기 시작하면서 길어야 몇 달이면 끝날 줄 알았던 전쟁이 질질 늘어지기 시작합니다. 승리의 환호가 사라지니 우울한 국민들은 더욱 술을 찾게 됐습니다. 결국 도시, 지방 가릴 것 없이 밀주를 만들어 파는 일이 속출했고, 공업용 알코올을 마시다가 사망하는 사고도 속출합니다.

---

3 박상철, 「제1차 세계대전 시기 러시아 농촌과 '금주법'」, 『서양사연구』, Vol. 61, pp.73-108, 2019.

러시아의 인프라는 원래 좋은 편이 아니었지만, 이때는 극악으로 치닫습니다. 국내 시장이 사라진 양조업자들은 이웃 국가로 보드카를 팔아넘기기 시작했는데, 보드카를 실은 수송차량 때문에 철도가 마비될 수준이었습니다. 덕분에 정작 전쟁 물자를 수송하거나, 도시로 곡물을 운송하는 데 어려움을 겪게 됩니다. 여론은 악화됐고, 결국 이 모든 사태가 차르의 책임으로 돌려지게 되는 것은 시간문제였죠. 그래서 일부 역사학자들은 제1차 세계대전 중 러시아에서 혁명이 일어나고 로마노프 왕조가 전복된 배경에는 금주령이 한몫을 톡톡히 했다고 보고 있습니다.

러시아 혁명은 1917년, 미국에서 금주법이 통과되기 2년 전에 발생했습니다. 아마도 미국의 정치인들은 이역만리 떨어진 나라에 대해 크게 주목하지 않았던 것 같습니다. 그 결과 미국도 세수 부족으로 재정적 어려움을 겪는 등 비슷한 곤란에 빠지게 됐습니다.

영조도 실패한 금주령

"이 돈 내고 술을 사마시다니 제정신이 아니군. "

"덕분에 우리가 떼돈을 버는 거지. "

은銀이 가득 실린 궤짝을 보는 중국 상인들이 싱글벙글 하는 사이, 조선 상인이 술을 들이키다가 한숨을 쉬며 내뱉습니다. "당연히 제

정신이 아니지 금주령을 10년이 넘게 하고 있으니까….”

KBS 사극 ‘꽃 피면 달 생각하고’의 한 장면으로. 바다 한가운데서 몰래 술을 거래하는 이유는 강력한 금주령 때문입니다. 밀주를 단속하는 고지식한 감찰과 술을 빚어 큰 돈을 벌어보려는 밀주꾼 여인의 로맨스를 다룬 이 작품은 조선 시대 영조 때를 배경으로 합니다.

영조는 조선에서 가장 오랜 기간 금주령을 이어간 국왕으로 기록되어 있습니다. 그는 재위 기간 내내 수차례의 금주령을 내렸는데, 영조 32년1756 내려진 금주령은 무려 10년간 이어졌습니다. 니콜라이 2세보다 150여 년가량 앞선 셈이죠.

물론 농업 국가에서는 주로 가뭄이나 흉작 등으로 금주령을 내리곤 했습니다. 하지만 통상 1~2년에 불과했던 금주령이 10년간 지속됐던 것은 이때가 처음이었습니다. 이토록 장기간에 걸친 금주령은 식량 부족을 타개하기 위한 정책이라기보다 영조 개인의 도덕관이 개입됐다고 볼 수밖에 없습니다. 아마도 그는 조선에서 술을 근절하고 싶었던 것 같습니다.

하지만 제아무리 의도가 선하더라도 인간의 욕망을 무리하게 통제하려고 규제를 만들면 반발과 부작용을 가져오기 마련입니다. 20세기 초 미국의 금주령 시대에도 되려 시카고를 배경으로 한 마피아들이 밀주를 만들어 떼돈을 벌었듯이 조선 시대에도 비슷한 부작용이 쏟아집니다.

> 우의정 김상로가 말하기를, "금주禁酒를 내린 뒤로 술집이라는 이름만 붙어 있으면 추조秋曹·법률·소송·형옥·노예 따위에 관한 일을 맡아보던 관아와 한성부의 이속吏屬들이 별도로 금란방禁亂房을 설치하여 날마다 돈을 징수하며 기존의 법처럼 여기고 있습니다."
>
> 『영조실록』 28년 12월 20일

관리들이 뇌물을 받는 수단으로 금주령을 이용했죠. 사실 이 정도에 그친다면 대단한 부작용이라고 보기는 어렵겠지만 문제는 더 깊었습니다.

10년에 걸친 강력한 금주령은 행정력에 균열을 일으켰습니다. 공무원들이 통상적인 행정 업무보다 어느 집에서 술을 마시는지 감시하러 다니느라 바빴으니 당연한 일입니다. 공무원들로서는 그럴만한 이유가 있었습니다. 고을에서 누군가 금주령을 어긴 사실이 적발되면 해당 관리까지 엄하게 처벌을 받았기 때문이죠. 자리에서 쫓겨나는 것은 물론 귀양까지 가는 일도 빈번했습니다.

> "금주령은 날로 엄하였으나 범하는 자는 그래도 그치지 않았다. 과천에 술이 있다 하여 그 지방관을 귀양보냈고, 또 강화도의 선상船商

중에 범한 자가 있으므로 강화 유수를 파직하였으며, 지방관인 양천 현감을 귀양보내고… 또 영광靈光의 뱃사람이 경강京江에서 술을 마셨다 하여 영광 군수를 남쪽 연변沿邊에 귀양보냈다."

『영조실록』 40년 5월 3일

잦은 지방관의 교체는 결국 행정 업무의 연속성을 떨어뜨리고, 지방 토호나 기득권층이 활개를 치는 요인이 됩니다. 영조 시대에 암행어사 박문수가 유명했던 것도 우연의 일치는 아니라는 생각이 듭니다.

이처럼 자기가 다스리는 고을에서 음주사실이 적발되면 귀양을 갈 판이니 공무원들이 음주 단속에 얼마나 혈안이 되었을지 짐작할 수 있습니다. 관리들이 툭하면 찾아와 술을 마시는지 감시하고, 술의 원료인 누룩을 만드는 데 쓰이는 밀은 강제로 버리게 하고, 이들을 접대하느라 집에서 키우던 닭이나 돼지를 잡아야 하는 등 그 폐단이 말이 아니었던 모양입니다.

특히 원성이 높았던 제도는 음주가 적발되면 그 이웃 세 집까지 함께 처벌받는 형률이었습니다. 이 정책은 이웃끼리 서로 끊임없이 감시하게 되어 결국 을乙과 을乙이 갈등하게 만드는 정책이었습니다. 그야말로 금주령 공포시대라고 불려도 무방한 시기였습니다. 보다 못한 관료들이 직언을 올리기 시작합니다.

"정언 구상具庠이 상소하였는데, 아! 금주가 민폐로 바뀐 것을 이루 다 말할 수 없을 정도입니다. 사망자가 계속 생겨나 분위기가 초조해져 도성이 술렁이고 있는데, 외방의 고을들이 더욱 심합니다. 장단지와 소금그릇까지도 남김없이 수색하고 옷상자나 곡식자루 따위가 죄다 훼손되고 있습니다. 밀은 누룩을 만드는 원료라 하여 먹지 못하게 버리도록 하고, 닭과 돼지는 그들에게 제공하느라 바닥이 나 종자도 남지 않게 되었습니다. 그런가 하면 슬그머니 뇌물을 받는 우환이 또 하나뿐만이 아닙니다. 관에서 나오는 차사差使들을 대접하고 이웃집에서 술을 담그는가 살피느라 잇따른 소요 속에 벌벌 떨면서 여가가 없을 정도입니다. 그런데 박절하게 이웃집까지 똑같은 죄를 주는 형률은 법을 신중히 하고 후세에 끼치는 도리가 아닌 것입니다."

『영조실록』 40년 7월 23일

영조 시대 금주령을 다룬 공연 '금란방' [자료 서울예술단]

영조의 금주령은 어떤 결말을 맞았을까요. 영조의 출구 전략이 꽤 흥미롭습니다.

영조 43년 1월 영조는 제사를 지내러 종묘에 갔습니다. 그러면서 감주 대신 '진짜' 술을 올리도록 합니다. "건강을 보존할 수 있도록 보살펴 준 조상의 은덕에 감사하기 위해서"라는 이유였습니다. 아무리 생각해봐도 그토록 엄격하게 다스렸던 금주령을 거두어들인 명분으로선 군색했지만, 모두가 좋았던 상황이었기 때문인지 쓰윽 지나갔습니다. 영조의 정치력이라고나 할까요. 조선을 요란하게 흔들었던 금주령은 이렇게 11년 만에 조용히 지워졌습니다.

> 한 사관은 금주령 시대를 되돌아보며 담담히 전할 뿐입니다. 혹자가 말하기를 "술의 폐해가 병자년영조 31년·금주령 1년 전을 가리킴보다 심하다 하였다… (왕은) 형조에 명하여 술을 빚는 자를 처벌하고 주점을 금지시켰다. 그러나 마침내 능히 금할 수 없었다."
>
> 『영조실록』 영조 46년 1월 26일

영조의 이토록 강력한 금주령 기조는 손자인 정조 때 뒤집어집니다. 반작용이었을까요. 정조는 할아버지와 달리 술에 대해 너그러웠고, 오히려 술을 즐겨 마셨습니다. 정약용도 각종 기록에서 정조가 신하들에게 술을 강권해 힘들었다는 내용을 남겼을 정도입니다. 이처럼 52년간 재위하며 수차례 금주령을 통해 '노알콜 국가'로 만들려 했던 영조의 야심찬 구상은 가장 아꼈던 손자인 정조에 들어와서 폐지되었습니다. 영조의 헛된 집착에 백성들과 관료들만 고생을 시킨 셈이 됐습니다.

조선에도
로미오와 줄리엣이
있었다

29

"오 로미오, 오 로미오, 왜 당신은 로미오인가요?"

『로미오와 줄리엣』

영국의 문호 윌리엄 셰익스피어가 쓴 비극 '로미오와 줄리엣'에 나오는 유명한 대사입니다. '로미오와 줄리엣'은 이탈리아 베로나 공국의 유서 깊은 두 귀족 가문인 몬태규Montague 가문과 캐퓰릿Capulet 가문은 서로 증오하는 사이였는데 이 집안의 두 젊은이가 서로 사랑에 빠지면서 벌어지는 파국을 그린 작품이죠. 여기서 줄리엣이 로미오에게 "당신 아버님을 부인하고 당신 이름을 거절하세요"라고 애원할만큼 두 집안은 서로 결합된다는 것이 불가능했습니다. 지금 기준으로 보면 다소 황당하게 느껴질 수도 있지만, 꼭 그렇다고만 할 수도 없습니다. 왜냐하면 불과 몇 년 전에 인터넷에서 화제가 된 한국판 로미오와 줄리엣의 사연이 있었기 때문입니다. 사연은 이렇습니다.

"경주 김씨라서 안 된다"

한 청년이 1년 5개월간 교제한 연인과 결혼 준비를 밟아가던 중 여성의 할아버지에게 인사를 드리게 됐습니다. 할아버지는 남성에게 본관을 물었고, 경주 김씨라는 대답을 듣자 버럭 화를 내면서 "우리는 서경 정씨라서 혼인할 수 없다"고 폭탄 선언을 했습니다.

두 사람에게 생각지도 못했던 장애물이 나타난 것은 고려 때 벌어진 사건 때문입니다. 고려 인종 때 서경천도운동, 묘청의 난을 두고 다툰 당대 라이벌 김부식과 정지상의 갈등이 대대로 전해지면서 이들의 결혼을 막았죠. 두 집안에 얽힌 독특한 사연 같지만 사실 이런 갈등 관계에 놓인 집안이 경주 김씨-서경 정씨뿐만은 아닙니다.

조선 시대엔 많은 가문이 '세혐록世嫌錄'이라는 기록을 남겨 후손에게 전했습니다. '세혐'은 두 집안 사이에 대대로 내려오는 미움과 원한의 관계를 의미합니다. 이들은 서로 교류도 끊고 혼인도 할 수 없었으며, 심지어 같은 관청에서 근무라도 하게 되면 어느 한쪽은 사표를 내는 것이 '불문율'이었습니다.

파평 윤씨 VS 청송 심씨, 갈등의 시작은 묫자리 싸움

"파주군 광탄면 분수리에 소재한 파평 윤씨의 선조 문숙공윤관 분묘에 청송 심씨의 선조 만사심지원 상공 분묘가 압뇌壓腦돼 있어 윤·심 두 성 사이의 송사가 수백 년에 걸쳐 계속돼왔는데, 두 성 사이의 세혐으로 인한 분쟁을 종식하기 위해 양가의 대표가 이 증서를 작성, 각각 보관하기로 한다."

1969년 7월 경기도 파주에 파평 윤씨와 청송 심씨 가문의 인사들이 모여 특별한 행사를 열었습니다. 400년 동안 묫자리를 두고 싸웠던 두 가문이 화해하는 행사였는데, 파주군수와 파주경찰서장도 참석할 만큼 세간의 관심을 모았습니다.

유서 깊은 두 집안의 갈등은 400년 전 묫자리에서 시작됐습니다. 1614년 영의정 심지원이 고려 시대 윤관 장군의 묘 근처에 부친의 묘를 만들고 주변을 집안 묘역으로 조성한 것이 문제가 됐습니다. 윤관 장군이 죽고 500년이 지난 이때는 묘비가 사라지고 무덤도 분간하기 어려운 상황이었다고 합니다.

하지만 뒤늦게 윤관의 후손들이 조상 묫자리를 찾겠다며 심지원 부친의 묘 주변을 파헤쳤고, 이를 본 청송 심씨 측이 반발하면서 400년이 넘는 싸움이 시작됩니다.

이 사건은 당시에도 난제였습니다. 심씨 문중의 고발로 고양군수가 조사에 나서긴 했지만, 그는 자신이 파평 윤씨와 인척이라는 이유로 결국 송사를 피했다. 그러자 경기감사는 파주목사와 교하군수에게 조사를 지시했는데, 이들 역시 파평 윤씨의 인척이었기에 판결을 기피했습니다.

사실 두 집안은 모두 조선 시대에 왕비를 3~4명씩 배출한 명문가인 데다가, 혈연으로 엮인 유력 가문도 많았습니다. 그래서 국왕조차 입장을 내기가 어려웠습니다. 영조도 중재에 나섰다가 실패했는데, 당시 파평 윤씨 측 인사가 영조의 중재를 거부했다가 태형으로 사망하는 일도 벌어졌습니다. 그만큼 양쪽 집안에서는 '목숨을 걸었다'고 해도 과언이 아닐 정도로 이에 대해 집착을 보였죠.

1969년 이들 집안의 갈등이 봉합되는가 싶었으나, 여진은 계속됐고 결국 2006년 파평 윤씨 측이 인근 토지를 구입해 청송 심씨에 기증하고, 청송 심씨는 심지원의 묘를 기증받은 지역에 옮기는 것으로 두 집안의 다툼이 마무리됐습니다.

왕후 자리 · 묘지명 때문에…수백 년간 불화한 가문들

조선 시대 대표적 명문가로 꼽힌 청송 심씨는 반남 박씨 집안과도 사이가 나빴습니다. 반남 박씨와 청송 심씨가 사이가 틀어진 건 세종 때로 개국공신 박은이 세종의 장인 심온을 시기해 상왕 태종으로 하여금 사약을 내리게 만들었다는 의혹 때문입니다.

심온이 태종이 상왕으로 물러나고도 병권을 내놓지 않는다며 비판했다는 이유로 벌어진 이 사건은 훗날 박은의 무고로 밝혀졌습니다. 이런 갈등 때문에 심온은 "앞으로 박은 집안과는 혼사를 맺지 말라"는 유언을 남겼다는 이야기가 심씨 집안에서 전해진다고 합니다. 다만 현재 학계에선 이 사건의 배후가 태종이었을 가능성이 높다고 봅니다. 강력한 왕권을 위해선 외척 세력을 제거해야 한다고 생각했던 태종이 세종의 처가 집안을 무력화시키기 위해 꾸민 일이라는 것이죠. 태종은 자신의 처가인 여흥 민씨 집안을 도륙했던 전력도 있습니다. 태종은 당대 명문가였던 여흥 민씨의 도움을 받아 제1·2차 왕자의 난에서 정도전과 형 이방간 등을 제거하고 정권을 잡는 데 성공했으나, 정작 왕위에 오르자 권력을 자신에게 집중시키기 위해서 처남인 민무구·민무질 형제에게 모반 혐의를 씌워 희생시켰습니다.

한편 반남 박씨16만 1000명는 밀양 박씨310만 4000명에 비교하면 상대적으로 소수이지만 유명 인사를 많이 배출한 가문으로 명성을 떨쳤습니다. 조선 후기엔 북학파 박지원, 개화파 박규슈·박영효 등 개혁지향적 지식인들이, 대한민국 건국 후엔 소설가 박완서, 영화감독

박찬욱, 배우 박신양 · 박보검 등 문화예술계 인재들이 잇따라 나왔습니다.

또 조선 시대에 인현왕후와 명성왕후 등 유명한 왕후를 많이 배출한 여흥 민씨는 인동 장씨와 앙숙입니다. 숙종 때 희대의 스캔들로 불린 인현왕후와 희빈장씨의 갈등 이야기는 TV 드라마로도 수차례 만들어질 정도로 많이 다뤄져 모르는 사람이 거의 없을 정도입니다.

숙종 때 왕비 자리는 당시 치열했던 남인과 서인 간의 당파 싸움과 맞물려 주인이 몇 차례 바뀌었습니다. 이 과정에서 인현왕후는 희빈 장씨에게 자리를 뺏겼다가 되찾는 일이 있었죠. 이로 인해 민씨 집안도 장씨 집안과 원수가 됐습니다. 지금도 일부 여흥 민씨 집안에선 '(배우자로) 인동 장씨는 절대 안 된다'는 말을 듣는다고 합니다.

한편 청송 심씨와 묫자리를 다툰 파평 윤씨는 은진 송씨와 갈등이 있었습니다. 두 집안은 모두 당대 기호畿湖·충청 지역을 대표하는 학자 집안이었는데, 윤증이 아버지 윤선거의 묘지명을 송시열에게 부탁하면서 문제가 시작됐습니다. 송시열은 윤선거의 친구이자 윤증의 스승이었으니, 자연스러운 부탁이었죠. 그런데 윤증이 미처 생각하지 못했던 일이 발목을 잡았습니다.

윤선거는 과거 송시열과 다투던 남인 윤휴를 두둔했던 일이 있었습니다. 이에 앙금을 품고 있었던 송시열은 윤선거의 묘지명에 병자호란 당시의 행적을 비난하는 내용을 남겼습니다. 윤선거는 병자호란 당시 친구 및 가족들과 강화도로 피신해 그곳에서 순절하기로 했다가 마음을 바꿔 남한산성에 있는 부친과 함께 마지막을 함께 하겠다고 한 전력이 있습니다. 게다가 윤선거의 부인은 이미 순절한 뒤였기에 비판이 거셌습니다. 어쨌든 묘지명은 대개 고인에 대한 찬사로 채워진다는 것을 고려한다면 아들 윤증의 입장에선 송시열이 쓴 내용은 받아들이기가 어려웠습니다. 윤증은 다시 써달라고 요청했으나 송시열은 거절했습니다. 이때부터 두 집안은 돌이킬 수 없는 사이가 됐습니다.

역사에선 이 사건을 송시열이 살던 회덕懷德과 윤증이 살던 니산尼山에서 한 자씩 따와 '회니논쟁懷尼論爭'이라고 부릅니다. 두 집안은 자연스럽게 노론과 소론의 중심축이 됐고, 이후 교류나 혼인 등을 일절 끊어버린 것은 짐작하기 어렵지 않습니다.

1908년에는 충청지역 유지들이 모여 '세혐 때문에 이웃 간에도 교류하지 않는 것이 큰 병폐'라면서 지역의 단결을 위해 두 가문의 후손에게 결혼을 제안하는 일도 있었습니다. 참고로 윤석열 대통령도 파평윤씨로 윤증의 후손이라고 알려져있는데, 영부인 김건희 여사는 다행스럽게도 심씨가 아니었네요.

직장에서 원수 집안 만나면 사표 제출

두 집안이 원수지간이면 결혼만큼은 피할 수 있었지만 직장에서 만나면 어땠을까요. 둘 중 한 명은 사직서를 내야 했습니다. 이런 경우는 (어찌보면 당연한 일이겠지만) 하급자가 먼저 사직서를 제출하는 것이 관례였습니다.

숙종 때 이조참판을 제수받은 조태채는 세혐 관계였던 이조판서 김구 밑에서 일하게 되자 수차례 사표를 썼습니다. 지금으로 치면 행정안전부 차관이 장관의 집안이랑 사이가 안 좋아 사표를 낸 셈이죠. 두 집안이 세혐 관계가 된 것은 50년 전 김구의 부친 김징이 조태채의 조부를 탄핵했기 때문입니다.

숙종의 만류에도 조태채가 뜻을 굽히지 않자 숙종은 "세혐이라는 것이 끝끝내 너무 지나치다"라며 한숨을 쉴 수밖에 없었습니다. 『조선왕조실록』에는 이런 예가 많이 등장합니다. 이 때문에 국왕은 때로는 꾸짖고, 때로는 『삼국지연의』에서 오나라 무장이었던 능통과 감녕의 고사를 인용하면서 달래기도 했지만 큰 효과는 거두지 못했습니다.

> "우승지 김만채는 좌승지 이선부가 일찍이 그 아비 김익훈을 탄핵하였으므로, 의리상 상대할 수가 없다고 하며 상소하여 사직하니, 임금

이 답하기를, '삼국三國 때 감녕이 능조를 쏘아 죽였으나, 손권이 그 아들 능통에게 명하여 복수하지 못하게 하였다. 하물며 같이 조정에 있는 사부士夫로서 어찌 감히 늘 사사로이 혐의한단 말인가? 상대할 수 없다는 말은 몹시도 심히 불온하다. 속히 직무를 살피도록 하라' 고 하였다. 최중태는 잠깐 출사出仕하였다가 바로 체직물러남되었다"

『숙종실록』 29년 7월 20일

홍선대원군 때도 비슷한 일이 있었습니다. 홍선대원군은 세혐 관계였던 채동술과 홍은모를 불러 자녀를 결혼시키라고 요구했지만 두 집안은 끝내 사돈을 맺지 않았죠. 또 세혐 집안의 인사가 시험감독관으로 참석했는데도, 시험장에서 바로 나오지 않고 답안지를 제출했다는 이유로 이를 비난하는 상소가 빗발치기도 했습니다. 이건 가능성이 낮지만 수험생에서 원수 집안의 인사가 수능 감독관으로 들어오면 퇴실하라는 말이나 다름이 없죠. 그러니 조선 시대에 가문이 얼마나 큰 족쇄였는지 알 수 있습니다.

설화가 현실과
마주했을 때,
일리아스와 서동요

30

2022년 영국에서 '더 번트 시티the burnt city'라는 공연이 하도 인기라고 해서 보러 간 적이 있습니다. 직역하자면 '불탄 도시' 정도가 되겠죠. 펀치 드렁크Punch drunk이라는 영국 공연단체가 만든 이 작품은 꽤 독특한 형식으로 많은 주목을 받았습니다. 일단 극장이 3개 층지하 1층, 지상 2층으로 어마어마한 크기의 공연장입니다. 그게 뭐가 특이하냐고요? 바로 무대가 이 극장 전체이기 때문이죠. 이렇게만 이야기하면 이해가 어려울 수도 있으니 이 공연의 구성을 설명해드리겠습니다. 사실 저도 직접 보기 전까지는 잘 이해가 가지 않더군요.

트로이 전쟁을 재해석한 '더 번트 시티'

'더 번트 시티'는 고대 트로이 전쟁을 다룬 호메로스의 『일리아스』를 재해석한 작품입니다. 지하 1층은 트로이, 1층은 중립 지대, 2층은 그리스로 구성되어 있으며 각 층은 수십여 개의 방과 공간으로 이뤄져 있습니다. 예를 들면 그리스군 총사령관 아가멤논의 방, 그리스

병사의 막사, 신전 등인데, 1920~1930년대 풍으로 꾸며져 있어서 가스레인지도 있고, 토스터기도 있습니다. 방 안을 들여다보면 고대 그리스와는 거리가 멀다고 할 수 있죠. 사실 『일리아스』를 재해석했다고 하니까 '그런가 보다' 하는 거지, 아무런 설명없이 이 무대를 봤다면 현대극 정도로 생각할 수밖에 없을 정도입니다.

그리고 아가멤논, 트로이 왕자 파리스, 달의 여신 아르테미스 등 『일리아스』에 등장하는 주요 인물을 맡은 배우들은 이 공간들을 쉴 새 없이 이동하면서 공연을 펼칩니다. 예를 들어 2층에서는 아가멤논이 그리스 군대를 소집하는 동안 지하 1층에서는 파리스가 트로이 여인들과 유흥을 즐기고 있습니다. 이게 동시에 벌어집니다.

그나저나 이렇게 되면 관객들이 공연을 어디서 보냐고요? 객석이 없습니다. 관객들은 이들 배우들을 따라 쉴 새 없이 다니거나, 아니면 특정 공간에 딱 박혀서 들락날락하는 배우들을 볼 수 있습니다. 하지만 설령 경보 선수 같은 스피드로 빠르게 움직인다고 한들 이 모든 장면을 다 볼 수는 없습니다. 세보지는 않았습니다만센다는 것이 불가능합니다 대략 7~8개 이상의 장면들이 동시에 각 공간에서 펼쳐지고 있으니까요.

그래서 '더 번트 시티'는 1회 공연을 세 차례 반복해서 보여줍니다. 앞 차례에서 미처 보지 못했던 장면들을 관객이 챙겨볼 수 있도록 배려한 것이죠. 물론 그래도 놓치는 장면은 생겨날 수밖에 없습니다. 무엇보다 두 번째 공연 쯤에는 발바닥에서 슬슬 불이 납니다. 그래서 지하 1층에는 바bar가 마련되어 있는데 여기서 맥주 등 간단한 음료를 즐기며 쉴 수 있습니다. 물론 그동안에도 공연은 진행 중이니, 쉬는 동안 놓치는 장면은 감수하는 것이죠. 그래도 이곳에 가끔 배우들이 찾아와 즉석 공연을 하고 가는 깜짝 이벤트도 있으니 들를 가치는 충분히 있습니다.

아, 이 공연은 또 특별한 규칙이 있는데, 관객은 무대로 들어가기 전 전화기를 모두 반납해야 하고, 가면을 써서 얼굴을 드러내서는 안 됩니다. 또한 배우들과 종이 한 장 정도의 거리까지 가까이 가는 것은 상관없지만, 말을 걸거나 신체 접촉을 해서는 안 됩니다. 자, 이쯤이면 정말 특이하지 않나요?

다소 불편하기까지 한 이 공연이 작년에 영국에서는 매진 행렬을 펼쳤었습니다. 솔직히 이 작품을 처음 봤을 때는 당혹스러웠습니다. '이걸 돈 주고 본다고? 솔직히 『일리아스』를 재해석했다는 것을 몰랐으면 무슨 내용인지 하나도 모르겠는데…'라고 투덜거리는 순간 깨달았습니다.

그렇습니다. 이렇게 안드로메다 수준으로 만든 작품인데도 사람들이 서로 보겠다고 난리인 것은 바로 누구나 아는 고전을 비틀었기 때문인 거죠. 만약 요즘 유행하는 웹소설이나 문학상을 받은 소설을 이렇게 비틀어버린다면 욕 먹기 딱 십상이죠. 그렇습니다. 고전의 힘은 바로 이렇게 시대를 초월해 끊임없이 재해석되어 관객들과 만날 수 있다는 점에 있습니다. 그리고 인류에게 가장 오래된 고전을 꼽으라면 단연 호메로스의 『일리아스』와 트로이 전쟁 후 오디세우스 장군의 귀향 과정을 담은 『오디세이아』가 빠지지 않을 것입니다.

『일리아스』는 기원전 6세기부터 2000년이 넘는 시간 동안 많은 이들의 애독서로 꼽혔습니다. 마케도니아의 알렉산드로스 대왕이 가장 좋아했던 책으로 알려져 있기도 하죠.

그리스 원정대는 왜 트로이로 갔을까

『일리아스』는 트로이 왕자 파리스가 스파르타의 왕비 헬레나와 눈이 맞아 트로이로 데려가자 격분한 스파르타의 왕 메넬라오스가 그리스에 호소해 트로이로 쳐들어가 10년간 전쟁을 벌였다는 이야기입니다. 그리스 연합군의 공격에도 끄떡없이 버티자 결국 오디세우스 장군이 목마를 만들어 트로이 안으로 들여보내고 목마에 숨어있던 병사들이 밤에 밖으로 나와 하룻밤만에 트로이를 점령하면서 마무리 됩니다. 그렇다면 『일리아스』에 그려진 10년간의 트로이 전쟁은 사실일까요.

호메로스가 이 작품을 쓰고 2000여 년 넘게 『일리아스』와 『오디세이아』는 그저 설화에 불과하다고 여겨졌습니다. 그리스에 전해져 내려오는 설화적 영웅담을 호메로스가 정리했다는 것이죠.

그런데 독일의 하인리히 슐리만이 1870~1873년 현재의 튀르키예옛 터키의 차낙칼레 인근에서 대규모 발굴작업을 통해 트로이 유적을 발굴하면서 세상을 발칵 뒤집었습니다. 슐리만은 한 번도 정식 교육을 받은 적이 없는 아마추어 고고학자였습니다. 하지만 어렸을 때부터 『일리아스』에 심취했던 그는 '설화'라고 치부한 주류 학자들과 달리 달리 이를 진짜 역사적 사실로 받아들이고 관련 유적을 찾아다니다가 결국 '대박'을 터뜨린 것이죠.

물론 그는 제대로 된 고고학을 배우지 않은 탓에 발굴 과정에서 많은 유물을 훼손했다는 비판도 받고 있습니다. 자신이 상상하는 화려한 트로이의 모습에 집착한 나머지 금으로 된 장신구 같은 것 외에는 주변에 버리거나 방치했던 것이죠. 하지만 전설을 역사로 끌어냈다는 점에서 큰 평가를 받고 있습니다. 이때부터 고고학계는 과거부터 전해져 내려오는 민담이나 설화에 보다 진지하게 주목하게 됩니다.

참고로 역사학계에서는 그리스가 트로이를 공격한 이유는 헬레네라는 미녀를 되찾아오기 위해서가 아니라 당시 무역으로 번영을 구가하던 트로이를 부러워했고, 그래서 이들의 해상 교역 루트를 빼앗기 위해서였다고 보는 견해가 우세합니다. 지도를 보면 트로이의 위치는 정말 흑해와 지중해를 잇는 요충지에 딱 자리 잡고 있어서 그럴 수도 있겠다는 생각이 듭니다. 그렇다면 '헬레네'는 거대한 부를 비유하는 하나의 상징이 아니었을까 싶기도 하네요. 물론 진짜로 그녀를 되찾기 위해 10년간 전투를 했을 수도 있겠죠, 이혼 전력이 있는 미국인 여성과 사랑에 빠져 '해가 지지 않는다'는 대영제국의 왕위를 버린 에드워드 8세 같은 사람도 있으니까요.

서동요의 진실

> 선화공주님은
> 남 몰래 사귀어
> 맛동 도련님을
> 밤에 몰래 안고 간다

중고등학교 국어 시간에 한 번쯤 배웠을 '서동요'입니다. '서동요'와 관련된 설화는 너무나 유명해서 따로 설명할 필요는 없을 듯 한데요. 그래도 간단히 소개하자면 백제에서 마를 캐어 팔던 서동은 신라 진평왕의 셋째딸 선화공주와 결혼하기 위해 서라벌의 거리로 가서 아이들에게 마를 나눠주며 '서동요'를 부르게 했다고 하죠. 결국 작전은 성공! 서라벌 거리에서 아이들마다 그 노래를 불렀다고 하니 요즘으로 치면 유튜브에 노래를 만들어 올렸는데 조회수가 1000만 회 정도 나온 셈일까요. 예나 지금이나 일단 오보나 유언비어가 퍼지게 되면 당해내기가 어렵습니다. 의혹의 당사자는 해명을 해야 하는데, 대개의 경우 너무 길고 재미도 없는데다 적절한 타이밍을 놓치기 일쑤라서 결국 여론의 판정패로 끝나기 마련이죠.

익산 미륵사지 석탑 전경 [자료 국가유산청 국가유산포털]

결국 궁에서 쫓겨난 선화공주를 아내로 맞이한 서동은 그녀의 도움으로 전북 익산에 미륵사를 세우고 민심을 얻어 백제의 왕위무왕에 오르게 됩니다. 『삼국유사』에 실린 이 설화는 어디까지나 허구로 여겨져왔습니다. 신라의 공주가 백제의 마를 캐는 평민과 결혼을 한다는 것은 요즘으로 치면 일본의 공주가 한 달에 88만원을 버는 한국의 비정규직 청년과 결혼한 셈이랄까요. 그런데 2009년 미륵사지 석탑의 해체 조사 과정에서 놀라운 비밀이 드러납니다.

2009년 1월, 석탑 1층 기단부 아래쪽 내부에서 사리장엄구舍利莊嚴具·석가모니의 사리를 담은 그릇 일체가 발굴됐는데, 금으로 된 각종 장식물과 부장품이 발견된 것이죠. 그런데 여기서 나온 봉안기奉安記에는 미륵사지 석탑을 세우게 된 내력이 새겨져 있었습니다. 그렇습니다. 서동, 즉 무왕과 선화공주가 세웠다는 그 전설이 마치 트로이처럼 역사적 사실로 확인되는 순간이었죠. 그런데 이게 어찌된 일입니까. 봉안기에는 '좌평 사택적덕沙宅積德'의 딸인 백제 왕후가 재물을 내놓아 미륵사 가람을 창건하고 639년기해년에 탑을 세우고 사리를 봉안했다'고 기록되어 있었는데, 639년은 무왕이 죽기 2년 전입니다.

사택적덕은 성이 사택 씨氏인데, 백제의 8개 주요 가문 가운데 가장 강력한 세력이었다고 전해집니다. 좌평은 백제시대에 가장 높은 관직입니다. 그러니까 무왕, 즉 서동과 함께 미륵사를 창건한 여성은 적국인 신라의 공주가 아니라 백제의 유력 귀족 가문 여성이라는 의미였습니다. 그렇다면 국경과 신분을 초월해 사랑을 이뤘다는 서사 덕분에 1400여 년 가까이 전해져 내려오던 세기의 러브스토리가 실은 지어낸 얘기였던 것일까요.

그런데 학자들에 따르면 이 이야기가 꼭 허구만은 아닐 수도 있다고 합니다. 왜냐하면 당시 왕은 부인을 여러 명을 두는 경우가 적지 않았기 때문이죠. 그러니까 선화공주와 사택적덕의 딸이 모두 무왕의 부인이었다고 해도 어색하지는 않습니다. 다만 미륵사를 세운 주인공은 이제 선화공주가 아니라는 것은 분명해졌습니다. 트로이 발굴 작업이 『일리아스』의 이야기를 역사적 사실로 만들어줬다면, 미륵사지 석탑 해체 작업은 '서동요'의 일부 내용을 허구로 만든 셈입니다.

온달은 서역 사람?

자꾸 가지를 치는 것 같습니다만 한 가지만 더 이야기를 이어가보겠습니다. 신분을 초월한 삼국 시대의 러브스토리라면 고구려의 온달과 평강공주도 빠질 수 없죠. 『삼국사기』에 기록된 온달과 평강공주의 러브스토리를 놓고 바보 온달溫達이 과연 누구냐를 놓고 학계에서도 오랫동안 다양한 학설이 제기되어 왔습니다. 여러가지 설이 있지만 일단 설화의 내용처럼 하찮은 신분에 바보일리는 없다는 쪽에 무게가 실립니다. 그렇다면 온달은 정말 누구였을까요.

임기환 서울교대 사회교육과 교수는 「설화를 통해 본 한국 고대의 사회변동 온달 서동 설화와 6세기 사회」라는 논문[1]에서 온달과 서동의 연관성에 주목했습니다. 가난하고 낮은 신분 출신으로 왕의 사위가 됐고, 부인공주의 도움으로 황금이나 보물을 팔아 부富를 일궜다는 점이 유사하기 때문입니다.

임 교수는 이 시기에 철제 농기구와 우경牛耕이 보급되면서 농업 생산량이 많아졌다는 점을 근거로 듭니다. 귀족이 아닌 일반인 중에서도 사회경제적으로 부를 축적한 계층이 나올 수 있었다는 것이죠. 즉, 서동이나 온달이 황금으로 횡재해 부자가 되는 이야기도 이런 사회상을 비유했다는 말입니다. 급속도로 성장한 신흥 계층이 정치에 진출하는 일은 역사 속에서 드물지 않은 풍경입니다.

---

1 임기환, 「설화를 통해 본 한국고대의 사회변동 온달 · 서동 설화와 6세기 사회」, 『역사비평』, 1993년 가을호, Vol. 24, p.117-128, 1993.

그런데 또 다른 흥미로운 가설도 있습니다.

온달이 무려 실크로드에 있던 서역 국가 소그디아 출신이라는 주장입니다. 연세대 역사문화학과 지배선 명예 교수는 2014년 카자흐스탄 아스타나에서 고려대 러시아 CIS연구소 · 유라시아국립대 공동 주최로 열린 한-중앙아 국제학술회의에서 "온달은 당시 강康국이라 불리던 소그디아의 왕족 출신이 고구려 여인과의 사이에 낳은 아들"이라는 가설을 내놨습니다. 중국 사서 『전당문全唐文』이나, 『북사北史』등에서 '소그디아는 강국康國이라 불렀으며 그 왕족은 온溫씨'라고 쓴 기록을 근거로 들었습니다. 온달 이전엔 『삼국사기』 어디서도 온씨 성을 볼 수 없다는 것이죠.

또 『대당서역기』나 『신당서新唐書』등 당나라 시대 중국 기록에서 소그디아 사람들에 대해 "호탕하고 용맹하다. 대부분 용사다… 죽음을 당연한 것으로 받아들여 전투할 때 그들 앞에 나타날 적이 없다", "남자 20세가 되면 이익을 도모할 수만 있으면 안 가는 나라가 없었다" 등으로 기록된 점에도 주목했습니다. 그러니까 온달이 전투에서 용맹한 공을 세운 점이나, 먼 고구려까지 와서 자리 잡은 배경도 설명이 된다는 것이죠. 지 교수는 『삼국사기』에서 '온달의 외모가 우스꽝스럽고 다 떨어진 옷과 해진 신으로 다녔다'는 기록은 "신분 질서가 엄격한 고구려에서 오늘날 다문화 가정 출신 자녀가 겪은 것과 같은 어려움을 묘사한 것"이라고 설명했습니다.

설화에는 당대 사람들의 꿈과 현실이 조금씩 담겨 있기 마련입니다. 진실이 어느 쪽이든 비록 신분이 하찮더라도 능력을 통해 비루한 현실을 극복해보고자 하는 바람이 느껴집니다. 아니면 삼국시대 사람들도 언젠가 그럴듯한 기회를 잡아 '혼테크'에 성공하고 인생을 바꿔보겠다는 바람을 갖고 있었던 것은 아닐까요.

펜트하우스와 오레스테스

31

고전을 읽다보면 문득 이런 생각이 들 때가 있습니다. 우리가 욕하면서 보는 '막장 드라마'와 고전의 차이가 과연 무엇일까? 무슨 말을 이리 과격하게 하냐고요? 고등학생 때 『젊은 베르테르의 슬픔』을 읽으며, 주인공 베르테르가 약혼자가 있는 여성에게 구애를 하고, 받아들여지지 않는다고 발작적 반응을 하다가 나중엔 권총으로 자살을 하는 장면에서 이런 질문을 처음 생각했습니다. 물론 이때는 '막장 드라마'라는 말이 나오기도 전입니다만, 그래도 왜 이렇게 과격한지 이해가 되지 않았다가 대학교에서 독일 낭만주의 시대의 '슈트름 운트 그랑' 운동을 배운 뒤 조금 이해가 됐습니다. 그런데 그리스 비극의 백미라고 손꼽히는 『오레스테이아』를 읽었을 때는 정말 그날 저녁 버거킹에서 먹던 햄버거를 잘 소화하기 어려울 정도였습니다.

막장 드라마의 원조, 그리스 비극

그리스의 비극을 대표하는 작가 아이스킬로스가 남긴 『오레스테이아』는 탄탈로스 가문의 비극을 다룬 3부작입니다. 워낙 스토리가 꼬이고 꼬인 데다 그네들 이름이 입에 달라붙지 않다보니 두세 번은 읽어야 알 수 있을 정도입니다. 간략하게 줄거리를 설명하자면 이렇습니다.

이야기는 탄탈로스 가문에서 시작됩니다. 탄탈로스는 신을 시험한답시고 아들 펠롭스를 죽여 요리로 만든 뒤 신들에게 내놓았다가 벌을 받습니다. 펠롭스에게는 두 아들이 있었는데 바로 아트레우스와 티에스테스 형제입니다. 그런데 괴상한 식성이 대대로 이어진 건지, 아트레우스도 티에스테스의 자식들을 죽여 그에게 요리로 내놓습니다. 자신의 부인과 바람을 피운 것에 대한 복수였습니다. 나중에 진실을 알게 된 티에스테스는 먹은 음식을 모두 게워 냈고 아트레우스를 죽여서 복수합니다.

이때 죽은 아트레우스의 아들이 바로 미케네의 왕이자 트로이 전쟁의 그리스군 사령관 아가멤논입니다. 티에스테스 일가는 도시 밖으로 쫓겨났지만 아가멤논이 트로이 전쟁에 참전한 사이 다시 돌아왔고, 티에스테스의 아들 아이기스토스는 아가멤논의 아내 클리타임네스트라를 유혹해서 권력을 손에 넣습니다. 여기까지가 『오레스테이아』의 1부 『아가멤논』입니다. 조금 복잡하죠? 원래 세 번 정도 읽어야 스토리가 들어오는 작품이니, 이 글도 두 번은 읽어주시길 부탁

드립니다.

2부 『코에포로이』에서는 트로이 전쟁에서 승리하고 돌아온 아가멤논을 아내 클리타임네스트라가 아이기스토스와 짜고 살해합니다. 복수는 계속 이어집니다. 이때 도시 밖으로 사라진 아가멤논의 아들 오레스테스는 10년 만에 돌아와 자신의 친모인 클리타임네스트라와 아이기스토스를 살해해 아버지 아가멤논의 복수를 갚습니다. 그리고 어머니를 살해한 죄로 복수의 여신들에게 쫓기는 오레스테스의 여정을 마지막 3부 『에우메니데스』에 담아냈습니다.

이쯤되면 막장 드라마로 유명세를 탔던 '펜트하우스'나 '아내의 유혹', 그리고 막장 드라마의 시초인 '인어아가씨'를 다 합친들 『오레스테이아』 3부작을 능가할 수 있을까 하는 의문이 듭니다. 기껏해야 오래 사귄 여자 친구가 알고 보니 이복동생이었다든지, 행복해지려는 순간 불치병에 걸린다든지, 이웃 간에 부모가 불륜을 저지르고, 그 아이들이 따돌림을 일삼는 정도인 한국 막장 드라마가 과연 아들과 조카를 재료로 식사를 내놓고, 친모를 살해하는 그리스 막장보다 더 자극적일까요.

참고로 덧붙이자면 『오레스테이아』 3부작에는 친아버지인 줄 모르고 왕을 살해하려다 거꾸로 그에게 살해당하는 왕자 이야기 등 별의별 개연성 없는 자극적인 이야기가 총동원됩니다. 아이작 뉴턴의 말을 빌자면 "한국 드라마 작가들은 '막장'이라는 거대한 바다 위에서 조가비를 줍고 있는 어린아이에 불과할 뿐"인 것이죠.

문명이 인간성을 말살했다고?

문명의 발달이 순수한 인간성을 말살한다고 비판하는 모습을 흔히 볼 수 있습니다. 사실 이러한 추론은 감상적인 구석이 있습니다. 합리적이고 객관적으로 풀어내기 어려운 경우가 많죠. 『오레스테이아』에서 보듯 서구 문명의 가장 초창기인 고대 그리스에서는 시험 삼아 혹은 복수를 한답시고 형제와 조카를 음식으로 둔갑시키는 일이 벌어지곤 했습니다. 그게 실제든 아니든 적어도 그런 작품들이 별 문제없이 읽혔다는 것만은 분명합니다.

『오레스테이아』를 쓴 아이스킬로스는 매년 그리스에서 개최되는 비극 경연대회에서 13회나 우승했습니다. 저런 스토리가 대중에게 널리 받아들여졌다는 이야기겠죠.

흥미로운 사실은 인간을 먹을거리로 본 문화가 그리스뿐만 아니라 동양에서도 발견된다는 점입니다. 동양에서도 시간을 거슬러 올라갈수록 생명을 경시하는 풍조가 만연되었고, 탄탈로스와 아트레우스처럼 사람을 맛난 음식 재료 정도로 인식했습니다. 중국 춘추전국시대에 활약한 공자도 인육人肉을 즐겨먹었다고 하고, 그로부터 더 먼 2000여 년 전 은나라 주왕은 정적을 협박하기 위해 아들을 죽여 젓갈로 담가서 보내기도 했습니다. 전국시대 때 장평대전에서 승리한 진나라는 항복한 조나라 군사 40만 명을 생매장했다는 기록이 있죠. 물론 40만 명이라는 수치는 다소 과장됐다는 의견이 지배적이나 최근 발굴된 유적에서 많은 양의 유골이 나와서 어느 정도는 역사적 사실에 근접했던 것 같습니다.

적어도 현대사회에서는 제아무리 폭군이나 인권유린의 오명을 뒤집어쓴 독재자라도 저 정도는 아니죠. 자신의 아내와 바람이 났다고 상대방의 아이들을 햄버거의 미트Meat로 사용하지는 않습니다. 2010년대 초반 남유럽 경제 위기 당시 그리스에서는 나라 빚을 갚지 못해 총리가 사임하고 아테네에 방화가 벌어지는 등 그야말로 난리가 났는데 아이스킬로스가 활약할 무렵의 그리스였다면 '총리 젓갈 세트'가 판매됐을지도 모를 일입니다. 그러니 현대인들은 21세기에 살아가는 것을 진심으로 감사해야 하지 않을까요. 권력을 비판하는 것이 직업인 저는 매일 그렇게 느끼며 살고 있습니다.

노예 해방을
이뤄낸 공화당,
어쩌다 백인
정당이 됐을까

32

"난 음악가예요. 곧 콘서트 투어를 시작할 참인데 장소가 대부분 남부입니다. 켄터키, 테네시, 델타지역…"

"장담하는데 당신, 딥사우스Deep south라면 문제가 많을 겁니다."

영화 '그린 북Green book'의 한 장면. 1960년대 미국 남부 투어를 다닌 유명 피아니스트 돈 셜리와 그의 운전사 이탈리아계 미국인 토니 발레롱가의 실화를 바탕으로 한 로드 무비입니다. '그린 북'은 여전히 인종 차별이 극심했던 당시 남부에서 흑인을 비롯한 유색 인종이 묵을 수 있는 숙소나 식당 등이 정리된 일종의 가이드북입니다. 돈과 토니도 이 책을 갖고 다닙니다. 지금으로 치면 '안전지대'를 알려주는 지도 앱 같은 기능이겠죠.

미국 남북전쟁1861~1865이 끝난 지 한 세기가 지났건만, 1960년대 미국은 인종 차별과 짐 크로법Jim Crow laws으로 불린 흑백 분리정책이 시행되고 있었습니다. 이에 따라서 남부 지역에서 흑인은 공공장소에서 백인과 분리되었고 학교나 식당, 버스 등도 따로 이용해야 했습니다. 영화 '그린 북'에서도 돈 셜리는 초대받은 호텔에서조차 허름한 야외 화장실을 쓰거나 식당 밖에서 먹도록 강요를 받습니다.

영화에서 토니가 딥사우스Deep South 지역에 대한 우려를 드러낸 데는 이유가 있습니다. 루이지애나 · 미시시피 · 앨라배마 · 조지아 · 사우스캐롤라이나 · 플로리다 등을 일컫는 딥사우스는 남북전쟁 때 북부에 반기를 들고 '남부 연합'을 결성한 핵심지역이었습니다. 1964년 인종 차별을 금지하는 '민권법Civil Rights Act'이, 1965년에는 흑인들의 선거권을 보장하는 '투표권법Voting Rights Act'이 제정됐지만, 딥사우스의 차별적 분위기는 여전히 강고했습니다.

남북전쟁과 남부의 쇠락

오래전, 회사 선배가 미국으로 연수를 간다고 해서 어느 도시로 가는지 물어봤더니 "오스틴Austin"이라고 답하기에 "그게 어디에 있나요?"라고 물어본 적이 있습니다. 미국을 잘 몰랐기 때문에 오스틴이 텍사스주의 주도라는 것을 그때 처음 알았습니다. '아니, 왜 하필 덥고 유명한 관광지도 별로 없는 텍사스로 가는 걸까?' 당시에는 잘 이해가 되지 않았습니다. 나중에 찾아보니 오스틴에는 델DELL 컴퓨터 본사를 비롯해 많은 첨단 전자 기업들이 들어와 있었고 삼성전자의 반도체 공장도 있더군요. 세금이 저렴하고 인프라도 좋아 인구가 계속 늘어나는 도시라는 것도 알게 됐습니다.

그때까지만 해도 저에게 '미국 남부'는 영화 '바람과 함께 사라지다' 속 이미지가 거의 전부였습니다. 거대한 목화밭과 그곳에서 일하는 흑인 일꾼들이 가장 먼저 떠오른 것이죠.

실제로 남부는 오랜 기간 플랜테이션 농업에 의존하는 지역이었습니다. 거대 농장을 기반으로 한 남부 농업은 건국 이래 미국 경제의 한 축을 담당했고요. 하지만, 남북전쟁의 패배로 남부는 큰 타격을 입게 됩니다. 흑인 노예가 해방되자 당장 농장에서 일할 노동력이 사라지게 됩니다. 자긍심은 무너지고, 농장은 황폐해지고…. 영화 '바람과 함께 사라지다'에 이러한 남부의 좌절이 잘 묘사되어 있습니다.

또한, 미국 경제의 중심도 농업에서 제조업으로 급격히 이동하면서 남부의 위상은 점점 쪼그라듭니다. 그러는 동안 상공업이 발달한 북동부와 '골드 러시'로 대박을 터뜨린 서부는 미국 경제를 견인하며 휘파람을 불었죠. 조지 워싱턴, 토머스 제퍼슨 등 건국 초기 대통령을 다수 배출하며 미국 탄생을 이끌었다고 자부하는 남부로서는 큰 상처를 입을 수밖에 없었습니다.

이런 상황은 20세기가 돼도 크게 달라지지 않았습니다. 일자리가 필요한 젊은이들은 쇠락한 남부를 떠나 북부와 서부로 떠났습니다. 1900년부터 1970년까지 경제적으로 낙후된 미국 남부에서는 무려 2800만 명의 인구가 빠져나갔습니다.

1950년대 텍사스부터 노스캐롤라이나까지 '선벨트Sunbelt'라고 불리는 남부 12개 주의 인구는 모두 합쳐 3840만 명 정도였는데, 북부 공업지대 러스트 벨트Rust Belt에 속하는 15개 주 인구9240만 명의 절반에도 미치지 못하는 수치였습니다.[1]

날씨도 남부를 떠나는 요인 중 하나가 됐습니다. 텍사스나 뉴멕시코처럼 건조하고 뜨거운 남부의 여름은 사람들이 쉽사리 정착하기 어렵게 만들었습니다. 개발은 더디고, 일자리도 없는데 날씨까지 무더우니 사람들을 끌어들일 만한 매력이라곤 찾아보기 어려웠겠죠.

이런 상태가 이어졌다면 남부는 지금도 낙후된 저소득 지역으로 남았을 것이고, 앞서 말한 선배도 다른 곳으로 연수를 떠나지 않았을까 싶네요.

에어컨이 가져온 반전

그런데 1960년대부터 변화가 일어났습니다. 1950년 미국 총인구 28% 정도를 차지했던 선벨트 지역의 인구는 2000년에 약 40%로 증가했습니다. 이런 추세는 지금도 계속되고 있어 2030년에는 미국 인구의 55%까지 차지하게 될 것이라는 추정이 나오고 있습니다.

---

1 미국인구조사국(www.census.gov) 참고하여 작성.

전환점을 만든 것은 바로 기술입니다.

과거, 차마 견딜 수 없었던 뜨거운 여름 날씨는 에어컨이라는 마법사가 나타난 덕분에 통제가 가능해졌습니다. 그러자 매서운 한파로 유명한 미국 북동부에 거주하던 은퇴자들, 특히 백인들이 따뜻한 겨울을 찾아 대거 플로리다나 텍사스 같은 지역으로 이동했습니다. 그 결과 에어컨의 보급 속도에 맞춰 남부 인구도 회복되기 시작한 것이죠.

온화한 기후를 찾아 거주지를 이동한 이들 중에는 연금이 보장되거나 경제적으로 여유가 있는 은퇴자들도 적지 않았습니다. 이들이 지갑을 열자 남부의 경기가 살아난 것은 당연합니다. 소매업을 비롯해 의료 · 오락 · 음식 · 서비스업 등이 성장했고 이는 일자리 상승으로 이어졌습니다. 특히 텍사스는 위에서도 언급했듯이 낮은 세금과 일자리 덕분에 밀레니얼 세대가 가장 많이 이주하는 주로 꼽히고 있습니다.

그러고 보니 2013년 메이저리그에서 추신수 선수가 텍사스 레인저스와 기간 7년, 계약금 1억 3000만 달러라는 대형 계약을 맺으며 구단을 옮길 때 세금이 중요한 이유가 됐다는 기사를 본 기억이 나네요.

하지만, 제아무리 세금이 저렴한들, 또한 값싼 땅이 널려있다고 한들, 에어컨 같은 기술이 없었다면 인구가 늘어나기는 쉽지 않았을 것입니다. 기업도 마찬가지고요.

에어컨, 정치 지형을 바꾸다

미국 북동부에서 포근한 날씨를 찾아 이주한 사람들은 대개 백인이었습니다. 안 그래도 인종차별 분위기 때문에 남부에 거주하던 상당수 흑인들이 북부로 이동하는 가운데, 백인 은퇴자들이 대거 밀려들자 남부는 백인 비율이 치솟았습니다. 그러면서 남부는 더더욱 공화당 성향으로 바뀌어 갔던 것이죠.

원래 미국 남부는 민주당의 아성이었습니다. 남북전쟁에서 흑인 노예를 해방한 에이브러햄 링컨 대통령이 공화당 소속인 것은 잘 알려져 있죠. 반면 민주당은 노예 해방에 반대하면서 남부 연합을 이끌었습니다. 그래서 남부는 남북전쟁 이후 100년 동안 '묻지도 따지지도 말고 민주당'이었습니다. 그것은 1954년 대통령 선거 결과에서도 잘 드러납니다. 당초 이 선거는 현직 대통령이었던 공화당 소속 아이젠하워의 압도적 승리가 예상됐고, 실제 결과도 그랬습니다. 그래도 남부에서만큼은 민주당 소속 스티븐슨이 승리한 지역이 많았습니다.

그렇다면 어쩌다가 지금은 상황이 반대로 바뀐 것일까요. 바로 흑인 인권 운동이 한창이던 1960년대 존 F. 케네디와 린든 존슨처럼 민주당 출신 대통령들이 잇따라 인종 차별 반대 법안을 제안하고 적극적인 조치를 취하면서부터입니다.

특히 존슨 대통령은 1964년 민권법인종 차별의 법적 철폐, 1965년 투표권법흑인의 투표권 보장 등을 통과시키면서 남부의 반발을 샀습니다. 그리고 공화당은 이 틈을 파고들었습니다. 1968년 대통령 선거에 나선 리처드 닉슨은 이른바 '남부 전략Southern strategy'을 앞세워 남부의 보수적 백인들을 공략했습니다. 그리고 이후 공화당과 민주당의 표밭은 완전히 역전되어 버립니다. 공화당이 우세했던 북동부는 민주당으로, 민주당이 우세했던 남부는 공화당으로 바뀐 것이죠. 한국에 빗대어 보자면, 정당 지지도 면에서 호남은 국민의힘이, 영남은 더불어민주당이 앞서는 셈이라고 할까요.

어쨌거나 1960년대 이후 에어컨과 같은 기술 혁신의 결과로 미국 남부가 더욱 보수적으로 바뀌는 결과를 낳았다는 것은 어찌 보면 진보의 역설일지도 모르겠습니다.

갈수록 세지는 남부의 입김

2004년 미국 대통령 선거에서는 공화당 후보인 조지 부시가 민주당 후보 존 케리를 상대로 크게 승리했습니다. 이때 제임스 와일리 호프스트라대 교수는 '케리 후보의 패배는 에어컨 때문Blame air conditioning for Kerry loss'이라는 칼럼을 한 언론에 기고했습니다. 에어컨이 남부의 정치적 위상을 바꾸고 있다는 것이었죠.

무슨 의미일까요? 여기서 미국의 대통령 선거 방식을 살펴볼 필요가 있습니다. 미국은 각 후보가 투표에서 승리한 주州의 선거인단을 독식하는데, 더 많은 선거인단을 확보한 후보가 승리하는 간접 선거 시스템입니다.

선거인단의 규모는 각 주의 인구 규모에 따라 다른데, 예를 들어 인구가 약 4천만 명에 육박한 캘리포니아는 무려 55명의 선거인단을 갖지만, 약 100만 명에 불과한 델라웨어 같은 작은 주는 단 3명에 불과합니다. 즉, 캘리포니아에서 승리한 후보는 선거인단 55명을 확보하게 됩니다. 같은 미국 시민이라도 거주하는 주에 따라서 1표의 가치가 달라지는 셈이기에 비판하는 목소리도 있습니다. 이렇게 해서 미국의 선거인단 총 538명 중 과반수270명를 먼저 확보하는 쪽이 승리하는 것이죠.

그런데 에어컨의 보급으로 남부 인구가 증가하면서 선거 판도가 달라지기 시작합니다. 민주당 지지 성향이 강한 북동부의 뉴욕주와 매사추세츠주의 경우로 예를 들어보겠습니다. 1952년 기준 선거인단은 각각 45명과 16명이었습니다. 반면 공화당 지지 성향이 강한 남부 텍사스주와 플로리다주는 각각 24명과 10명이었습니다. 하지만 2024년 기준으로 뉴욕은 28명, 매사추세츠는 11명으로 선거인단이 감소한 반면 텍사스는 40명, 플로리다는 30명으로 증가했습니다.

다시 말해 1952년 대통령 선거에서는 뉴욕45명과 매사추세츠16명에서 승리하면 61명의 선거인단을 확보할 수 있었지만, 지금은 39명으로 감소한 것이죠. 이 지역을 텃밭으로 삼는 민주당 입장에서 본다면 22명가량을 손해 보는 상황입니다.

공화당 입장에서는 텍사스와 플로리다에서 얻을 수 있는 선거인단 수가 34명에서 70명으로 2배가 됐습니다.

물론 캘리포니아처럼 민주당 성향이 강한 동시에 선거인단이 늘어난 주32명→54명도 있습니다. 하지만 전반적인 인구 추세로 본다면 남부의 상승세가 확연하고, 공화당에 유리한 환경이 만들어지고 있다는 것은 분명해 보입니다.

2000년 대선이 잘 보여줍니다. 공화당 후보 조지 부시가 민주당 후보 앨 고어를 3표 차로 이겼던 선거였죠. 그런데 만약 인구 구조가 1952년과 같았다면 어땠을까요. 동부와 북부에서 이긴 앨 고어 후보가 18표 차로 승리했을 것입니다. 그러니 남부의 약진은 2024년 대선에서 도널드 트럼프 대통령이 대승을 거두는 데 큰 요인이 되지 않았을까요.

여기서 한 걸음 더 나아가볼까요. 만약 지구 온난화가 점점 더 빠르게 진행된다면 어떻게 될까요? 에어컨으로도 감당하기 어려운 더위가 이어지면서 일상생활에 심각한 지장을 받게 된다면 말이죠. 미국인들은 다시 남부에서 북부로 이동하지는 않을까요? 물론 어디까지나 가정입니다. 어쨌든 미국의 현 상황은 기후가 정치와 사회에 어떻게 영향을 끼치는지를 잘 보여주고 있습니다.

아직도 진행 중인 블러디 선데이

33

"이런 행사는 가톨릭이나 내셔널리스트친 아일랜드파를 자극하는 거 아니야?"

"당연히 역겹지. 우리를 도발하는 행위잖아. 저길 봐."

붉은 머리 여성이 가리키는 손가락을 따라 고개를 돌리니, 한 남성이 집 창문에 아일랜드 국기를 내걸다가 경찰과 옥신각신하는 모습이 눈에 들어왔습니다. 과연, '블러디 선데이'의 무대가 맞구나…… 고개가 끄덕여지더군요.

2022년 12월 첫 번째 토요일 오후, 북아일랜드 데리런던데리. 날짜를 맞춰 간 건 아니었는데, 때마침 340년 전 영국의 데리 점령 기념 축제 이벤트가 한창 진행 중이었습니다. 17세기 아일랜드는 영국의 지배를 받고 있었는데, 명예혁명으로 쫓겨난 영국 국왕 제임스 2세가 이곳에서 자신을 추종하는 자코바이트Jacobite, 반명예혁명 세력 무리와 아일랜드 토착 세력을 규합해 반란을 일으킨 것이죠. 영국당시 국왕은 제임스 2세를 명예혁명으로 쫓아낸 윌리엄 3세 측은 2년간의 전투 끝에 반란을 완

전히 제압하고 아일랜드 지배를 확실하게 다지게 됐습니다. 그리고 매년 이를 기념하는 행사를 열었습니다.

데리는 여전히 거주지역이 분리되어 있습니다. 포일Foyle강을 기준으로 동부 지구와 서부 지구로 구분하는데, 동부는 신교도-친 영국파Unionist, Loyalist가 다수를 차지합니다. 서부 지역은 다시 둘로 나눌 수 있는데, 성벽 안은 신교도-친 영국파로, 비교적 잘 사는 지역입니다. 분리 정책으로 인해 성 밖으로 밀려난 가톨릭-친 아일랜드파Nationalist가 거주하는 보그사이드Bogside는 상대적으로 낙후된 곳입니다.

구교도들은 1972년 1월 31일 차별 정책에 항의 시위를 벌이다가 영국 진압군의 발포로 13명이 사망하기도 했습니다. 일명 '블러디 선데이Bloody Sunday, 피의 일요일'로 불리는 이 사건은 동명의 영화로도 제작되어 세계에 알려졌습니다.

이곳을 부르는 두 개의 명칭도 양측의 우위를 반영합니다. 구교도들은 '데리'라고 부르지만, 신교도들은 '런던데리'라고 표기하는데, 후자가 공식명칭입니다.

동부 지구에서 시작된 퍼레이드는 포일강을 건너 데리 성안까지 들어오자 절정에 달했습니다. 축제 행렬은 유니언잭영국 국기과 윌리엄 3세의 초상화를 높이 들고 행진곡을 연주하며 성안으로 들어왔습니다. 행렬은 길게 이어졌고 구석구석을 돌면서 영국의 지배를 확인한 역사를 만끽하고 있었습니다. 삼엄한 경찰의 호위 속에서 말이죠.

영국의 다양한 도시를 가봤지만, 이런 장면은 처음이었습니다.

영국 드라마 '피키 블라인더스'로 한국에도 잘 알려진 배우 킬리언 머피의 작품 중 '보리밭을 흔드는 바람'이라는 영화가 있습니다. 1920년대 아일랜드를 배경으로 한 이 작품은 독립운동에 뛰어든 형제가 영국과의 평화조약자치권 약속을 놓고 의견이 갈라지면서 서로 총을 겨누게 되는 내용입니다. 실제로 아일랜드 독립운동 세력은 이때 분열돼 많은 희생을 치렀습니다. 마치 해방 정국의 한반도처럼 말이죠.

그런데 제가 이 영화를 보면서 놀랐던 점은 당시 영국이 아일랜드를 다루는 방식이었습니다. 아일랜드 남성들이 모여 있기만 해도 불심 검문을 받는 것은 예사고, 기차역에서 그저 수상하게 보인다며 경찰에게 두들겨 맞습니다. 마치 일제 강점기 시대를 다룬 영화나 드라마를 보는 듯해서 적잖게 놀랐습니다. 여담입니다만, '피키 블라인더스'에서도 IRA아일랜드 독립 무장단체가 많이 등장하죠. 예컨대 우연히 입수한 총기를 놓고 토마스 쉘비킬리언 머피가 IRA에 팔아넘기는 걸 고민하기도 하고, 그에게 접근하는 그레이스 버제스는 IRA에게 아버지를 잃은 영국 경찰의 스파이였죠. 그러고 보니 킬리언 머피도 아일랜드 출신이네요.

한국이 일본에 대해 그랬듯이 아일랜드도 영국에 대한 감정이 좋지 않았겠죠. 과거 중국에서 활동하던 한국 독립운동가들을 그곳에 거주하고 있던 아일랜드 사람들이 도왔다는데, 동병상련의 심정이 아니었을까요. 아일랜드의 반反영 감정이 어느 정도냐 하면 제2차 세계대전 당시 독일을 돕자는 여론이 있었을 정도였습니다. 그리고 전쟁이 끝나자 힘 빠진 영국으로부터 완전히 독립에 성공합니다만, 문제가 발생합니다. 북아일랜드 지역 중 하나인 '얼스터Ulster'에서는 영국에 잔류하기를 바라는 여론이 우세했던 것이죠.

이유가 있었습니다. 얼스터는 영국에서 건너온 주민들이 많았고, 종교도 신교성공회였기 때문에 구교가톨릭가 절대 다수를 차지하는 아일랜드 다른 지역과는 달랐습니다.

결국 우여곡절 끝에 얼스터는 영국에 남게 됐고, 다시 내전 양상을 띠게 됩니다. '블러디 선데이' 사건을 비롯해 갈등이 절정에 달했던 1960~1970년대에는 양측 충돌로 3500여 명이 사망하고, 5만여 명 가까이 다치는 비극이 이어졌습니다. 1990년대 중반만 해도 국제 뉴스에서 IRA의 폭탄 테러 소식이 종종 들렸을 정도로 평화가 정착되는 데는 오랜 시간이 걸렸습니다. 그리고 1998년 역사적인 '굿 프라이데이' 협정으로 IRA가 무장 투쟁 노선을 포기하면서 북아일랜드는 어느 정도 안정을 되찾습니다.

하지만, 완전한 해결까지는 아직 갈 길이 멀어 보입니다. 당장 제

가 데리에서 본 풍경이 그랬습니다. 행사를 마치자 행렬 중 일부는 성벽 너머로 보이는 서부 지구, 정확히하면 보그사이드 쪽을 손가락으로 가리키며 기념 촬영을 하더군요. 그들 옆에는 구교도의 거주지를 향해 대포가 여러 대 놓여져 있었으니, 누가 봐도 조롱이 가득 담긴 의미였습니다. "저쪽 보그사이드에서는 이런 행사 안 하죠?" 촬영을 마친 백인 남성 2명에게 가까이 가서 물었더니 웃으면서 이렇게 답하더군요. "저기 가서 행진하면 우리를 쏴 죽이겠지."

영국 정부는 오랜 세월 동안 극단적인 차별-분리 정책으로 양측 갈등을 더욱 키웠습니다. 신교도 지역에만 공장과 회사를 세우게 해서 일자리를 몰아 주거나, 구교도에게는 공영주택을 할당하는 방식으로요. 보그사이드 거리에서는 영국을 규탄하는 벽화, 각종 문구 또는 '블러디 선데이' 희생자를 기리는 사진들을 어렵지 않게 볼 수 있었습니다. 구교도 아이들은 이런 것을 보며 자라게 되겠죠. 이곳 주민들은 보그사이드 지역을 '프리 데리Free Derry'라고 부릅니다. 영국과의 커넥션을 강하게 부정하는 것이겠죠. 데리의 '저항 전시관Museum of resistance'은 과거 IRA와 구교도 주민들이 수십 년간 벌인 저항과 투쟁의 기록을 모아 놓은 곳입니다. 예를 들면 IRA가 사용한 폭약이나 총알, 그들이 입은 군복 등을 전시하거나 투쟁 중 사망한 인사들에 대해 소개하는 자료들이죠.

신교도 거주지도 다르지 않았습니다. '아버지의 이름으로', '블러디 선데이', '보리밭을 흔드는 바람' 등 많은 영화가 대개 구교도-친아일랜드파의 시각에서 역사를 그리고 있다 보니 이들의 입장은 잘 알려지지 않았죠.

보그사이드를 지나 포일강 서쪽 친영국파 주민들이 거주하는 구역을 잠시 들렀습니다. 거기엔 윌리엄 킹1969년 북아일랜드 사태가 최악으로 치닫던 시기에 가톨릭 측에 의해 살해된 경찰에 대한 추모 관련 시설이 있었습니다. '1971~1991년 가톨릭-공화파 측의 집요한 테러와 폭력으로 인해 이곳에 거주하던 신교도 인구의 83.4%가 감소했다'는 표지판과 함께 옆에는 이런 문구도 보였습니다. '런던데리 로열리스트친영국파는 여전히 포위되어 있다. 절대 항복하지 않는다Londonderry Loyalist still under siege. No surrender.'

이들을 보면서 문득 떠오른 곳이 있었습니다. 광주입니다. 하지만 아무리 생각해봐도 광주를 둘러싼 갈등이 이 정도는 아니라는 생각이 들었습니다. 광주의 아파트마다 5·18 관련 벽화가 그려져 있다든지, 당시 투입된 군인들을 추모하는 공간이 조성되어 주민들이 서로 조롱하고 대립하지는 않으니까요. 폭탄 테러가 일어나지도 않았죠. 기간도 비교적 짧습니다. 이곳 주민들에겐 미안한 이야기지만, 한국의 지역감정이나 정치 갈등은 조금만 더 노력하면 충분히 해소할 수 있는 것이 아닐까 하는 생각이 들었습니다.

당시 데리를 방문한 이유는 '데리 걸스'라는 영국 드라마 때문이었습니다. 참고로 넷플릭스에서 볼 수 있습니다.

1990년대를 배경으로 데리에 사는 구교도 여고생들이 주인공입니다. 등굣길에 총을 들고 무장한 군인들이 스쿨버스를 검문하기도 하고, 폭탄 테러로 도로가 막히는 상황이 벌어지기도 합니다. 또 지역 통합을 위해 종교인들이 신교도와 구교도 학생들을 모아 놓고 공통점과 차이점을 적어보게 하는데, 학생들은 차이점만 빼곡하게 적습니다. "개신교도들은 아바ABBA를 싫어한다." "가톨릭 신자들은 주근깨가 더 많다." "개신교도들은 토스터를 찬장에 보관한다" 등등….

이 작품은 코미디입니다. 이들의 일상은 여느 청소년들과 다를 바 없습니다. 학교 성적을 걱정하고, 수업을 빼질 궁리를 하고, 연예인에 빠져 있고, 멋진 남학생에게 설레고…. 주먹을 불끈 쥐거나, 눈물을 줄줄 흘리게 하는 장면 대신 이들이 벌이는 각종 기행으로 웃음을 터지게 하는 순간들로 가득합니다. 무겁고 암울했던 시대의 장면들을 영국식 유머로 버무린 것이죠. 그래서 이 작품은 정치적 입장과 상관없이 유쾌하게 볼 수 있습니다. 그러면서 자연스레 북아일랜드의 정서와 역사를 이해하게 만든다는 게 매력인 것 같습니다. 그 매력에 빠져들어 이역만리 떨어진 곳에 사는 저도 데리에 왔으니까요.

'데리 걸스'가 종영되자, 영국의 일간지 '가디언'은 '북아일랜드를 전 세계와 스스로에게 보여준 데리 걸스'라는 제목의 기사를 실었는데, 마지막 문장은 이렇습니다. "북아일랜드는 한때 타이타닉호를 비롯한 거대한 선박을 수출했다. 그 후 이곳은 영국, 아일랜드 공화국, 유럽 대륙을 무대로 테러를 벌이며 죽음을 수출했다. 하지만 이제 북아일랜드는 역사를 수출하고 있다. 이들은 역사의 굴레에 얽매이기보다는 과거의 슬픔을 능숙하게 다루며 미소 짓게 됐다."

언젠가 한국에서도 5 · 18과 광주를 다룬 '데리 걸스' 같은 작품을 볼 수 있기를 소망합니다.

CIVIL RIGHTS
THE GUIDE TO FREE DERRY

UV

몇 해 전 영국 국립극장(National Theatre)의 캐스팅 담당자가 셰익스피어 연극을 올리면서 외국 악센트로 영어를 말하는 외국인 배우가 필요하다는 의견을 냈다고 합니다. 이유인즉슨, 런던은 이제 국제 도시가 되어서 영국식 영어를 구사하는 배우들로만 무대를 만들면 현재 영국 사회를 제대로 반영할 수 없다는 것이죠. 예를 들어 영국에 거주하는 폴란드인만 69만 명에 달한다고 합니다. 그 외에도 인도, 중동, 중국 등 다양한 국가 사람들이 섞여 살고 있습니다. 이 책에도 소개한 레스터의 리처드 3세 박물관에서는 스페인어 악센트가 강한 여성이 유물을 설명하고, 이를 듣고 있던 영국인이 질문을 하던 모습도 본 적이 있습니다. 퍽 인상적인 경험이었습니다.

물론 클래식 스타일의 셰익스피어 작품을 무대에 올린다면 정통 영국식 악센트를 구사하는 배우만으로도 충분하겠죠. 하지만, 저런 시도도 오히려 셰익스피어 작품의 매력을 더하는 신선한 시도가 될 수 있지 않을까요. 고전의 매력은 다양한 변주와 함께 현재의 우리 모습을 비추는 데서도 찾을 수 있으니까요.

'로미오와 줄리엣'만 생각해봐도 런던 배경의 사이가 나쁜 각 인종 그룹의 갈등으로 바꿀 수도 있을 테고, '오셀로' 같은 작품은 당연히 외국 악센트를 강하게 쓰는 배우가 더 어울릴지도 모릅니다. 어쨌든 영국은 즉시 실행에 들어갔는데, 일단 전쟁 때문에 우크라이나를 탈출했던 배우들에게 대거 문을 열었다고 들었습니다.

오래전 한국의 고대 건국 설화를 보다가 흥미를 느꼈던 것은 주인공이 '이주민'이라는 점이었습니다.

주몽, 온조, 석탈해 등등은 저마다 '사연'을 갖고 고향을 떠나 타지에 정착한 그룹입니다. 김수로도 가야를 건국하면서 인도에서 온 허황옥 집단과 손을 잡았죠. 이처럼 한반도 역사에는 무수히 많은 이주민들의 이야기가 녹아 있습니다.

한국 출산율이 0.7~0.8%에 불과해 이젠 국가를 유지하려면 어떤 형태로든 이민 정책은 불가피하다고 하는데, 당장 버스를 타고 서울 밖으로 나가 외곽으로 가면 지방 도시는 다국적 간판으로 덮인 거리를 보는 게 어렵지 않습니다. 이미 사회 기층에서는 비한반도 출신 사람들의 노동력이 없으면 제대로 돌아가지 않는 게 하다하고 동남아시아 출신 부모를 가진 한국인들이 10대를 지나 병역의 의무를 수행하고 있습니다.

그래서 이제는 역사를 다룬 콘텐츠에서도 우리가 다양한 사람들과 어울렸던 모습들을 볼 수 있었으면 좋겠습니다. 예를 들면 앞에서도 소개한 처용은 한국말이 다소 서툰 페르시아인 배우를 캐스팅하면 어떨까요. 왕의 총애를 받지만 어색한 한국어로 적응에 어려움을 겪는 등 서라벌 사회에서 부침을 겪지만, 뛰어난 의약 지식으로 신라를 구하는 '신라판 대장금'이랄까요.

이쯤에서 양해를 하나 구합니다. 이미 느끼셨겠지만, 우리나라 다음으로는 영국 관련 내용이 조금 많았습니다. 3년 전 영국에서 1년 정도 연수 기간을 가졌는데, 아무래도 일할 때보다 여유 시간이 많다 보니 드라마, 연극 등을 자주 본 영향이 작용한 탓입니다. 그리고 그 시간들을 함께 한 아내(아형)와 아이(리안)의 의견도 많이 참고가 됐습니다. 항상 고맙다는 말을 이렇게 전합니다.

호랑이는 어디로 갔을까

호기심에서 시작된 '진짜' 역사를 찾아서

초판인쇄 2025년 5월 30일
초판발행 2025년 5월 30일

지은이 유성운
발행인 채종준

출판총괄 박능원
책임편집 양수정
디자인 홍은표
마케팅 문선영
전자책 정담자리
국제업무 채보라

브랜드 드루
주소 경기도 파주시 회동길 230 (문발동)
투고문의 ksibook1@kstudy.com

발행처 한국학술정보(주)
출판신고 2003년 9월 25일 제406-2003-000012호
인쇄 북토리

ISBN 979-11-7318-380-5 03900

드루는 한국학술정보(주)의 지식 · 교양도서 출판 브랜드입니다.
세상의 모든 지식을 두루두루 모아 독자에게 내보인다는 뜻을 담았습니다.
지적인 호기심을 해결하고 생각에 깊이를 더할 수 있도록, 보다 가치 있는 책을 만들고자 합니다.